FE 21世纪高等职业教育财经类规划教材
物流管理专业

物流设施设备应用与管理

Logistics Installation and Equipment

◎ 王进 主编 ◎ 王潇潇 副主编

人民邮电出版社
北京

图书在版编目（CIP）数据

物流设施设备应用与管理 / 王进主编. -- 北京 :
人民邮电出版社, 2015.9（2021.2重印）
21世纪高等职业教育财经类规划教材物流管理专业
ISBN 978-7-115-39581-8

Ⅰ. ①物… Ⅱ. ①王… Ⅲ. ①物流－设备管理－高等
职业教育－教材 Ⅳ. ①F252

中国版本图书馆CIP数据核字(2015)第156667号

内容提要

本书从物流设施设备管理行业的人才需求特点出发，在“理论够用，注重实践”的理念指导下，设计了认知物流设施设备人员的职业，初识物流设施设备，以及运输设施设备、装卸设施设备、托盘设施设备、集装设施设备、仓储设施设备、包装与流通加工设施设备、物流信息技术设施设备的认知与应用，物流设施设备的综合管理这 10 个项目。本书的特点是将理论知识的学习、职业技能的训练、职业素养的培养有机地结合在一起，并将重点放在物流设施设备的应用与管理上面。

本书可作为高等职业院校、成人高等院校物流管理专业的教材，也可供相关从业人员参考和使用。

◆ 主　　编　王　进
副 主 编　王潇潇
责任编辑　刘　琦
执行编辑　朱海昀
责任印制　张佳莹　杨林杰

◆ 人民邮电出版社出版发行　　北京市丰台区成寿寺路 11 号
邮编　100164　　电子邮件　315@ptpress.com.cn
网址　http://www.ptpress.com.cn
北京虎彩文化传播有限公司印刷

◆ 开本：787×1092　1/16
印张：17.25　　2015 年 9 月第 1 版
字数：360 千字　　2021 年 2 月北京第 5 次印刷

定价：42.00 元

读者服务热线：(010) 81055256　印装质量热线：(010) 81055316
反盗版热线：(010) 81055315
广告经营许可证：京东市监广登字 20170147 号

前 言

伴随着中国经济转型和产业结构调整升级，高等职业教育的人才培养目标也向培养技术技能型人才转型。与此同时，随着国家《物流业发展中长期规划（2014—2020 年）》的出台以及“一带一路”和跨境电商的建设，国家越来越重视物流行业的发展。物流设施设备管理是物流行业的基础工作和重要环节之一，物流设施设备管理能力是作为从事物流工作，特别是仓储、运输、配送及装卸等工作的重要能力之一，因而其成为物流管理专业学生必备的职业能力。

本书在反映职业教育的新思路和物流设施设备领域内的新技术、新动向的同时，主要有以下特色。

① 编写体例是根据高职高专教学特点设计的。全书共有 10 个项目，每个项目下分成若干任务，每个任务中的学习目标分解为知识目标、能力目标、学习重点和难点，这样能使学生更好地从整体上把握学习的核心内容。

② 每个项目均以职场情境来导入教学内容，引人入胜，有助于学生在团队合作的基础上，提高职业素养。

③ 编写形式新颖多样、图文并茂、生动活泼，特别是图解式的项目小结直观醒目，适合高职学生感性思维强的特点。

④ 针对每个项目中的关键知识点和能力点，本书设计了多个职场实训，引导学生进行探究式学习和合作式学习。这部分内容既可以用于学生自学，也可以用于教师的课堂训练。

本书在内容的取舍上，由于是以培养学生从事实际工作的基本技能为目的，所以注重知识的实用性和适用性，强调实际动手能力的培养。

为了方便教师讲授和学生学习，本书配备了电子教案、习题答案及案例素材等丰富的教学资源。

本书由大连职业技术学院的王进教授担任主编，并负责全书整体框架的构建、统稿，由王潇潇讲师任副主编。具体编写分工如下：王进编写了项目一、项目三、项目七、项目八、项目九，以及前言、内容提要部分，王潇潇编写了项目二、项目四、项目五、项目六、项目十。编者在此感谢大连中远大件货运公司经理刘绍民、大连生产力促进中心高级经济师杨继涛、大连大富塑料彩印有限公司经理王前等行业、企业专家在本书编写过程中提出的有益建议，感谢人民邮电出版社编辑在本书编写过程中提出的宝贵意见，感谢未曾谋面的同行给予的启示（这些都尽可能一一列在参考文献中）。

由于物流设施设备管理领域发展迅速以及编者水平有限，书中难免存在错误和不足之处，恳请广大读者批评指正。

编者

2015年5月

目　录

目 录

项目一

认知物流设施设备人员的职业

职场情境导入

人物：

李明——某大型物流公司设施设备管理部门“菜鸟”

王经理——李明的部门经理

7 月毕业季，李明从物流管理专业毕业，应聘到某大型物流公司设施设备管理部门。第一天报到，李明很重视，早早地起来，穿上短袖白衬衫、黑色西服裤子、黑皮鞋。尽管头发稍稍遮住眼睛，但从镜中一看，他也是个英俊的小伙子。

和王经理见面握手后，王经理说：“小李，欢迎你加入我们公司，希望你尽快从学生的角色转入职业人角色，遇事要多听、多看、多想、多问。现在我问你一个问题，你认为物流设施设备人员应具备的职业素养是什么？目前你是否具备？”

李明说：“经理，我认为职业素养应该是踏实工作，团结同事，完成领导交办的工作。我个人认为这些我基本具备，但是也要在今后的工作中努力完善。”

王经理说：“除了你所说的一些思想、素质、能力方面应具备外，职业素养还包括你的衣着、举止、仪表等，比如你今天就有两个问题：第一，头发略长，遮住眼睛；第二，握手时，我发现你的右手小指指甲长。这些平日不会造成什么影响，但是如果操作设备时，就会影响操作安全，容易发生人身伤害。”

任务一　了解物流设施设备人员的职业素养

学习目标

知识目标：

① 掌握职业素养的概念。

② 掌握职业素养的 4 个组成部分。

技能目标：

具有物流设施设备人员职业素养。

重点、难点：

① 理解职业素养的概念。

② 塑造物流设施设备人员职业素养。

知识储备

一、了解职业素养

由于物流活动涉及的设施设备较多，因此物流设施设备人员的需求量也较大，但是从业人员的职业素养还有待于提高。

那么，什么是职业素养呢？泛泛地说，职业素养是个很大的概念，专业技能是第一位的。但是除了专业技能外，敬业和道德是必备的，这些体现到职场上就是职业素养，体现在生活中就是个人素质或者道德修养。确切地说：职业素养是人类在社会活动中需要遵守的行为规范。个体行为的总合构成了自身的职业素养，职业素养是内涵，个体行为是外在表象。所以，职业素养是一个人职业生涯成败的关键因素。

二、分析职业素养的组成

职业素养概括地说包含以下 4 个方面：职业道德、职业思想（意识）、职业行为习惯、职业技能。

前 3 项是职业素养中最根基的部分，而职业技能是支撑职业人生的表象内容。在衡量一个人的时候，企业通常将职业道德、职业思想（意识）、职业行为习惯 3 项总和与职业技能的比例以 6.5∶3.5 进行划分。

前 3 项属世界观、价值观、人生观范畴的产物，从出生到退休甚至死亡逐步形成，逐渐完善。而后 1 项，是通过学习、培训比较容易获得的。可企业更认同的道理是，如果一个人基本的职业素养不够，比如说忠诚度不够，那么技能越高的人，其隐含的危险越大。

对大多数人而言，做好自己本职工作，也就是具备了较好的职业素养，所以用大树理论来描述两者的关系比较直接：每个人都是一棵树，而根系就是一个人的职业素养。枝、干、叶、形就是其显现出来的职业素养的表象。要想枝繁叶茂，首先必须根系发达。

1．职业道德

（1）职业道德定义

所谓职业道德，就是同人们的职业活动紧密联系的符合职业特点所要求的道德准则、道德情操与道德品质的总和。它既是对本职人员在职业活动中行为的要求，同时又是职业对社会所负的道德责任与义务。

职业道德是社会上占主导地位的道德或阶级道德在职业生活中的具体体现，是人们在履行本职工作中所遵循的行为准则和规范的总和。

（2）职业道德“硬标准”

① 爱岗敬业。爱岗敬业是职业素养的核心和基础。爱岗就是干一行爱一行，安心本职工作，热爱自己的工作岗位。要把自己看成是单位、公司、部门的一分子，要把自己从事的工作视为生命存在的表现方式，尽心尽力去工作，这是无论从事何种职业都应有的道德要求。应当坚守工作岗位，履行职业责任，努力调整自己的工作方式和行为态度，在积极乐观的情绪下尽心尽力地工作。爱岗和敬业是紧密联系在一起的。敬业是爱岗意识的升华，是爱岗情感的表达。敬业是通过对职业工作的极端负责、对技术的精益求精表现出来，通过乐业、勤业、精业表现出来。

② 诚实守信。诚实守信是职业人在社会中生存和发展的基石，要求从业者在职业生活中信守诺言，表里如一，言行一致，遵守职业纪律，表现在物流设施设备操作与管理职业中，要求从业者诚实劳动，遵纪守法。在物流设施设备操作与管理业务中，严格履行合同，重合同守信用。

③ 办事公道。办事公道是处理职业问题和维护职业工作正常进行的行为规范和规章制度，需要该职业内部的规范协调，也要处理好该职业引起的与各方面的职业关系。物流设施设备操作与管理从业人员在日常工作中，应自觉遵守规章制度，平等待人，秉公办事，清正廉洁，不允许违章犯纪，使用特权，滥用职权，损人利己，损公济私，要兼顾国家、集体、个人三者利益，追求社会公正、维护公益。

④ 服务群众。服务群众、满足群众要求，是职业素养要求目标指向的最终归宿。任何职业都有其职业的服务对象。作为一项职业之所以能够存在，就是有该职业的职业对象对这项职业有共同的要求。在现代社会中生存的每个人都接受着无数人直接或间接提供的各种各样的服务，因此服务群众就是群众自我服务，相互共同服务。服务群众要求任何职业都必须极力设法满足职业对象的要求，处处为职业对象的实际需要着想，尊重他们的利益，取得他们的信任。

⑤ 奉献社会。奉献社会是社会主义职业道德的最高境界，同时，也是做人的最高境界。奉献社会的突出特征：一是自觉自愿地为他人、为社会贡献力量，为增进公共福利而积极劳动；二是有为社会服务的责任感，充分发挥主动性、创造性，竭尽全力；三是不计个人名利得失，一心为社会做贡献。

职业道德一方面涉及每个从业者如何对待职业、如何对待工作，同时也是一个从业人员的生活态度、价值观念的表现；是一个人的道德意识、道德行为发展的成熟阶段，具有较强的稳定性和连续性。另一方面，职业道德也是一个职业集体，甚至一个行业全体人员的行为表现，如果每个行业、每个职业集体都具备优良的道德，对整个社会道德水平的提高肯定会发挥重要作用。

2. 职业意识

职业意识是作为职业人所具有的意识，以前叫做主人翁精神。具体表现为工作积极认真，有责任感，具有基本的职业道德。

职业意识是人们对职业劳动的认识、评价、情感和态度等心理成分的综合反映，是支配和调控全部职业行为和职业活动的调节器，它包括创新意识、竞争意识、协作意识和奉献意识等方面。职业意识的形成不是突然的，而是经历了一个由幻想到现实、由模糊到清晰、由摇摆到稳定、由远至近的产生和发展过程。

职业意识是职业道德、职业操守、职业行为等职业要素的总和。职业意识是约定俗成、师承父传的。职业意识是用法律、法规、行业自律、规章制度、企业条文来体现的。

（1）诚信意识

古人曰："人无信不立，人而无信，不知其可。"市场经济是信用经济，一个企业、一个职业人的市场信誉（信誉度）是可以用价值（金钱）来度量的。

（2）顾客意识

大家都明白一句话"顾客就是上帝"，心术不正者往往把"上帝"作为宰上一刀的对象。

顾客是商品的接受者、选择者、购买者，顾客是商家的衣食父母，对待顾客的态度，实质上就是对待自己"饭碗"的态度。市场的回报是公平又残酷的。

（3）团队意识

团队与社会、团队与整体的关系是统一的，但有时又是矛盾的、对立的，所以要正确处理团队与社会、团队与整体之间的关系。我们研究的是在遵守法律、法规，服从社会利益和整体利益的前提下应该具备的团队意识。

团队意识要求保守团队的商业秘密，积极主动地做好自己的工作，及时提出有利于企业发展的合理化建议；尊重和服从领导，关心与爱护同事；建立团队内部的协作，开展有效、健康的部门、同事之间的合作竞争，互为平台，互通商机，共同进步。

（4）自律意识

分清职业与业余的不同，从而在扮演职业角色时，能够克制自己的偏好，克服自己的弱点，约束自己的行为。

（5）学习意识

时代进步，社会发展突飞猛进，新的知识不断出现。每个人要想使自己有所成就，只有具备良好的学习心态、意识，不断充电、吸氧、与时俱进才能保证自己跟上时代步伐，才有可能实现人生价值，使职业生涯获得成功。

3. 职业行为习惯

职业行为是指人们对职业劳动的认识、评价、情感和态度等心理过程的行为反映，是职业目标达成的基础。良好的职业行为习惯的养成是一个循序渐进的过程。习惯是一种重复性的、通常为无意识的日常行为规律，它往往通过对某种行为的不断重复而获得。习惯一旦形成就难以改变。而职业能力就是职业行为习惯形成的结果，有的人职业行为习惯好，他的职业能力水平就高，反之亦然。

4. 职业技能

根据我国的具体情况，可以将职业技能定义为，它是按照国家规定的职业标准，通过政府授权的考核鉴定机构，对劳动者的专业知识和技能水平进行客观公正、科学规范的评价与认证的活动。

三、塑造物流设施设备管理人员职业素养

在我国职业素养的基本原则指导之下，结合物流设施设备管理行业本身的特点，形成该职业素养的如下内容。

1. 以客户服务为中心

① 礼貌接待客户。客户服务的核心是给客户以希望，从各方面使客户感受到礼貌、尊敬、愉快和有所收获，使客户认为受到优于其他客户的对待，也使客户体会到优于其他物流企业的

客户服务。

a. 预约。通过电话或其他通信方式为客户约定洽谈时间，并提前通知内部人员准备洽谈。

b. 洽谈。洽谈前，制作好资料与文件；洽谈中，引导客户达成交易，准确把握洽谈的内容和时间。

c. 回复客户。洽谈后，尽快以文件的形式将洽谈的结果知会客户。

② 为客户制定物流设施设备操作管理的作业方案与计划。

③ 在执行物流设施设备操作管理作业过程中，不断与客户协商交流，保证货物准时无货损送达。

④ 维系客户，对于经常性客户，必须以各种方式维系，包括回访、交际和公关活动。

⑤ 采用客户关系管理软件系统，规划与支持客户服务活动。

2. 高度的诚信原则

诚信原则对于物流设施设备操作行业尤其重要，因为物流设施设备操作管理是物流的一个重要环节，而物流是贸易特别是国际贸易正常进行的物质保证。

（1）严格按照物流法规执行物流设施设备作业

物流国际法律法规制定了非常严格的条文，它是根据长期的实践，为保障货主与物流商的利益而逐渐完善的。决不能以眼前的利益或者人际关系忽视物流法规的严肃性，也不能以任何借口变通执行。

（2）忠诚客户利益

物流的全球作业使得物流企业的诚信成为市场关注的核心。

① 物流设施设备操作管理人员必须以合同为根据，实事求是地确定责任，以保障客户的利益，同时维护企业的市场地位。应该杜绝推卸货损责任、拒绝赔付客户损失的不良行为。物流设施设备操作管理人员应当坚守职业道德，从个人做起。

② 维护运价变动时客户的利益。物流设施设备操作管理人员应以诚信为职业准则，自觉维护客户利益。装卸价格和运输价格密切相关，决不能利用运输价格变动之际，增加收费或变相涨价，取得不法利益。

3. 良好的行为规范

企业形象是企业的外在形象，它是通过员工的工作作风与公司信誉共同体现的。物流设施设备操作管理人员的行为代表着物流企业的形象，在某种程度上影响和制约着企业的发展，应大力提倡良好的行为规范。

（1）语言规范

语言规范包括声音语言规范和身体语言规范。对于商业交流来说，声音语言规范的核心是简明易懂，尽量采用对方最愿意接受的语言方式。讲话时必须注意对方的反应，调整自己的讲话方式与内容，多给对方接受与吸收的时间。在与物流客户的交流中，电话沟通是主要方式，绝大多数客户以电话方式向物流公司确定合同要实现的主要内容。因此，电话成为物流设施设备操作管理的媒介。

（2）文件规范

① 文件如同物流设施设备操作管理人员的服装，必须整洁、规范、一致、美观。

② 物流设施设备操作管理的文件语言应具备商业语言和技术语言两者的简洁与准确性。

（3）安全规范

物流设施设备操作的安全要求，是指在物资的物流设施设备操作过程中，为防止和消除伤亡事故，保证员工安全而采取的一系列措施。其包括的内容有：物资操作安全要求、机械设备安全操作要点、人员安全等。

4. 高效率的团队精神

团队精神是现代企业，特别是物流设施设备操作管理的力量所在。作为人员与技术密集型企业，团队精神是其生存发展的保障。

（1）理解

物流设施设备操作管理人员必须团结协作，时时处处发扬团队精神。团队精神首先建立在员工对企业战略的理解上，包括对企业的目标、能力、市场作为的理解。员工之间的理解应建立在相互沟通的基础上，应将自己工作中的所做所想与相关的公司成员交流。

（2）合作

合作精神是物流设施设备操作管理人员最基本的素质，因为物流设施设备操作行业使每一个企业和个人都成为供应链的成员。合作以企业利益为前提，以为他人提供方便为准绳。方便别人的同时也方便了自己，今后将会有更多的客户愿意与你进行业务往来。

（3）制度

物流设施设备操作管理通过一体化运作使员工具有整体意识，供应链管理使员工明确社会责任与企业利润同等重要，这是物流设施设备操作管理行业容易实现从业人员合作的优势。

维持企业的团队精神还需要企业的制度化保障：定期检查企业执行物流作业过程中的不协调行为，分析产生的原因；对相关人员进行奖励与批评；随市场与作业的变化，调整从业人员的作业程序。

5. 持续的竞争能力

物流设施设备操作管理行业需要从业人员具备物流管理与服务的高技能。在今天全球物流的态势下，物流的单据以英文为主，物流的程序化运作要求专业人员具备良好的物流软件与网络操作能力。

职业素养除前面讲述的包括职业道德、职业意识等品德、价值观、文化内涵以外，还包括衣着、言谈、仪表、举止等。

任务训练

训练背景

张华是A公司物流设施设备管理人员，在A公司工作近10年。最近他因为薪酬待遇问题和公司谈不拢，于是跳槽到竞争对手B公司。

A、B公司同在一城，规模相差无几，以前多次交锋A公司均占上风。跳槽之后，由于张华熟知A公司所有物流设施设备的规格、型号、数量、作业能力和作业成本，因此近几个月A公司在和B公司的几次竞争中，都处于下风，A公司对此一筹莫展。

训练要求

课堂上对下面问题进行思考或者讨论：

① 有人说张华是背信弃义，有人说他是各为其主，你怎么看？

② A公司今后应如何避免该类事情的发生？

任务二　认知物流设施设备操作管理工作职责

学习目标

知识目标：

① 了解物流设施设备操作管理人员的基本职责。

② 掌握各层次操作人员的日常工作。

技能目标：

具备物流设施设备操作的业务技能。

重点、难点：

具备物流设施设备操作的业务技能。

知识储备

一、了解物流设施设备操作管理人员的基本职责

根据不同的工作岗位，物流设施设备操作管理人员的基本职责会有所不同，以下从管理层次和业务层次分别给出不同的职责要求。

1. 管理层次的基本职责

① 建立物流设施设备操作管理制度和物流设施设备作业操作规范；组织好物流设施设备操作作业，按客户的要求，提供优质服务。

② 控制物品的物流设施设备作业与管理，审核相关手续；严格把好物流设施设备操作验收关，按合同或订单的要求组织好货物外观质量、数量和重量检验，并做好记录；搞好货物的接运和交接的工作，为验收创造良好的条件；搞好堆码、盘点和日常检查的工作。

③ 根据物品的流通速度，拟制各类物品的物流设施设备操作计划及操作标准。

④ 做好物流设施设备操作的物品和设备的安全及保养工作，确保物流设施设备操作物资的质量；根据货物的性质和保管要求，控制物流设施设备操作环境，对货物进行科学的设施设备操作和养护。

⑤ 做好物资及时盘点的工作；根据货物特征进行合理的堆码与苫垫，提高库位利用率。

⑥ 管理好各种物流设施和设备，严格遵守操作规程，定期维护保养；严格按照安全技术操作规程，进行各种生产作业，掌握各种消防器材的合理配置和使用方法。

⑦ 落实好安全防范措施，做好物流设施设备操作作业中的安全工作。

2. 业务层次的基本职责

① 认真贯彻物流工作的方针、政策、体制和法律、法规，树立高度的责任感，忠于职守，廉洁奉公，具有敬业精神；树立为客户服务、为生产服务的观念，具有合作精神；树立讲效率、讲效益的思想，关心企业的经营。

② 严格遵守物流设施设备操作管理的规章制度和工作规范，履行岗位职责；严格执行各项制度，做到收有据、发有凭，及时准确登记销账，手续完备，账物相符，把好“收、发、管”三关。

③ 熟悉物流设施设备操作区域的环境、布局、技术定额，熟悉仓库规划；熟悉堆码、物流装卸搬运技术；掌握物流装卸搬运和堆垛作业要求；在库容使用上能妥善地安排货位，合理

高效地利用仓容；堆垛整齐、稳固，间距合理，方便作业、清数、保管、检查及收发。

④ 熟悉物流设施设备操作物品的特性、保管要求，能有针对性地进行操作，防止货物损坏，提高装卸质量；熟练地填写表账、制作单证，妥善处理各种单证业务；了解物流设施设备操作合同的义务约定，完整地履行义务；妥善处理风雨、酷暑、严寒等自然灾害对物流设施设备操作质量的影响，防止和减少损失。

⑤ 重视物流设施设备操作技术管理，不断降低物流设施设备操作成本；对用具、设备等妥善保管、细心使用，促使其使用寿命延长；重视研究物流设施设备操作新技术，提高物流设施设备操作效率，降低物品耗损，提高物流设施设备操作的经济效益。

⑥ 加强业务学习和训练，熟练地掌握物流设施设备的使用；掌握物流设施设备操作物品的货物特性、质量标准，物流设施设备操作知识、作业要求和工艺流程；及时掌握物流设施设备操作管理的新技术、新工艺，适应物流设施设备操作自动化、信息化的发展，不断提高物流设施设备操作的管理水平；了解物流设施设备的性能和要求，督促设备维护和维修。

⑦ 严格执行物流设施设备操作安全管理的规章制度，时刻保持警惕，做好防火、防盗、防损坏等安全保卫工作，防止各种灾害和人身伤亡事故，确保人身、物资设备的安全。

二、具备物流设施设备操作的业务技能

1. 了解物流设施设备操作业务技能基本要求

① 懂技术。懂得物流设施设备操作的各种实际技术，熟悉各种技术的应用范畴和相互联系。

② 会操作。善于利用物流设施设备进行实际的物流操作。

③ 知设计。了解物流设施设备和操作技术的性能及特点，知道一般物流设施设备设计和试验的程序及过程，能够依据客户和实际工作需要进行简单的物流设施设备试验和操作方案设计。

④ 能管理。熟悉日常物流设施设备业务的管理手段和方法，能够制订一般的工作计划；组织员工开展工作以及落实上级的管理要求。

2. 物流设施设备操作人员应具备的技能

① 具有熟练操作物流设施设备和维护保养能力。

② 具有物流设施设备统计、账务处理能力。

③ 具有一定的规划能力。

④ 具有计算机操作能力。

⑤ 具有一定的协调管理能力。

3. 物流设施设备操作人员的基本素质

① 热爱本职工作，有较高的思想素养。具有一定的管理素质，办事能力强，能分清轻重缓急，有条不紊地处理事务。

② 具有丰富的商品知识，熟悉所经营的商品，掌握其理化性质和物流设施设备操作要求，能有针对性地采取管理措施，具有正确维护和保养商品的能力。

③ 掌握现代物流设施设备管理技术，熟悉物流设施设备管理业务，有较强的业务知识水平，熟悉现代信息技术。

④ 熟悉物流设施设备，具有正确操作与保养设施设备的能力，能合理和高效地安排使用物流设施设备。

⑤ 具有一定的财务管理能力，能查阅财务报表，进行经济核算、成本分析，正确掌握物流设施设备的经济信息，进行成本、价格管理和决策。

三、物流设施设备操作人员日常工作

1. 运输设施设备操作人员的日常工作

① 建立运输管理制度和物资运输作业操作规范；组织好运输作业，根据客户的要求，提供优质服务。

② 控制物品的运输作业与管理，审核相关手续；严格把好运输交接验收关，按合同或订单的要求，组织好货物外观质量、数量和重量检验，并做好记录；搞好货物的接运和交接，为验收创造良好条件；搞好运输盘点和日常检查。

③ 根据物品的流通速度，拟制各类物品的运输计划及存储标准。

④ 做好运输物品的安全及保养工作，确保运输物资的质量；根据货物的性质和运输要求，控制运输环境，对运输货物进行科学养护。

⑤ 管理好各种运输设施、机具和设备，严格遵守操作规程，定期维护保养；严格按安全技术操作规程进行生产作业，掌握各种消防器材的合理配置和使用方法。

⑥ 落实安全防范措施，做好车库防火、防盗、防爆等安全工作。

2. 包装设施设备操作人员的日常工作

① 建立包装管理制度和物资包装作业操作规范；组织好包装作业，根据客户的要求，提供优质服务。

② 控制物品包装的订货、设计和包装作业与管理，审核相关手续；严格把好包装验收关，按合同或订单的要求，组织好货物包装质量、数量和重量检验，并做好记录；搞好货物的接运和交接，为验收创造良好条件。

③ 根据物品的包装速度，拟制各类物品的包装计划及存储标准。

④ 做好包装物品、设施设备的安全及保养工作，确保包装物资的质量；根据货物的性质和包装要求，控制包装环境，对包装货物进行科学的养护。

⑤ 管理好各种包装设施、机具和设备，严格遵守操作规程，定期维护保养；严格遵守安全技术操作规程进行生产作业，掌握各种消防器材的合理配置和使用方法。

⑥ 落实安全防范措施，做好工作间和仓库等处的防火、防盗、防爆等安全工作。

3. 仓储设施设备操作人员的日常工作

① 建立仓储管理制度和物资仓储作业操作规范；组织好出入库作业，按客户的要求，提供优质服务。

② 控制物品的入库、出库和存储作业与管理，审核相关手续；严格把好入库验收关，按合同或订单的要求，组织好货物外观质量、数量和重量检验并做好记录，搞好货物的接运和交接，为验收创造良好条件；搞好库存盘点和日常检查。

③ 根据物品的流通速度，拟制各类物品的存储计划及存储标准。

④ 做好存储物品的安全及保养工作，确保库存物资的质量；根据货物的性质和保管要求，控制储存环境，对存储货物进行科学养护。

⑤ 做好物资的按期盘点工作；根据货物特征进行合理的堆码与苫垫，提高库位利用率。

⑥ 管理好各种仓储设施、机具和设备，严格遵守操作规程，定期维护保养；严格按安全技术操作规程进行生产作业。掌握各种消防器材的合理配置和使用方法。

⑦ 落实安全防范措施。做好仓库防火、防盗、防爆等安全工作。

任务训练

某物流公司仓库的月台右侧有一段护栏破损脱落，一直没有修复。物流设施设备管理人员小刘多次向上级反映，但都没有被重视。一次操作作业中，一个装卸工人在搬运物件时不慎绊倒，摔向装卸平台右侧，因无护栏防护，装卸工人跌落到装卸平台下，造成右小腿骨折。该事故引起各级领导的重视，并立即采取措施及时修复护栏，避免此类事故再次发生。

问题：该公司的管理存在什么问题？

项目小结

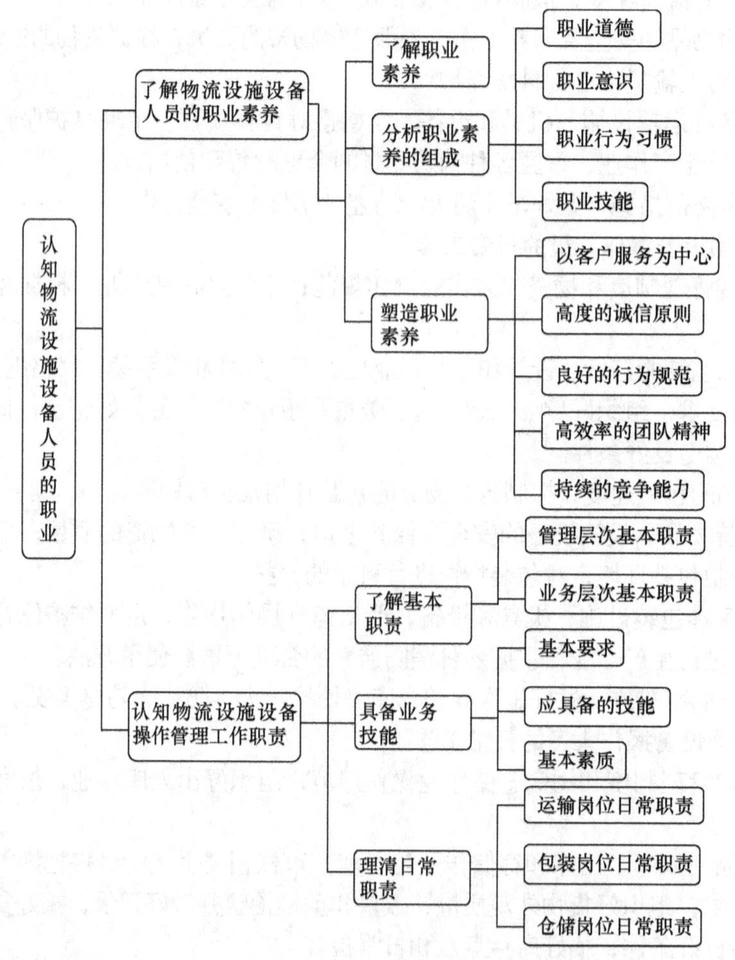

知识练习

一、填空题

① 职业素养是人类在社会活动中需要遵守的（　　　）。个体行为的总合构成了自身的职业素养，职业素养是（　　　），个体行为是外在（　　　）。

② 职业素养概括地说包含以下四个方面：职业道德、（　　　）、职业行为习惯、（　　　）。

③ 职业意识包括诚信意识、（　　　）、团队意识、（　　　）、学习意识。

④ 行为规范包括语言规范、(　　　　)、(　　　　)。

⑤ 物流设施设备操作业务技能基本要求：懂技术、(　　　　)、(　　　　)、能管理。

二、简答题

① 谈谈你对物流设施设备操作人员职业素养的理解。

② 请简述物流设施设备操作的人员应具备的技能。

③ 请简述物流设施设备操作人员日常工作。

职业技能训练

一、案例分析

某物流公司设施设备操作小组在一次操作作业时，由于天气热，正在进行作业的装卸工小刘摘下了安全帽。操作管理人员看到后立即提醒他，但小刘没有理会。操作管理人员立即停止了小组作业，当场召开安全教育会，分析天气等环境因素对装卸安全的影响，要求大家坚决遵守安全守则，严肃批评了小刘的行为并勒令其立即改正。

问题：操作管理人员是不是小题大作?

二、技能训练

【训练目的】让学生了解实训中职业素养的重要性。

【训练内容】

① 人身安全。

② 设备安全。

③ 货物安全。

④ 物流设施设备操作人员的基本职责。

⑤ 物流设施设备操作人员的业务技能。

【训练方法】

① 将学生5～6人分成小组。

② 组长在训练开始前检查小组每位同学着装是否符合操作要求，不得光膀、赤膊、穿拖鞋。

③ 操作前检查机器设备完好情况，以保证作业安全。

④ 每次实训前反复强化安全意识。

⑤ 对商品货物要进行提前观察，注意包装上的各种标志和要求，发现商品、货物的包装有渗漏、损坏时，及时报告。

⑥ 人力装卸、搬运时，应量力而行，配合协调，绝不可冒险违章操作。

⑦ 机械作业，必须严格执行操作规程和有关规定。

⑧ 物流设施设备操作人员严格劳动纪律，服从指挥，不得野蛮装卸，摔坏、砸坏商品货物，不得在作业现场嬉戏、追逐、打闹。

⑨ 及时观察作业过程，发现存在安全隐患，应立即停止作业，进行排除后，方可继续作业。

⑩ 观看人员站在安全距离内，避免影响操作人员，保证操作安全。

⑪ 当每次作业完毕后，对现场进行检查、清理，不遗留作业工具、机具、包装物和垃圾，做到有始有终。

项目二

初识物流设施设备

职场情境导入

王经理对李明说："小李，你最近在忙什么呢？"李明说："经理，我最近在想中国的电商发展很快啊，2014 年，网络购物用户已达到 3.5 亿，电子商务交易额突破 11 万亿元，这将带动我国物流产业的迅速发展。所以，感觉我赶上了一个好的时代。"

经理说："那你对我国物流的发展有什么看法？我们公司应该怎么做呢？"李明说："经理，中国的物流虽然发展迅速，但仍存在很多问题，很多设施和设备的发展根本跟不上物流发展的趋势。物流设施与设备在整个物流环节中起到了很大作用，是提高效率和降低成本的关键。所以，我觉得我们公司可以好好研究研究物流设施设备的应用与管理。"

任务一　认知物流设施设备

学习目标

知识目标：

① 掌握物流设施与设备的含义。

② 掌握物流设施与设备的分类。

③ 了解物流设施与设备的地位和作用。

技能目标：

能区别不同的物流设施与设备。

重点、难点：

① 掌握物流设施与设备的分类。

② 能区别不同的物流设施与设备。

知识储备

物流设施与设备分为物流基础设施、功能性设施和技术设备 3 种，且在整个物流中起着很重要的作用。

一、认知物流设施与设备的含义与分类

1. 物流设施与设备的含义

物流设施与设备是指进行各项物流活动和物流作业所需要的设施与设备的总称。它既包括各种机械设备、器具等可供长期使用，并在使用中基本保持原有实物形态的物质资料，也包括运输通道、货运站场和仓库等基础设施。物流设施与设备是组织物流活动和物流作业的物质技术基础，是物流服务水平的重要体现。物流系统的建立和运行，离不开大量的物流基础设施与设备的运行和保障。它由物流基本设施和物流设备两大部分构成。

① 物流设施是组织物流系统运行的基础物质条件，是在供应链的整体服务功能上和供应链某些环节上，满足物流组织与管理需要的、具有综合或单一功能的场所或组织的统称。如物流园区、物流中心、配送中心，公路、铁路、水路、航空、管道等各类运输枢纽、场站、仓储设施等。

② 物流设备是指用于储存、装卸搬运、运输、包装、流通加工、配送、信息采集与处理等物流活动的设备或设备的总称。如装卸搬运设备、储存设备、运输设备、包装设备、流通加工设备、信息采集与处理设备、集装单元化设备等。

2. 物流设施与设备的分类

物流设施与设备一般可由 3 部分构成：物流基础性设施、物流功能性设施和物流技术设备。

（1）物流基础性设施

物流基础性设施是指在供应链的整体服务功能上和供应链的某些环节上，满足物流组织与管理需要的、具有综合或单一功能的场所或组织的统称。物流基础性设施一般由国家或地区政府投资建设，具有战略地位高、辐射范围大、投资规模大的特点。

① 物流网络结构中的枢纽点。如全国或地区的铁路枢纽、公路枢纽、航空枢纽港、水路枢纽港；国家战略物流储备基地，包括粮食储备库、辐射全国或区域的物流基地等。

② 物流网络中的线。如输送管路、公路、铁路、航道等。

③ 物流基础信息平台。由计算机硬件设备、有线网络设备、无线网络设备和信息自动采集设备组成，其任务是为企业的物流活动与物流信息系统提供基础信息服务，如交通状况信息、交通组织与管理信息、城市商务信息、经济地理信息、资金信息等。

（2）物流功能性设施

物流功能性设施是指实现物流各种功能必需的设施，如物流节点设施和系统中的各种载体。

① 以存放货物为主要职能的节点。货物在这种节点上停滞时间较长，如储备仓库、营业仓库、中转仓库等。

② 以组织物资在系统中运动为主要职能的节点。如流通仓库、流通中心、配送中心、流通加工点等。

③ 物流系统中的载体。包括货运车辆、货运列车、货运飞机、货运船舶等。

（3）物流技术设备

物流技术设备主要包括进行各项物流活动所需的机械设备、器具等。物流技术设备可以长期使用，并在使用过程中基本保持其原来的实物形态。

① 装卸搬运设备。装卸搬运设备是用来搬移、升降、装卸和短距离输送物料或货物的机械设备。装卸是在指定地点以人力或机械将物品装入运输设备或从运输设备卸下的作业活动。装卸是一种以垂直方向移动为主的物流活动，包括物品装入、卸出、分拣、备货等作业行为。搬运则是指在同一场所内，对物品进行的水平方向移动为主的物流作业。装卸搬运是对运输、保管、包装、流通加工等物流活动进行衔接的中间环节，包括装车（船）、卸车（船）、堆垛、入库、出库以及联结以上各项作业的短程搬运。

装卸搬运设备是实现装卸搬运作业机械化的基础，直接影响到物流的效率和效益，贯穿于物流作业的全过程。装卸搬运设备的分类方法很多，根据作业性质，可分为装卸机械、搬运机械和装卸搬运机械三大类。根据主要用途或结构特征，可分为起重机械、连续输送机械、装卸搬运车辆和专用装卸搬运机械等。根据物料运动方式，可分为水平运动方式、垂直运动方式、倾斜运动方式、垂直及水平运动方式、多平面运动方式等几类装卸搬运设备。常用的装卸搬运设备包括叉车、手推车、手动托盘搬运车、各种输送机、托盘收集机、自动引导机、升降机、堆垛机等。装卸搬运设备可以实现货物在仓库里短距离的、水平的、垂直的物料装卸搬运等作业。

② 仓储设备。仓储设备是指在存储区进行作业活动所需要的设备器具，主要用于物资储藏、保管和相关仓储作业活动使用。常用的仓储设备主要有货架、堆垛机、手动搬运车、输送设备、分拣设备、商品检验器具、托盘、计量设备、通风设备、温湿度控制设备、养护设备、消防设备以及计算机管理的监控系统等。

③ 运输设备。运输设备是指用于较长距离运输货物的设备。运输是物流的主要功能之一，通过运输活动，使商品发生场所、空间的移动，解决物资在生产地点和需要地点之间的空间距离问题，创造商品的空间效用，满足社会需要。根据运输方式不同，运输设备主要分为铁路运输设备、公路运输设备、水上运输设备、航空运输设备和管道运输设备 5 种类型。

④ 包装设备。包装设备即包装机械，是指完成全部或部分包装过程的机器设备。包装过程包括充填、裹包、封口等主要工序，以及与其相关的前后工序，如清洗、堆码和拆卸等。此外，包装还包括计量或在包装件上盖印等工序。根据不同的标准，包装可进行不同的分类，如按照包装设备功能可分为灌装机械、充填机械、裹包机械、封口机械、贴标机械、清洗机械、干燥机械、杀菌机械、捆扎机械、集装机械、多功能包装机械以及完成其他包装作业的辅助包装机械和包装生产线。

⑤ 流通加工设备。流通加工设备是指用于物品包装、分割、计量、分拣、组装、价格贴付、标签贴付、商品检验等作业的专用机械设备。流通加工设备种类繁多，按照不同的分类方法可分成不同的种类。例如，按照流通加工形式，可分为剪切加工设备、开木下料设备、配煤加工设备、冷冻加工设备、分选加工设备、精制加工设备、分装加工设备、组装加工设备。根据加工对象的不同，流通加工设备可分为金属加工设备、水泥加工设备、玻璃加工设备、木材加工设备、煤炭加工机械、食品加工设备、组装产品的流通加工设备、生产延续的流通加工设备及通用加工设备等。

⑥ 信息采集与处理设备。信息采集与处理设备，是指用于物流信息的采集、传输、处理等的物流设备。信息采集与处理设备主要包括计算机及网络、信息识别装置、传票传递装置、通信等。

⑦ 集装单元化设备。集装单元化设备，是指用集装单元化的形式进行储存、运输作业的物流设备，主要包括集装箱、托盘、滑板、集装袋、集装网络、货捆、集装装卸设备、集装运输设备、集装识别系统等。

二、了解物流设施与设备的地位和作用

物流设施与设备在物流系统中的地位和作用可概括为以下几方面。

1. 物流设施与设备是物流系统的物质技术基础

不同的物流系统必须有不同的物流设施和设备来支持，才能正常运行。因此，物流设施和设备是实现物流功能的技术保证，是实现物流现代化、科学化、自动化的重要手段。物流系统的正常运转离不开物流设施和设备，正确、合理地配置和运用物流设施与设备是提高物流效率的根本途径，也是降低物流成本、提高经济效益的关键。

2. 物流设施与设备是物流系统的重要资产

在物流系统中，物流设施与设备的投资比较大，随着物流设备技术含量和技术水平的日益提高，现代物流技术装备既是技术密集型的生产工具，也是资金密集型的社会财富，配置和维护这些设备与设施需要大量的资金和相应的专业知识。现代化物流设施设备的正确使用和维护，对物流系统的运行效益是至关重要的，一旦设备出现故障，物流系统将会处于瘫痪状态。

3. 物流设施与设备涉及物流活动的各个环节

在整个物流过程中，从物流功能看，物料或商品要经过包装、运输、装卸、储存等作业环节，并且还有许多辅助作业环节，而各个环节的实现都离不开相应的机械设备。因此，这些机械设备的性能及如何配置直接影响着各环节的作业效率。

4. 物流设施与设备是物流技术水平的主要标志

一个高效的物流系统离不开先进的物流技术和先进的物流管理。先进的物流技术是通过物流设施设备体现的，而如今的物流管理也必须依靠现代高科技手段来实现。如在现代化的物流系统中，自动化仓库技术的应用中综合运用了自动控制技术、计算机技术、现代通信技术（包括计算机网络和无限射频技术等）等高科技技术，使仓储作业实现了半自动化、自动化。物流管理过程中，从信息的自动采集、处理到信息的发布完全可以实现智能化，依靠功能完善的高水平监控管理软件可以实现对物流各环节的自动监控，依靠专家系统可以对物流系统的运行情况及时诊断，对系统的优化提出合理的建议。因此，物流设施设备的现代化水平是物流技术发展的主要标志。

任务训练

训练背景

海尔国际物流中心坐落在海尔开发区工业园。海尔国际物流中心高 22m，拥有 18056 个标准托盘位（其中原材料托盘位 9768 个，成品托盘位 8288 个）。该中心采用世界上先进的激光导引无人运输车系统、巷道堆垛机、机器人、穿梭车等。9 台 AGV（自动导引车）组成一个柔性的库内自动搬运系统，成功完成每天 23400 项的出入库货物和零部件的搬运任务。海尔国际物流中心包括原材料和产成品两个自动化物流系统，无论原材料还是产成品都采用标准托盘，从入库到出库中间的所有活动都实现无人操作——巷道堆垛机根据计算机信息指令，自动存取货

架的货物，送到巷道口，再由无人操纵的穿梭车或 AGV（激光导引）小车运至出入库站台。所有这些出入库信息，都由货物托盘上的条码和机械搬运设备上红外线扫描信息终端同步传送到海尔物流的计算机管理系统，实现了现代物流的自动化和智能化。海尔国际物流中心货区面积 $7200m^2$，但它的吞吐量却相当于 30 万 m^2 普通平面仓库的吞吐量。同样的工作，海尔国际物流中心只有 10 名叉车驾驶员，而一般仓库完成这样的工作量至少需要上百人。

训练要求

课堂上对下面问题进行思考或者讨论：

① 海尔集团的自动化仓库有哪些先进的物流作业设备？

② 用自己的话给物流设备下定义，并尝试对案例中涉及的物流设备进行分类。

③ 先进的自动化立体仓库给海尔带来了什么？

任务二　顺应物流设施设备的发展趋势

学习目标

知识目标：

① 了解物流设施与设备发展的趋势。

② 掌握应对物流设施与设备发展的措施。

技能目标：

能应对物流设施与设备的发展趋势。

重点、难点：

能采取应对物流设施与设备发展趋势的措施。

知识储备

我国政府和企业近年来不断加大物流基础设施与设备的资金投入，目前在交通运输、仓储设施、物流园区等物流基础设施和设备的建设方面取得了很大进步，为物流业的快速发展提供了良好的基础平台。但仍存在一些问题，为了顺应物流设施与设备向更好的方向发展，需采取一些相应的措施。

一、认知物流设施与设备的发展趋势

物流设施与设备是组织实施物流活动的重要手段，是物流活动的基础。

1. 物流设施的发展趋势

物流设施资源的健全、完善与整合利用，是现代物流设施发展的主流，尤其是运输设施的合理发展所营造的多式联运、集装箱运输、运输网络等综合运输环境和运输效率，是物流组织实现高效率、低成本和优质服务的根本。物流设施的发展趋势体现在以下几方面。

（1）物流基础设施及相关资源整合的力度进一步加大

交通运输、仓储等相关领域的各种既有设施除了发挥自身的功能、提高既有设施的使用效率之外，还要考虑如何科学整合其规模、布局、功能等，以及不同领域物流基础设施在服务上的可替代性和竞争性问题，各种既有设施在进行功能转型发展时要积极进行跨行业和企业整合，促进设施的综合利用。

（2）新建物流设施朝科学化、系统化、网络化的方向发展

物流基础设施建设需占用大量土地，特别要处理好各种基础设施发展规划之间的关系，避免相互制约和干扰，从战略高度进行物流基础设施的规划、布局和建设。

（3）物流设施的合理空间布局越来越科学，物流功能越来越完善

在以物流基础设施规划为指导的前提下进行宏观协调，运输场站在布局上与物流基础设施规划重合时，两者在布局上应合并建设，避免功能性的重复建设，加快运输设施整合，推进综合运输的发展和社会整体运输效率的提升。

（4）各种运输服务方式对物流基础设施的支持能力进一步提高

依托专门化物流基础设施、专业化的运输站场，发展多式联运、集装箱运输、城市配送等，努力降低社会综合运输成本，提高运输的可靠性和效率，提高各种运输方式对物流基础设施的支持能力，提高物流基础设施的组织功能和提高运作效率。要形成公路、铁路两种运输方式在干线运输和区域运输、城市配送上的分工与配合；依托港口和机场，形成与不同物流需求相适应的运输组织与服务模式；加快公路的快运、零担、集装箱运输的发展，为物流基础设施在区域中的物流组织功能提供效率与服务模式选择。

（5）物流基础设施的经营与网络化服务能力提高

充分考虑发挥物流园区、物流中心和配送中心以及运输场站、仓储设施等在区域及城市物流组织上的功能，通过建设模式、运营模式和服务功能创新等途径，提高单个基础设施的经营发展能力。通过在设施之间开展运输的网络化经营，在供应链基础上的合作与分工，提高基础设施的网络化服务能力，构建现代物流发展需要的高效率基础设施体系。

（6）物流基础设施的信息化水平越来越高

提高物流基础设施的信息化水平，可以通过依托对物流发展具有重要影响力的大型物流园区、物流中心，开发和建设公共物流信息平台。

2. 物流设备的发展趋势

近年来，伴随着用户需求的变化以及自动控制技术和信息技术的应用，我国在大力吸收国外先进技术发展国有机械制造业的基础上，建立了比较完善的物流设备制造体系，物流装备技术水平有了较大提高。现代物流装备向大型化、高速化、信息化、多样化、标准化、系统化、智能化、实用化和绿色化方向发展。

（1）大型化

大型化是指设备的容量、规模、能力越来越大。物流设备的大型化趋势，一是为了适应现代社会大规模物流的需要，以规模来换取高的物流效益；二是由于现代科学技术的发展和制造业的进步，为制造大型物流技术装备提供了可能。例如，在公路运输方面，已研制出了载重超过 500t 的载重汽车；在海运方面，油轮的最大载重量达到了 563.000 t，集装箱船载重达到了 6790 TEU；在航空运输方面，正在研制的货机最大可载 300t，一次可装载 30 个 40ft（12.2m）的标准集装箱，比现有的货机运输能力高出 50%～100%；在管道运输方面，目前管道最大直径达到了 1220mm。

（2）高速化

高速化是指设备的运转速度、运行速度、识别速度、运算速度大大加快。

提高运输速度一直是各种运输方式努力的方向。第一，铁路、公路运输，如正在发展的高速铁路就有 3 种类型：传统的高速铁路、摇摆式高速铁路和磁悬浮铁路。目前世界各国都在努力建设高速公路网，作为公路运输的骨架。第二，在航空运输方面，正在研制双音速（亚音速

和超音速）货机，超音速化成为民用货机的发展方向。第三，在水运方面，水翼船的速度已达70km/h，而飞机翼船的速度可达170 km/h。第四，在管道运输方面，高速体现在高压力，美国阿拉斯加原油管道的最大工作压力达到了8.2MPa。第五，在仓储方面，仓储规模日益扩大，物流作业量不断增加，客户响应时间越来越短，要在极短的时间内完成拣选、配送任务，只有不断提高物流装备的运行速度和处理能力。因此，堆垛机、拣选系统、输送系统等物流装备总是朝着高速运转目标而努力。例如，日本冈村、KITO、村田、大福等公司都推出了走行速度300m/s、升降速度100 m/s以上的超高速堆垛机，三星、范德兰的工业等公司开发出高速分拣系统。三星的高速分拣系统比普通输送线效率可提高2～5倍，而范德兰的工业刚刚推出的交叉皮带分拣机，不仅可处理球等不稳定性产品，而且其最高速度可达2.3m/s，每小时处理量达27000件。

在提高物流装备运行速度的同时，物流装备的准确性和稳定性也在不断提高。设备没有准确性，速度再快也没有意义。因此，各厂商纷纷采取先进的技术以满足客户对物流设备高准确度的要求。如林德电动前移式叉车采用数字控制系统，使行驶及提升控制更平稳精确。村田开发的激光导向无人搬运车（LGV）的停车准精度达到±5mm，且无须在地面铺设其他装备，即能做到精确定位。

配送中心为满足客户即时性需要，对物流系统的稳定、可靠运行提出了很高的要求。在制造企业，物流设备虽不是生产设备，却对生产设备高效率运行起到很大作用，同样不允许因经常发生故障影响正常生产。所以，为保证物流系统连续安全运作，物流装备的高稳定性、高可靠性越来越受到各厂商重视，物流装备质量提高，保修期延长。

（3）信息化

未来社会将是一个完全信息化的社会，信息和信息技术在物流领域的作用将会更加明显，条码技术、数据库技术、电子订货系统、电子数据交换、快速反应、有效客户反应、企业资源计划等将在物流中得到广泛应用。物流信息化将表现为物流信息收集的数据库化和代码化、物流信息处理的电子化和计算机化、物流信息传递的标准化和适时化、物流信息存储的数字化等。随着人们对信息的重视程度日益提高，要求物流与信息流实现在线或离线的高度集成，使信息技术逐渐成为物流技术的核心。物流装备与信息技术紧密结合，实现高度自动化是未来的发展趋势。

目前，越来越多的物流设备供应商已从单纯提供硬件设备，转向提供包括控制软件在内的总体物流系统，并且在越来越多的物流装备上加装电脑控制装置，实现了对物流设备的实时监控，大大提高了其运作效率。物流装备与信息技术的完美结合，已制装置将发展成为全电子数字化控制系统，可提高单机综合自动化水平；公路运输智能交通系统（ITS）、GPS等技术在物流中的应用，实现了物流的适时、适地、适物、适量、适价。

现场总线、无线通信、数据识别与处理、互联网等高新技术与物流设备的有效结合运用，成为越来越多的物流系统的发展模式。无线数据传输设备在物流系统中发挥着越来越大的作用。通过全球定位系统可以实现对汽车、飞机、船舶等物资运载工具的精确定位跟踪，了解在途物资的所有信息。运用无线数据终端，可以在货物接收、储存、提取、补货及运输等各环节，将货物品种、数量、位置、价格等信息及时传递给控制系统，实现对库存的准确掌控，借助联网计算机指挥物流装备准确操作，几乎完全消灭了差错率，缩短了系统反应时间，使物流装备得到了有效利用，整体控制提升到更高效的新水平。而将无线数据传输系统与客户计算机系统连接，实现共同运作，则可为客户提供实时信息管理，从而提高了客户整体运作效率，全面提高了客户服务水平。

（4）多样化

为满足不同行业、不同规模的客户对不同功能的要求，物流装备形式越来越多，专业化程度日益提高。许多物流设备厂商都致力于开发生产多种多样的产品，以满足客户的多样化需求作为自己的发展方向，所提供的物流装备也由全行业通用型转向针对不同行业特点设计制造，由不分场合转向适应不同环境、不同工况要求，由一机多用转向专机专用。例如，仅叉车就有内燃叉车、平衡重叉车、前移式叉车、拣选叉车、托盘搬运车、托盘堆垛车等多种产品，其中每种产品又可细分为不同车型。此外，自动化立体库、分拣设备、货架等也都有按行业、用途、规模等不同标准细分的多种形式产品。许多厂商还可根据用户特殊情况为其量身定做各种物流装备，体现了更高的专业化水平。

自动化仓库的类型也将向多品种方向发展。目前，我国设计、制造的自动化仓库几乎全都是分离式自动化仓库和托盘单元式自动化仓库。但为了降低成本，国外大型、高层的自动化仓库往往采用整体式自动化仓库。

（5）标准化

当前，经济全球化特征日渐明显，中国入世更加快了企业的国际化进程。物流装备也需要走向全球化，而只有实现了标准化和模块化，才能与国际接轨。因此，标准化、模块化成为物流装备发展的必然趋势。标准化既包括硬件设备的标准化，也包括软件接口的标准化。物流设备、物流系统的设计与制造按照统一的国际标准，才能适应各国、各地区之间相互实现高效率物流的要求。比如，运输工具与装卸储存设备的标准化，可以满足国际联运和“门对门”直达运输的要求；推进通信协议的统一和标准化，可以满足电子数据交换的要求。

通过实现标准化，可以轻松地与其他企业生产的物流装备或控制系统对接，为客户提供多种选择和系统实施的便利性。模块化可以满足客户的多样化需求，可按不同需要自由选择不同功能模块，灵活组合，增强了系统的适应性。同时，模块化结构能够更好地利用现有空间，可以根据货物存取量的增加和供货范围的变化进行调整。

物流标准化有助于实现物流装备的通用化。以集装箱运输为例，国外的公路、铁路两用车辆与机车可直接实现公路、铁路运输方式的转换，极大地提高了作业效率。公路运输中，大型集装箱拖车可运载海运、空运、铁运的所有尺寸的集装箱。通用化的运输工具为物流系统供应链保持高效率提供了基本保证。通用化设备还可以实现物流作业的快速转换，极大地提高物流作业效率。

（6）系统化

物流系统化是指组成物流系统的设备成套、匹配，达到高效、经济的要求。在物流设备单机自动化的基础上，计算机将各种物流设备集成系统，通过中央控制室的控制，与物流系统协调配合，形成不同机种的最佳匹配和组合，以取长补短，发挥最佳效用。为此，成套化和系统化是物流设备的重要发展方向，尤其将重点发展工厂生产搬运自动化系统、货物配送集散系统、集装箱装卸搬运系统、货物的自动分拣系统与搬运系统等。

物流设备供应商应当按客户实际情况，制定系统方案，将不同用途的物流装备进行有机整合，达到最佳效果。自动化立体库、无人搬运车、分拣系统、机器人系统等各种设备功能各异，各有所长，只有在整体规划下选择最合适的产品综合利用，才能使其各显其能，实现最大效益。为使系统容易整合且效果最佳，物流装备最好选择同一家公司，自行设计生产全部物流装备，满足客户整体要求。

同时，客户对物流系统的投入往往不是一步到位，而是按需配置，因此要考虑今后系统的可扩展性。当然，在物流装备实现了模块化设计后，可较容易地根据需要进行扩展，有些物流设备也可通过改变控制软件完成系统的调整或扩展。

（7）智能化

智能化是物流自动化、信息化的更高层次，物流作业过程中大量的运筹和决策，如库存水平的确定、运输（搬运）路径的选择、自动导向车的运行轨迹和作业控制、自动分拣机的运行、物流配送中心经营管理的决策支持等问题都需要借助于大量的知识才能解决。智能化已成为物流技术与装备发展的新趋势。

科技的进步使物流装备越来越重视智能化与人性化设计，应用人工智能技术，以降低工人的劳动强度，改善劳动条件，使操作更轻松自如。目前，人们在人工智能及相关物料储运领域中的专家系统技术方面进行了大量研究。例如，正在研究的将专家系统应用于自动导引车和单轨系统，使它们具有确定的路线和合理的运行决策。在接收物料入库和装运出库方面，专家系统能控制机器人进行物料入架和出架操作，能控制堆垛机的装卸，以及指定物料储存点。正在研制的专家系统能实现辅助设计人员设计自动导引车导向槽和缓冲件，配置和选择单元装载件和研究小型物件的储运技术。

再如，林德公司推出多项改进设计，使叉车更具人性化。叉车的低重心设计，使上下车更加方便；侧向座椅设置，使驾驶叉车更容易；配有电子转向功能，不管搬运多重的货物，所需转向力均小于 10N，仅为传统堆垛车的 1/10，使操作更为轻松；其自动对中功能与故障自我诊断功能，使叉车更加智能化。

又如，堆垛机的地上控制盘操作界面采用大屏幕触摸屏和人机对话方式，堆垛机的各种状态与操作步骤均能清楚地显示出来，即使是初次使用也能操作自如。今后，智能化操作盘将成为更多自动仓库系统供应商的优先选择。

（8）实用化

实用化是指一个物流系统的配置，在满足使用条件之下，应选择简单、经济、可靠的物流设备。也就是说，在构筑这样的物流系统里面，要善于运用现有的各种物流设备，组成非常实用的、简单的系统。这种简单以满足需要为原则，不一定非要追求自动运行成本低，具有优越的耐久性、无故障性和良好的经济效益，以及较高的安全性、可靠性和环保性的物流设备，应是一种发展趋势。

（9）绿色化

绿色化就是要达到环保要求。随着全球环境的恶化和人们环保意识的增强，对物流设备提出了更高的环保要求，有些企业在选用物流装备时会优先考虑对环境污染小的绿色产品或节能产品。因此，物流装备供应商也开始关注环保问题，采取有效措施达到环保要求。如尽可能选用环保型材料；有效利用能源，注意解决设备的震动、噪声与能源消耗量等。更多的企业已经通过或正在抓紧进行 ISO14000 认证，借此保证所提供产品的"绿色"特性。

总之，客户需求与科技进步将推动物流技术与装备不断向前发展。物流装备供应商应随时关注市场需求的变化，采用更加先进的技术，提供客户满意的产品与服务，提高物流装备整体发展水平。

二、应对物流设施与设备发展的措施

借鉴国外物流技术设备发展的先进经验，结合我国物流发展的实际情况及存在的主要问题，可以采取如下措施来加快我国物流技术设备的发展。

1. 加快物流技术设备标准化制定工作

物流技术设备标准化对于提高物流运作效率起着至关重要的作用，统一的标准有利于各种设备之间的相互衔接配套，有利于物流企业之间的业务合作，从而缩短物流作业时间，提高生产效率，改善物流服务质量，近而降低物流成本在生产总成本中的比重。

2. 加大对物流技术设备的投资力度，注重多元化投资

对物流技术设备的实际应用情况进行调查研究，注重发展技术含量高的物流技术设备，有意识地淘汰陈旧落后、效率差、安全性能低的物流技术设备，配置先进物流机械设施，如运输系统中的新型机车、车辆、大型汽车、特种专用车辆，仓储系统中的自动化立体仓库、高层货架，搬运系统中的起重机、叉车、集装箱搬运设备、自动分拣和监测设备等。

3. 规范物流技术设备供应商

规范物流技术设备供应商的经营行为，鼓励其扩大经营规模，提高技术水平和设计能力，从而为物流企业提供更好的物流技术设备。

4. 注重设备的质量、安全等

引导物流企业在选择物流技术设备时，不仅注重设备的价格，还要注重设备的质量、安全性能以及对整个系统的作用，结合自身实际需要选择合适的物流技术设备，使整个系统效益最优。

5. 加强物流企业以及各级政府对物流设备的重视和管理

提高物流企业以及各级政府对物流技术设备在物流发展中的认识，使他们在进行物流技术设备系统规划、设计时能通盘考虑，避免使用不便和资源浪费。

无论是物流企业还是各级政府都要把物流技术设备管理纳入物流管理的内容。物流技术设备是物流成本的一部分，应重视物流技术设备的管理和研究，提高物流技术设备的使用效率，尽量减少物流技术设备的闲置时间。同时，应注重对物流技术设备安全性能的检测和维修，减缓设备磨损速度，延长其使用寿命，防止设备非正常损坏，保障其正常运行。

任务训练

训练背景

荷兰是西欧发达的工业国家，面积 4 万多平方公里，人口 1500 多万。世界上最大港口——鹿特丹港是荷兰的经济支柱。鹿特丹港年吞吐量约 3 亿吨，港口产业总值超过 500 亿荷兰盾，占鹿特丹市产值的绝大部分，占荷兰全国 GDP 的 12%。其港口产业规模表现在：直接雇员 13 万人，间接雇员 50 万人，港区拥有石油加工能力 6500 万吨。鹿特丹港是欧洲最大的汽车拼装和销售中心之一，年销售汽车约 300 万辆。港区拥有专业的橙汁码头和滚装中心，每年吞吐量约 20 万吨，供应整个西欧的橙汁饮料市场；每年装卸约 70 万吨水果，全年供应西欧水果市场。此外，鹿特丹还是世界上最大的港口分销中心之一。港口产业作为荷兰的经济支柱，使荷兰成为全球经济最发达的国家之一。

训练要求

课堂上对下面问题进行思考或者讨论：

谈谈你对荷兰物流设施与设备的看法，对我国物流设施与设备的发展有什么启示？

项目小结

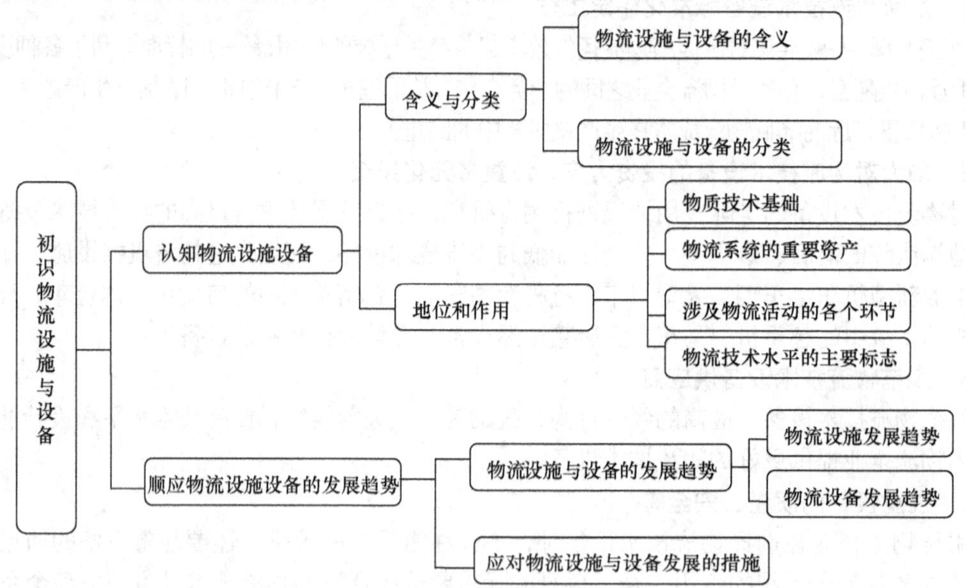

知识练习

一、填空题

① 物流设施与设备分为 3 类，分别是（　　　）、（　　　）、（　　　）。

② 物流技术设备分为（　　　）、（　　　）、（　　　）、（　　　）、（　　　）、集装单元化设备、信息采集与处理设备。

③ 物流有（　　　）、（　　　）、（　　　）、（　　　）、（　　　）、（　　　）、（　　　）、配送、信息处理等功能。

④ 物流系统和一般的管理系统一样，都是由（　　　）、（　　　）、（　　　）、（　　　）、（　　　）、（　　　）等要素组成。

⑤ 集装单元化设备，是指用（　　　）的形式进行储存、运输作业的物流设备，主要包括（　　　）、（　　　）、滑板、集装袋、集装网络、货捆、集装装卸设备、集装运输设备、集装识别系统等。

二、简答题

① 物流设施与设备的地位和作用。

② 简述物流设施与设备发展的趋势。

③ 简述推进我国物流设施与设备发展的应对措施。

职业技能训练

一、案例分析

在加拿大某食品加工厂里一种新型机器人每天自动对 1000 箱食品进行托盘处理。该公司的食品加工厂是加拿大东部著名的腌制食品生产厂家，工厂主要生产经过巴氏灭菌的食品，如小黄瓜、柿子椒、西班牙甜椒、德国泡菜等品种广泛的蔬菜腌制品。由于生产线终端的托盘装载装置限制了其更大的加工能力，特别是在每年 7—11 月的生产旺季，该食品加工厂每天都需要生产 12000 箱蔬菜腌制品，这其中每箱 20 磅（1 磅≈0.45 千克）重的产品在码垛环节上存在很大问题。在发货托盘上码垛是一件很耗费体力的工作，而且工人就算每周工作 6 天，每天工作 10 多个小时，还是赶不上生产进度。

后来该食品加工厂从某公司购进了 SP100X 型的 4 轴码垛机器人，并立即将其安装在生产线上。此后，产品包装箱就以单行排列的形式通过动力传送带进入机器人单元，传送带上的传感器指示包装箱的正确位置，并为机器人捡拾做好准备。4 轴 SP100X 型机器人的有效载荷为 200 磅，360° 工作范围，伸缩距离为 129.6 英寸（1 英寸≈0.025 米），重复精度为 0.02 英寸。

码垛机器人配备有特殊定制设计的多功能抓取器，如果是抓取每箱重量在 8～38 磅的较小和较轻的包装箱并将它们装载到托盘上，生产速率为每分钟 10 箱。而当机器人在装载高且窄的 20 磅包装箱时，每次可抓取两箱，这种包装箱内一般装有 2 个 4 升或 2 个 1 加仑（1 加仑≈0.0038 立方米）的食品罐。这样在每个捡拾周期里，机器人可以搬运 40 磅的有效载荷，装载这些较重包装箱的速率是之前人工作业的两倍。其中，处理 4 升包装时生产速率会快一些，因为与多个较小包装罐的装箱和贴标相比，较大容器的装箱和贴标工序花费的时间更少。

不管包装箱尺寸或重量如何，机器人都可以使用真空吸盘牢固地夹持和传送包装箱。使用这种配置的机器人降低了让包装箱掉落的可能，而一旦发生这种掉落的情况，主要原因也是因为有人关闭了压缩空气扩管器，而非机器人的过失。

在机器人工作的过程中，该食品加工厂给工作单元安装了防护措施，包括安装护栏和光帘，从而防止人员在机器人工作期间进入工作范围。同时，供应商提供了机器人解决方案，承担了系统配套工作并编写了初期使用的程序。

讨论：

① 先进技术与设备给企业的生产和物流运作带来什么好处？

② 如果企业要从这种高资金投入中得到回报，要注意哪些问题？

二、技能训练

【训练目的】

① 掌握物流设施与设备的类别。

② 理解物流设施与设备的重要性。

【训练内容】

对于上述食品加工厂案例，完成该案例“机器人能为包装做些什么”的小组讨论，并提交相应的分析报告。

【训练方法】

① 熟悉物流设施与设备的相关知识。

② 将学生分为若干小组，首先在每个小组内部学习讨论本次任务所涉及的专业理论知识，然后每组由小组负责人具体分工按照实训任务要求进行操作。

③ 教师进行点评总结。

④ 时间：20 分钟。

⑤ 地点：教室。

项目三

运输设施设备的认知与应用

职场情境导入

王经理对李明说："你已经实习两周了，对公司的规章制度、部门的运行情况有了大致了解。你说说运输设施设备应如何管理？"李明说："在运输设施设备里，铁路运输设施设备、航空运输设施设备、水路运输设施设备投资较大，一般属于国家或大型跨国公司所有，如李嘉诚旗下的和记黄埔就投资了深圳盐田港、宁波北仑港、厦门国际货柜码头等。而管道运输设施设备由于其运输的货物的形态所限，目前用途不广。所以作为物流设施设备管理部门，从狭义的角度来说，它主要对自营的运输设施设备进行使用和管理；从广义的角度来说，是对运输所涉及的资源进行优化配置协调使用。"王经理欣慰地说："小李，你很用心，学得很快，有独到的见解，不错，继续努力。"

任务一　公路运输设施设备的认知与应用

学习目标

知识目标：

① 掌握公路的分级。

② 掌握公路主要运输车辆及特点。

技能目标：

根据货物的不同合理安排运输车辆。

重点、难点：

① 掌握公路分级。

② 能根据货物的不同合理安排运输车辆。

知识储备

公路设施与设备主要由公路、运输车辆和场站组成。

一、公路

1. 公路的主要组成部分

公路是一种线性工程构造物。它主要承受汽车荷载的重复作用和经受各种自然因素的长期影响。因此，对于公路的要求，不仅要有和缓的纵坡、平顺的线形，而且要有牢固可靠的人工构造物、稳定坚实的路基、平整而不滑的路面以及其他必要的防护工程和附属设备。

公路的基本组成部分包括：路基、路面、桥梁、涵洞、隧道、防护工程（包括护栏、挡土墙、护脚等）、排水设备（包括边沟、截水沟、盲沟、跌水、急流槽、渡/抛/水槽、过水路面、渗水路堤等）、山区特殊构造物（包括半山桥、路台、明洞等）。此外，为适应行车还设置行车标志、加油站、路用房屋、通信设施、附属工厂及绿化栽植等。

我国公路常用的路面主要有碎石路面、砾石级配路面、加固土路面、沥青表面处理路面、沥青灌入式路面、沥青碎石路面、沥青混凝土路面、水泥混凝土路面等。不同的面层类型适合于不同等级的路面，如表 3-1 所示。

表 3-1　　路面等级及相应的面层类型

路面等级	面层类型
高级路面	水泥混凝土、沥青混凝土
次高级路面	沥青灌入式、沥青碎石、沥青表面处治
中级路面	碎石或砾石（泥结或级配）、半整齐石块、其他粒料
低级路面	粒料加固土、其他当地材料加固或改善土

桥隧是桥梁、涵洞和隧道的简称，都是为车辆通过自然障碍（如河流、山岭等）或跨越其他立体交叉的交通线而修建的建筑物。桥梁和涵洞的共同点在于车辆在其上面运行，主要用来跨越河流，一般桥梁的单跨径较涵洞大，总长比涵洞长。隧道与涵洞相像，但隧道主要用于穿越山丘，车辆是在隧道内运行。

2. 公路的分级

① 根据交通量及其使用性质，公路可分为如表 3-2 所示的 5 个等级。

不同等级的公路，路面路基质量、路面宽度、曲线半径、交通控制和行车速度都有较大的差距，对道路运输的运输质量、运输成本影响很大。在上述各等级公路组成的公路网中，高速公路及汽车专用一、二级公路在公路运输中的地位和作用相当重要。

表 3-2　　根据交通量及其使用性质的公路划分表

公路层级	含义
高速公路	是专指汽车分向、分车道行驶并全部控制出入（全部立体交叉）的干线公路。四车道高速公路一般能适应按各种汽车折合成小客车的远景设计年限平均昼夜交通量为 25000～55000 辆；六车道高速公路一般能适应按各种汽车折合成小客车的远景设计年限平均昼夜交通量为 45000～80000 辆；八车道高速公路一般能适应按各种汽车折合成小客车的远景设计年限平均昼夜交通量为 60000～100000 辆。我国高速公路经过多年建设，已形成高速公路网
一级公路	一般能适应按各种汽车折合成小客车的远景设计年限平均昼夜交通量为 15000～30000 辆，车道数为 4，通往重点工矿区、港口、机场，专供汽车分向、分车道行驶并部分控制出入的公路

续表

公路层级	含义
二级公路	一般能适应按各种汽车折合成中型载货汽车的远景设计年限平均昼夜交通量为 3000～7500 辆，车道数为 2，为连接政治、经济中心或大工矿区、港口、机场等地的专供汽车行驶的公路
三级公路	一般能适应按各种汽车折合成中型载货汽车的远景设计年限平均昼夜交通量为 1000～4000 辆，车道数为 2，为沟通县以上城市的公路
四级公路	一般能适应按各种汽车折合成中型载货汽车的远景设计年限平均昼夜交通量为：双车道 1500 辆以下，单车道 200 辆以下。车道数为 1 或 2，为沟通县、乡（镇）、村等的公路

② 按照行政管理体制，公路可划分为如表 3-3 所示的 5 个等级。

表 3-3　　按照行政管理体制的公路划分表

公路层级	定义
国道	在国家公路网中，具有全国性的政治、经济、国防意义，并经确定为国家级的干线公路
省道	在省公路网中，具有全省性的政治、经济、国防意义，并经确定为省级的干线公路
县道	具有全县性的政治、经济意义，并经确定为县级的干线公路
乡道	乡道主要为乡村农民生产、生活服务的公路
专用公路	由工矿、农村等部门投资修建，主要供该部门使用的公路

二、运输车辆

公路所使用的汽车大致分 3 类：客车、载货汽车、专用运输车辆。客车又可分为小客车（如轿车、吉普车等）和大客车等，货车按其载重量可分为轻型、中型和重型这 3 种。货物运输又可分为特种货物运输、零担货物运输、集装箱运输等。

汽车货物运输专用车辆主要包括以下车辆，如表 3-4 所示。

表 3-4　　主要运输车辆及特点

名称	特点
自卸车	带有液压卸车机构
散粮车	带有进粮口、卸粮口
厢式车	标准的挂车或货车，货厢封闭
敞车	挂车顶部敞开，可装载高低不等的货物
平板车	挂车无顶也无侧厢板，主要用于运输钢材和集装箱等货物
罐式挂车	用于运输流体类货物
冷藏车	用于运输需控制温度的货物
高栏板车	其车厢底架凹陷或车厢特别高以增大车厢容积
特种车	其车体设计独特，用来运输像液化气那样的货物或是小汽车

下面重点介绍牵引车与半挂车。

1. 牵引车的分类

牵引车俗称拖车，是一种有动力而无装载空间的车辆，是专门用来牵引挂车的运输工具。挂车是无动力但有装载空间的车辆，两者结合在一起组成汽车列车进行货物运输。挂车分为全挂车和半挂车两种。

牵引车有许多种分类法，如按司机室的形式，按驱动形式，按拖带挂车的方式以及按用途等分类。

（1）按司机室的形式分类

牵引车按司机室的形式可分为平头式和长头式两种。

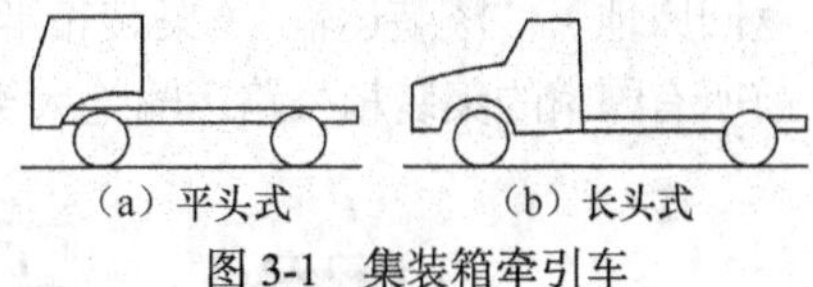

图 3-1　集装箱牵引车

① 平头式牵引车如图 3-1（a）所示。其优点是司机室短，视线好；轴距和车身短，转弯半径小。缺点是由于发动机直接布置在司机座位下面，司机受到机器震动影响，舒适感较差。

② 长头式（又称凸头式）牵引车如图 3-1（b）所示。这种牵引的发动机和前轮布置在司机室的前面。其优点是司机舒适感较好；撞车时，司机较为安全；开启发动机罩修理发动机较方便。缺点是司机室较长，因而整个车身长，回转半径较大。

由于各国对公路、桥梁和涵洞的尺寸有严格的规定，车身短的平头式牵引车应用日益增加。

（2）按拖带挂车的方式分类

牵引车按拖带挂车的方式可分为下列几种。

① 半拖挂方式：如图 3-2（a）所示，它是用牵引车来拖带半截集装箱的挂车。由图可见，集装箱的重量由牵引车和挂车的车轴共同分担，故轴的压力小；另外由于后车轴承受了部分集装的重量，故能得到较大的驱动力；这种拖挂车的全长较短，便于倒车和转向，安全可靠；挂车前端的底部装有支腿，便于甩挂运输。

② 全拖挂方式：如图 3-2（b）所示，它是通过牵引力杆架与挂车连接，牵引车本身可作为普通载重货车使用，挂车亦可用支腿单独支承。全拖挂车是仅次于半拖挂车的一种常用的拖带方式，操作比半拖挂车困难。

③ 双联拖挂方式：如图 3-2（c）所示，它是在半拖挂方式后面再加上一个全挂车，实际上它是牵引拖带两节底盘车。这种拖挂方式在高速行进时，后面一节挂车会摆动前进，后退时操作性能不好，故目前应用不广泛。

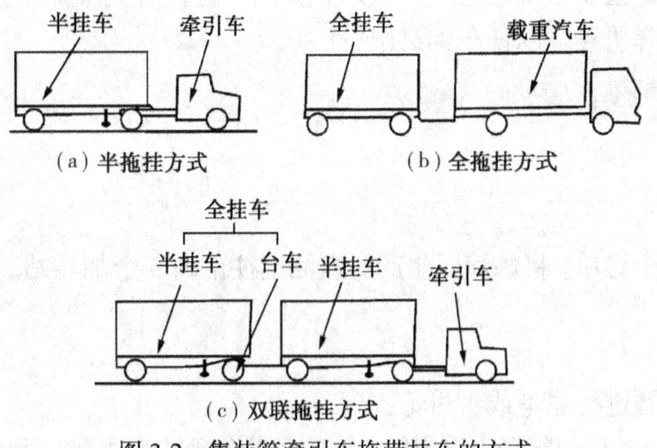

图 3-2　集装箱牵引车拖带挂车的方式

2. 半挂车

半挂车与牵引车连接后具有很好的整体性，广泛应用于各种货物运输中，除通用半挂车外，还有平板车、厢式车、自卸车、冷藏保温车、集装箱专用车、集装箱与散装货两用车、液罐车、粉状散装车、牲畜家禽车、预制件车等。

近年来，半挂车发展很快，主要是因为半挂车运输经济效益好。另外，半挂汽车列车是“甩挂运输”（用一辆牵引车轮流牵引多辆半挂车，以达到高效率的运输），“区段运输”（半挂汽车列车到达指定区段站，半挂车换上另外牵引车牵引继续向目的地行驶，而此牵引车牵引其他半挂车返回原地），“滚装运输”（集装箱半挂车直接装船及卸下运输）的最好车型。值得强调的是，目前所有国家的集装箱公路运输绝大部分采用半挂列车。半挂列车类的集装箱半挂车如图 3-3 所示。

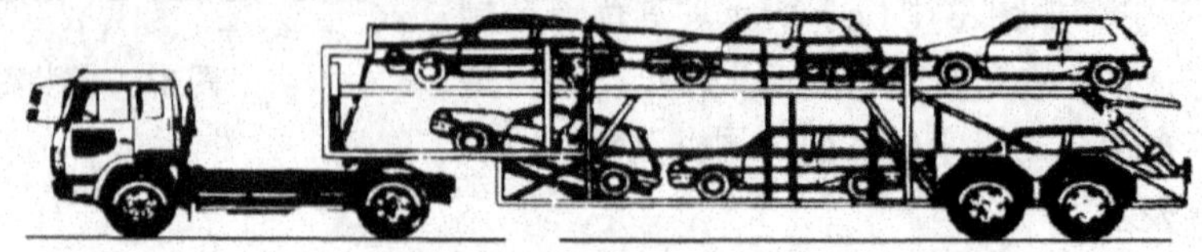

图 3-3 半挂组合汽车列车

三、运输场站设施

1. 货运站

公路运输货运站的主要功能包括货物的组织与承运、中转货物的保管、货物的交付、货物的装卸以及运输车辆的停放、保修等内容。简易的货运站点，则仅有供运输车辆停靠与货物装卸的场地。

公路货运站又可分为汽车零担站、零担中转站、集装箱货运中转站等。零担货运站一般是按照年工作量（零担货物吞吐量）划分等级的。年货物吞吐量在 6 万吨以上的为一级站；年货物吞吐量在 2 万～6 万吨的为二级站；年货物吞吐量在 2 万吨以下的为三级站。零担货运站应配备零担站房、仓库、货棚、装卸车场、集装箱堆场、停车场及维修车间、洗车台、材料库等生产辅助设施。集装箱货运中转站应配备拆装库、高站台、拆装箱作业区、业务（商务及调度）用房、装卸机械与车辆等。

2. 停车场

停车场（库）的主要功能是停放与保管运输车辆。现代化的大型停车场还具有车辆维修、加油等功能。

停车场内的平面布置要方便运输车辆驶入、驶出和进行各类维护作业，多层车库或地下车库还需设有斜道或升降机等，以便车辆进出。

任务训练

训练背景

物流公司接到一个订单，将炼油厂生产的汽油运往市内 5 个加油站，单程运输距离 100km。

训练要求

课堂上对下面问题进行思考或者讨论：

该物流公司设施设备管理部门应采用什么样的运输车辆较为适宜？运输过程中应注意什么？

任务二　管道运输设施设备的认知与应用

学习目标

知识目标：

① 掌握管道运输系统的基本设施。

② 掌握管道运输系统与其他运输系统的区别。

技能目标：

管道运输系统与其他运输系统的区别。

重点、难点：

掌握管道运输系统的基本设施。

知识储备

管道运输系统与其他运输系统具有很大的差异性，其中最主要的差别在于：管道运输系统中，运输工具都是固定的，不需要凭借运输工具的移动来完成运输任务。因此，管道运输系统所需的基本设施也异于其他运输系统。

一、管材

管道一般是用钢管焊接而成，能承受较高的压力，也有一些小口径管道使用无缝钢管。制管钢材种类很多，总的趋向是用高强度钢以减小壁厚，节约钢材，但必须易于焊接。非金属管目前多用于低压管网，如城市内的煤气管网，很少用于长途运输管道上。

原油管道一般管径为 273～1020mm，成品油管道一般都比原油管道的口径小一些，为 159～920mm。

输气管道的口径则又比原油管道口径小一个档次，最大可达 1400mm。我国管道运行压力都在 5MPa 以下，在国际上则多为 6～8MPa。

二、动力机械

动力机械是管道的核心机械。世界上绝大多数管道主要是使用电动机驱动油泵或压缩机给流体加压，其优点是管理方便，维护量小，便于控制。但是管道所输送的介质本身就是能源，如天然气、成品油等。因此，管道动力的提供除依靠电动机外，还有更多的选择。

管道动力系统通常是无人值守的，所以要求动力机械能保持长期稳定运行，一般要求内燃动力机达到 4 万小时无大修。达到这样的指标除了使用最适用的燃料外，还要求设备性能好、润滑好。

三、阀件

管道输送流体的控制主要是依靠阀门。管道干线上用阀的特点是口径大、耐压高，并且是通径（通径是指当阀门全开启后与管道内径相同，以便清洁管器从中通过）。站内用阀与其他共有用阀大多相同，但由于阀门口径大、压力高，因此十分重视采用能自动开闭的机械，称为执行机构。根据泵站的要求和自动化的需要，阀门执行机构的动力源可以是电动、液动、气动和气液联动的。

四、管道防腐材料

管道埋于地下，如外部不涂敷防腐材料，就极易遭受土壤腐蚀，直接威胁管道寿命。为此，管道在未埋入地下以前，必须在外部涂敷防腐材料。

五、辅助系统

使用电力作为管道动力的管道系统，在管道建设的同时，必须建设供电的电网，这是管道最庞大的辅助系统。

其次是通信系统。通信系统对管道系统极为重要，任何一处出现故障，将影响全线的运行。近代的管道通信走向泵站自动化和遥控，采用较新的数据采集与监控系统，可使管道的自动化进一步提高，以使上千米的管道运行由一处总调度室集中控制。

任务训练

训练背景

西气东输工程是我国管道运输中一项重要工程，是我国距离最长、口径最大的输气管道。它西起塔里木盆地的轮南，东至上海，全线采用自动化控制，供气范围覆盖中原、华东、长江三角洲地区。自新疆塔里木轮南油气田，向东经过库尔勒、吐鲁番、鄯善、哈密、柳园、酒泉、张掖、武威、兰州、定西、宝鸡、西安、洛阳、信阳、合肥、南京、常州等地区。东西横贯新疆、甘肃、宁夏、陕西、山西、河南、安徽、江苏、上海等 9 个省区，全长 4200km。

我国西部地区的塔里木盆地、柴达木盆地、陕甘宁和四川盆地蕴藏着 26 万亿 m^3 的天然气资源和丰富的石油资源，约占全国陆上天然气资源的 87%。特别是新疆塔里木盆地，天然气资源量有 8 万多亿 m^3，占全国天然气资源总量的 22%。塔里木北部的库车地区的天然气资源量有 2 万多亿 m^3，是塔里木盆地中天然气资源最富集的地区，具有形成世界级大气区的开发潜力。塔里木盆地天然气的发现，使我国成为继俄罗斯、卡塔尔、沙特阿拉伯等国之后的天然气大国。

训练要求

课堂上对下面问题进行思考或者讨论：

① 西气东输的重要意义？

② 管道除了能运输气体、液体以外，是否可以运送其他形态的货物？举例说明。

任务三　铁路运输设施设备的认知与应用

学习目标

知识目标：

① 掌握铁路运输设施主要组成部分。

② 掌握铁路车辆的种类。

技能目标：

根据货物的不同合理安排运输车辆。

重点、难点：

① 能区分中间站、区间站和编组站。

② 能根据货物的不同合理安排运输车辆。

知识储备

铁路运输设施主要由铁路线路、机车车辆、信号设备和车站这 4 部分组成。

一、铁路线路

铁路线路是列车运行的基础，承受列车重量，并且引导列车的行走方向。

1. 铁路线路的等级

铁路线路的等级是铁路的基本标准，铁路线路设计时分为远、近两期，远期为交付营运后第十年，近期为交付营运后第五年。依据铁路在路网中的作用和性质及其所承担的远期年客货运量的大小，将普通铁路划分为Ⅰ、Ⅱ、Ⅲ 3 个等级，如表 3-5 所示。

表 3-5　铁路线路等级和主要技术参数

等级	远期年客货运量（GN）	最高运行速度	限制坡度（‰）			最小曲线半径（m）	
			平原	丘陵	山区	一般地区	困难地区
Ⅰ	≥150	80～140	4～6	9～12	12～15	500～1 600	450～1 200
Ⅱ	<150≥75	80～120	6	12～15	15～25	450～1 000	450～800
Ⅲ	<75	80～100	6	12～18	18～25	400～600	350～500

通常一条铁路线路应选定一个统一的等级，但对长距离的铁路线路，当有些区段的货运量或工程难易程度有较大差别时，可以对这些区段选用不同的等级。目前，我国骨干铁路旅客列车运行时速达到了 250km/h。

2. 铁路线路的构成

铁路线路通常由路基、桥梁、涵洞、隧道等构造物构成。

（1）路基

路基是铁路线路承受轨道和列车载荷的基础结构，按地形条件和线路平面、纵断面设计的要求，路基横断面可以修成路堤、路堑和半路堑三种基本形式。

（2）桥梁

铁路通过江河、溪沟、谷地时需要修筑桥梁，桥梁主要由桥面、桥跨结构和墩台组成。铁路桥梁按照桥跨所用的材料，可以分为钢桥、钢筋混凝土桥等；按照桥梁的长度（L），可以分为小桥（L<20m）、中桥（20m≤L<100m）、大桥（100m≤L<500m）和特大桥（L≥500m）；根据用途又可分为铁路专用和铁路、公路两用桥。

（3）涵洞

涵洞是设置在路堤下部的填土中，用以通过少量水流的一种构造物。

（4）隧道

铁路隧道是线路穿山越岭的主要方式之一，还有穿越江河湖海与地面障碍的功能，如越江隧道、地铁隧道等。

3. 轨道

轨道起着引导车辆行驶方向，承受由车轮传下来的压力，并把它们扩散到路基的作用。轨道由钢轨、轨枕、连接零件、道床、防爬设备和道岔等部分组成。

（1）钢轨

采用稳定性良好的“工”形断面宽底式钢轨，它必须具有足够的刚度、韧性和硬度。

我国生产的标准钢轨有大于等于 75kg/m、60kg/m、50kg/m、43kg/m 等数种，标准长度有 25m 和 12.5m 两种。两条钢轨间的标准轨距为 1435mm，曲线轨距应按规定加宽，线路轨距的容许误差增宽不得大于 6mm，减宽不得超过 2mm，即直线部分轨距允许最大值为 1441mm（1435+6），最小轨距为 1443（1435-2）mm。

由于轨距不同，列车在不同轨距交接的地方必须进行换装或换轮对。欧、亚大陆铁路轨距按其大小不同，可分为宽轨、标准轨和窄轨 3 种。标准轨的轨距为 1435mm；大于标准轨的为宽轨，其轨距大多为 1524mm 和 1520mm；小于标准轨的为窄轨，其轨距多为 762mm 和 1000mm。我国铁路基本上采用标准轨距（台湾地区和海南省铁路轨距为 1067mm）。

（2）轨枕

轨枕位于钢轨和道床之间，是钢轨的支座，承受由钢轨传来的压力并将其扩散给道床，同时还起着保持钢轨位置和轨距的作用。轨枕的长度一般为 2.5m，每 km 铺设的数量随运量的增大而增多，一般为 1520～1840 根/km。

（3）连接零件

连接零件有接头连接零件和中间连接零件两种。接头连接零件用以连接钢轨，由鱼尾板（夹板）、螺柱、螺帽和弹性垫圈等组成；中间连接零件用以连接钢轨和轨枕，分为钢筋混凝土用和木枕用两种。

（4）防爬设备

列车运行时会产生作用于钢轨上的纵向水平力，造成钢轨沿着轨枕甚至带动轨枕做纵向移动，使轨道出现爬行。为防爬，除了加强中间扣件的扣压力和接头夹板的夹紧力外，还设置了防爬器和防爬撑。

（5）道床

道床是铺设在路基顶面上的道砟层，其作用是把由轨枕传来的车辆载荷均匀地传递到路基上，防止轨道在列车作用下产生位移，缓和列车运行的冲击作用，同时还便于排水以保持路基面和轨枕的干燥。道床一般采用碎石道砟，有坚硬、稳定性好和不易风化等优点。

（6）道岔

道岔是铁路线路和线路间连接与交叉设备的总称，其作用为使列车由一条线路转向另一条线路。道岔可分为普通单开道岔，还有双开、三开、交分道岔等。

二、机车车辆

机车车辆包括机车和车辆。

1．机车

机车是铁路运输的动力源，牵引列车运行。机车的种类有蒸汽机车、内燃机车和电力机车 3 种。

蒸汽机车是以蒸汽驱动的机车，它机构简单、制造成本低、驾驶与维修简单，但热效率低，功率与速度都受到限制，正逐步被淘汰。

内燃机车以内燃机为原动力，其热效率比蒸汽机高，可达 20%～30%，加足燃料后可长时间运行，但机车构造复杂，制造与维修困难，运营费用高。

电力机车是从铁路沿线的接触网上获取电能产生牵引力的机车，它热效率最高，功率大，运输能力大，启动快，速度高，爬坡能力好，污染小，噪声小，是最有发展前途的一种机车，但其供电系统的投资较大。

目前，我国铁路运输以电力机车为主。

2. 车辆

车辆主要用于承载货物和旅客，无动力，需由机车牵引。货运车的种类主要有棚车、敞车等；客车的种类主要有座车、卧车、餐车、行李车和邮政车等。表 3-6 是我国部分货车的种类及其基本型号。

表 3-6　　我国部分货车的种类及其基本型号

顺序	车种	基本型号
1	棚车	P
2	敞车	C
3	平车	N
4	矿砂车	A
5	煤车	M
6	矿石车	K
7	保温车	B
8	集装箱专用车	X
9	家畜车	J
10	罐车	G
11	水泥车	U
12	长大货物车	D

三、信号设备

信号设备的作用是保证列车运行与调车安全和提高铁路的通过能力，它包括铁路信号、连锁设备和闭塞设备。

1. 铁路信号

铁路信号是对列车运行、停止和调车工作的命令，是保证列车行车安全和作业效率的重要手段。铁路信号按信号形式可分为视觉信号和听觉信号，按设备形式可分为固定信号、移动信号和手信号。

2. 连锁设备

车站道岔区上道岔的不同开通方向构成多条作业进路。为了保证车站内行车和调车作业安全，必须实现进路、道岔及信号机三者的联系和制约，称为连锁。连锁设备的主要作用是保证站内列车运行和调车作业的安全，以及提高车站的通过能力。

随着计算机技术的高度应用和发展，铁路车站的电气集中连锁设备正在逐步向微机连锁方向发展。

3. 闭塞设备

闭塞设备是用来保证列车在区间内运行安全的区间信号设备。它能控制列车运行，保证在一个区间内同时只有一个列车占用。

四、车站

车站是铁路运输的基本生产单位，包括各种铁路车站和作业场。车站有多种分类，按运输对象可分为客运站、货运站和客货运站；按运量和技术作业量及其工作复杂性分为特等站，一、二、三、四及五等站；按技术作业性质可分为中间站、区间站和编组站。

1. 中间站

一条铁路通常分为若干个区段，在区段间的分界点上设置的车站称为中间站。设置中间站的目的是为了提高铁路区段的通行能力。中间站的主要作业有以下几个方面。

① 列车的接发、通过、会让和越行。

② 旅客的乘降和行李、包裹的收发与保管。

③ 货物的承运、交付、装卸和保管。

④ 本站作业车的摘挂作业和向货场甩挂车辆的调车作业。

⑤ 客运量较大的中间站，还有始发和终到的客货列车的作业。

2. 区间站

区间站一般都靠近中等规模以上的城市，设置在铁路网机车牵引区段的分界点处。

区间站的布置形式可以分为横列式、纵列式和客货纵列式三种。区间站的主要任务是办理通过列车的技术作业（机车的更换、整备和修理等）、编组区段列车和摘挂列车等。区间站的主要作业有以下几个方面。

① 旅客运转业务。旅客运转业务包括旅客的乘降和行李、包裹、邮件的收发与保管等，乘客数量较多的区间站还办理旅客列车的始发和终到作业。

② 货运运转业务。货运运转业务包括货物列车的接发，整车和零担货物的承运、交付、装卸和保管，区段和零担列车的编组作业，货场及专用线取送作业等。

③ 机车业务。机车业务包括更换客货列车的机车和乘务组，机车的整备、检查和修理等。

④ 车辆业务。车辆业务包括更换客货车辆，车辆的检查和修理等。

3. 编组站

编组站是铁路网上办理大量货物列车的解体、编组作业的专业技术站，一般不办理客货运业务。编组站的主要任务是解体和编组各类货物列车；组织和取送本地区车流；供应列车动力，整备检修机车；货车的日常技术保养。

4. 客运站和货运站

客运站根据客流量的大小和性质、铁路枢纽总布置、地形条件、城市规模和车站附近的布局等，可以布置为尽头式、通过式和混合式三种。货运站是专门办理货物装卸和货物联运或换装作业的站场，大多设在大城市或工业区。它主要办理货物的接收、交付、装卸、保管、换装和联运等作业。

任务训练

训练背景

在京广、陇海两大铁路干线交会处，镶嵌着一颗璀璨的明珠，这就是亚洲作业量最大的列车站——郑州北车站。它连接华北、华东、华南、西北和西南铁路，是我国铁路交通的重要枢纽。它主要担负着南北方向的京广线、东西方向的陇海线四个方向货物列车和郑州枢纽地区小运转列车的到达、解体、编组及出发作业和装载鲜活易腐货物车辆的加冰上水任务。

训练要求

课堂上对下面问题进行思考或者讨论：

按技术作业性质划分，郑州北车站属于哪种类型的车站？为什么说它在中国铁路乃至于亚洲铁路来说具有重要地位？

任务四　航空运输设施设备的认知与应用

学习目标

知识目标：

① 掌握航空港的概念。

② 掌握航班的概念。

③ 掌握飞机的装载限制。

技能目标：

具有根据飞机的装载限制合理安排货物的能力。

重点、难点：

① 理解航班的概念。

② 能根据飞机的装载限制合理安排货物。

知识储备

航空运输的设施设备主要包括航空港、航路和航线、航班和航段等，它们构成了辐射式航线网络。

一、航空港

航空港是航空运输的经停点，也叫航空站或者机场，是飞机起飞、降落、停放及组织、保障飞机活动的场所，如图 3-4 所示。

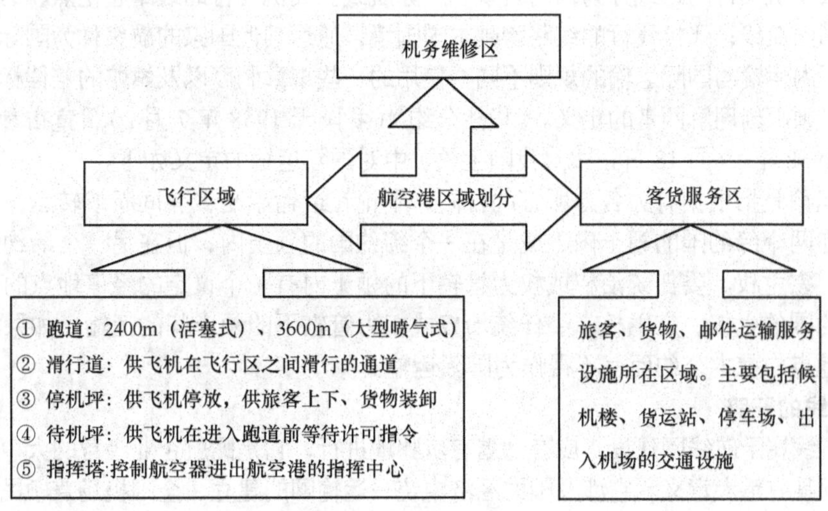

图 3-4　航空港区域划分

通常来讲，航空港内配有以下设施。

① 跑道与滑行道：前者供航空器起降，后者是航空器在跑道与停机坪之间出入的通道。

② 停机坪：供飞机停留的场所。

③ 指挥塔或管制塔：航空器进出航空港的指挥中心，其位置应有利于指挥与航空管制，维护飞行安全。

④ 助航系统：辅助航空器安全飞行的设施，包括通信、气象、雷达、电子及目视助航设备。

⑤ 输油系统：为航空器补充油料。

⑥ 维护修理基地：为航空器做归航以后或起飞以前的例行检查、维护、保养和修理。

⑦ 货站。储存货物。

⑧ 其他各种公共设施：包括水、电、通信交通、消防系统等。

二、航路和航线

1. 航路

民航运输服务是航空器跨越天空在两个或多个机场之间的飞行服务。为了保障飞行安全，必须在机场之间的空中为这种飞行提供相对固定的飞行线路，使之具有一定的方位、高度和宽度，并且在沿线的地面设有无线电导航设施。这种经政府有关当局批准的、飞机能够在地面通信导航设施指挥下沿具有一定高度、宽度和方向在空中作航载飞行的空域，就称为航路（Air Way）。

在欧美国家，航路空域高度层分为 3 种：一是低空航路空域，宽 16km，平均海拔高度在 4423m 以下；二是中空航路空域，宽 26km，高度在平均海拔 4423～7320m 之间；三是高空航路空域，宽度没有规定，高度在平均海拔 7320m 以上，专供喷气飞机使用。我国民用航路的宽度规定为 20km。

2. 航线

民航从事运输飞行，必须按照规定的线路飞行，这种路线叫做航空交通线，简称航线。航线不仅确定了航行的具体方向、经停地点，还根据空中管理的需要规定了航路的宽度和飞行的高度层，以维护空中交通秩序，保证飞行安全。

航线按飞机飞行的路线分为国内航线和国际航线。飞机飞行的线路起讫点、经停点均在国内的称为国内航线；飞机飞行的线路跨越本国国境，通达其他国家的航线称为国际航线。

由于国内运输与国际运输的规则不同，使用的一些规章制度以及索赔的赔偿标准也大相径庭，因此必须深刻理解两者的定义。《华沙公约》（我国于 1958 年 7 月 20 日宣布参加该公约，该公约于 1958 年 10 月 18 日正式对我国生效）中对国际运输的定义如下。

国际运输是指根据有关各方所订的合同，不论在运输中是否有间断或转运，其出发地和目的地是在两个缔约国的领土内，或是在一个缔约国的领土内，但在另一个缔约国或非缔约国的主权、宗主权、委任统治权或权力管辖下的领土内有一个议定的经停地点的任何运输。在同一缔约国的主权、宗主权、委任统治权或权力管辖下的领土间的运输，如果没有这种议定的经停地点，就本公约而言不得作为国际运输。

3. 航线的开辟

开辟航线属于航线网建设，应有计划有步骤地进行，它是民航企业经营的大事，在政治上和经济上都具有重大意义。它涉及国民经济中统一运输网的建立、全国机场兼顾民用军需的合理布局、生产力的配置、城市发展规划、国家基建投资、运输工具的类型及运输能力的发展规划等一系列需要进行全面规划与综合考虑的重大问题。一般来讲，开辟航线是指在原有航线网的基础上增辟新线。这需要事先进行深入细致的可行性调查研究分析，主要包括以下 3 个方面：

① 客观需要的情况；

② 开辟航次的可能性；

③ 经济效益的预测。

民航运输是为满足国家的政治、经济、国防、外交、科学文化各方面的需要以及人民生活的需要服务的，要以国家的方针、政策和任务为指导，对准备开航的地点进行调查，掌握当地及附近地区对航空运输的需求情况，同时要摸清现有地面运输的客货流量、流向和消长变化规律。开辟航线不但要按客观经济规律办事，而且还要按自然规律办事。如果需要修建机场，对当地的气象、地质等情况要进行深入的调查，要了解器材、油料的运输条件，对机场建设包括选址、勘测、设计、施工以及建设周期、基建投资额等都要做出计划。在经营管理方面，要研究适用的机型、班次密度、班期时刻、运价水平，并根据掌握的资料进行业务预测，估算收入和利润。在通盘考虑主客观条件后，如认为具有开辟航线的必要性和可能性，应报请有关部门批准后执行。

三、航班和航段

1. 航班

飞机由始发站起飞按照规定的航线经过经停站至终点站做运输飞行称为航班。航班分为去程航班和回程航班。班次是指在单位时间内（通常用一个星期计算）飞行的班数，包括去程和回程。在机型不变的情况下，班次增多表明提供的运输能力增强。班次是根据客观需要和主观能力来确定的。

在国际航线上飞行的航班为国际航班，在国内航线上飞行的航班为国内航班。中国国内航空公司的航班号由执行航班任务的航空公司两个字母代码和四个阿拉伯数字组成。如CA1501，表示中国国际航空公司自北京至上海的航班。

我国的民航飞行航班号一般采用两个字母的航空公司代码加4位数字组成。航空公司代码由民航总局规定公布。后面的4位数字第一位代表航空公司的基地所在地区，第二位表示航班的基地外终点所在地区，第三、第四位表示这次航班的序号，单数为由基地出发向外飞的去程航班，双数表示飞回基地的回程航班。例如：MU5305，上海—广州航班，MU为东方航空公司代码，5代表上海所在的华东地区，3代表广州所在的华南地区，05为序号，是单数代表去程航班。表3-7所示为我国部分航空公司代码，表3-8所示为国内部分民航管理局所在地代码。

表3-7　我国部分航空公司代码

航空公司名称	代码
中国国际航空集团公司	CA
中国东方航空集团公司	MU
中国南方航空集团公司	CZ
上海航空公司	FM
海南航空公司	HU
厦门航空公司	MF

表3-8　国内部分民航地区管理局所在地代码

民航地区管理局名称	所在地代码
华北管理局	1
西北管理局	2
华南管理局	3
西南管理局	4
华东管理局	5

2. 航段

航段通常分为旅客航段（Segment，简称航段）和飞行航段（Leg，通常称为航节）。旅客航段指能够构成旅客航程的航段，例如，北京—上海—旧金山航线，旅客航程有 3 种可能：北京—上海、上海—旧金山和北京—旧金山。飞行航段是指航班飞机实际飞行的航段，例如北京—上海—旧金山航线，飞行航段为北京—上海和上海—旧金山。

四、航空器

1. 飞机

航空器主要是指飞机。

常见的飞机有螺旋桨式飞机、喷气式飞机和超音速飞机。螺旋桨式飞机与船舶行进的原理类似，就是利用螺旋桨的转动将空气向机后推动，借其反作用力推动飞机前进。所以螺旋桨转速越高，飞行速度越快。但当螺旋桨转速高到某一程度时，会出现空气阻碍（Air Barrier）的现象，即螺旋桨四周已成真空状态，这时即使加速螺旋桨的转速飞机的速度也无法提升。喷气式飞机的结构简单，制造、维修方便，速度快，节约燃料费用，装载量大，使用率高（每天可飞行 16h），所以目前已经成为世界各国机群的主要机型。超音速飞机是指航行速度超过音速的飞机，如英法联合研制的协和式飞机。目前超音速飞机由于耗油大、载客少、造价昂贵、使用率低，使许多航空公司望而却步。又由于它的噪声很大，被许多国家的机场以环境保护的理由拒之门外或者被限制在一定的时间起降，因而限制了它的发展。

按照用途的不同，飞机可分为客机、全货机和客货混合机。客机主要运送旅客，一般行李装在飞机的深舱。直到目前为止，航空运输仍以客运为主，客运航班密度高、收益大，所以大多数航空公司都采用客机运送货物。不足的是，由于舱位少，每次运送的货物数量十分有限。全货机运量大，可以弥补客机的不足，但经营成本高，只限在某些货源充足的航线使用。客货混合机可以同时在主甲板运送旅客和货物，并根据需要调整运输安排，是最具灵活性的一种机型。

2. 飞机的装载限制

（1）重量限制

飞机制造商规定了每一货舱可装载货物的最大重量限制。任何情况下，所装载的货物重量不可以超过此限额。否则，飞机的结构很有可能遭到破坏，飞行安全受到威胁。

（2）容积限制

由于货舱内可利用的空间有限，因此，这也成为运输货物的限定条件之一。轻泡货物已占满了货舱内的所有空间，而未达到重量限额。相反，高密度货物的重量已达到限额而货舱内仍会有很多的剩余空间无法利用。将轻泡货物和高密度货物混合装载，是比较经济的解决办法。承运人有时提供一些货物的密度参数作为混运装载的依据，例如服装类货物密度约为 $120.0\mathrm{kg/m^3}$。

（3）舱门限制

由于货物只能通过舱门进入货舱内，货物的尺寸必然会受到舱门的限制。为了便于确定一件货物是否可以装入散舱，飞机制造商提供了散舱舱门尺寸表，表 3-9 所示为波音 737 舱门尺寸表，表内数据以厘米（cm）/英寸（in）两种计量单位公布。如，一件尺寸为 240cm×70cm×60cm 的货物装载在 B737 散舱内，则货物的长度限额为 241cm。

表 3-9　　　　　　　　　　　　　　　　波音 737 舱门尺寸表

Height	Width								
	12cm 5in	25cm 10in	38cm 15in	50cm 20in	63cm 25in	76cm 30in	88cm 35in	101cm 40in	114cm 45in
12cm	492cm	485cm	477cm	472cm	462cm	459cm	429cm	241cm	241cm
5in	194in	191in	188in	186in	182in	181in	169in	95in	95in
25cm	482cm	477cm	469cm	464cm	452cm	449cm	241cm	241cm	241cm
10in	190in	188in	185in	183in	178in	177in	95in	95in	95in
30cm	477cm	472cm	467cm	459cm	449cm	444cm	241cm	241cm	241cm
12in	188in	186in	184in	181in	177in	175in	95in	95in	95in
35cm	472cm	467cm	462cm	457cm	444cm	441cm	241cm	241cm	241cm
14in	186in	184in	182in	180in	175in	174in	95in	95in	95in
40cm	467cm	462cm	459cm	452cm	441cm	429cm	241cm	241cm	241cm
16in	184in	182in	181in	178in	174in	169in	95in	95in	95in
45cm	462cm	457cm	454cm	447cm	436cm	241cm	241cm	241cm	241cm
18in	182in	180in	179in	176in	172in	95in	95in	95in	95in
50cm	457cm	452cm	449cm	441cm	434cm	241cm	241cm	241cm	241cm
20in	180in	178in	177in	174in	171in	95in	95in	95in	95in
55cm	449cm	444cm	441cm	434cm	416cm	241cm	241cm	241cm	241cm
22in	177in	175in	174in	171in	164in	95in	95in	95in	95in
60cm	444cm	439cm	436cm	426cm	398cm	241cm	241cm	241cm	241cm
24in	175in	173in	172in	168in	157in	95in	95in	95in	95in
66cm	436cm	431cm	429cm	414cm	381cm	241cm	241cm	241cm	241cm
26in	172in	170in	169in	163in	150in	95in	95in	95in	95in
71cm	429cm	421cm	416cm	398cm	363cm	241cm	241cm	241cm	241cm
28in	169in	166in	164in	157in	143in	95in	95in	95in	95in
76cm	416cm	406cm	403cm	381cm	345cm	241cm	241cm	241cm	241cm
30in	164in	160in	159in	150in	136in	95in	95in	95in	95in
81cm	396cm	388cm	383cm	355cm					
32in	156in	153in	151in	140in					
86cm	365cm	360cm	350cm	314cm					
34in	144in	142in	138in	124in					

（4）地板承受力

飞机货舱内每平方米的地板可承受一定的重量，如果超过它的承受能力，地板和飞机结构很有可能遭到破坏。因此，装载货物时应注意不能超过地板承受力的限额。

在实际操作中，可以按照下列公式

地板承受力=货物的重量/地板接触面积

计算出地板承受货物的实际压强，如果超过飞机的地板承受力的最大限额，应使用 2～5cm 厚的垫板，加大地面面积，可以按照下列公式

垫板面积=货物的重量/地板承受力限额

计算出所需垫板的最小面积。

五、集装设备

航空运输中的集装设备主要是指为提高运输效率而采用的托盘、集装箱等成组装载设备。

为使用这些设施，飞机的甲板和货舱都设置了与之配套的固定系统。

由于航空运输的特殊性，这些集装设备无论从外形构造还是技术性能指标都具有自身的特点。以集装箱为例，就有主甲板集装箱和底甲板集装箱之分。我们在海运中常见的 40ft 和 20ft 的标准箱只能装载在宽体飞机的主甲板中。

任务训练

训练背景

货主要将一件货物从上海运往广州，采用 B737 机型，货物的尺寸为 400cm×60cm×60cm。

训练要求

课堂上对下面问题进行思考或者讨论：

根据这批货的长宽高，你看 B737 的舱门能否放进去？

任务五　水路运输设施设备的认知与应用

学习目标

知识目标：

① 掌握航线的概念。

② 掌握货船的分类。

技能目标：

具有根据货物的不同合理安排运输船舶的能力。

重点、难点：

① 理解港口通过能力的取决因素。

② 能根据货物的不同合理安排运输船舶。

知识储备

水路运输的设施设备包括航道（航线、航标）、船舶和港口 3 个方面。

一、航道

1. 概念

航道是船舶进出港的通道，是以水上运输为目的所规定或建造的船舶航行通道。航道应具备足够的水深和宽度，以满足设计标准船型的满载吃水要求和通行船舶的顺利通过。

2. 分类

（1）海上航道

海上航道属于自然水道，其通过能力几乎不受限制。每一海区的地理、水文情况都反映在该区的海图上。船舶每次的运行都是根据海图，结合当时的气候条件、海况和船舶本身的技术性能进行计算并在海图上标出。

然而，随着船舶吨位的增加，有些海域或狭窄水道会对通航船舶产生一定限制。例如，位于新加坡、马来西亚和印度尼西亚之间的马六甲海峡，为确保航行安全、防止海域污染，三国限定通过海峡的油船吨位不得超过 22 万 t，龙骨下水深必须保持 3.35m。

（2）内河航道

内河航道大部分是利用自然水道加上引航的航标设施所构成的。内河航道与海上航道相比，其通行的条件有很大的差别，反映在不同的通航水深、不同的通航时间和不同的通航方式等方面。

世界上内河航道里程较长的国家有俄罗斯、中国、巴西和美国。在内河航道货运密度（每公里航道完成的货物周转量）方面，美国和西欧一些国家高于其他国家，其中尤以美国和德国的水平较高。

美国内河航道已形成以密西西比河为干线的航道网，其干线及主要支流已根据需要实现了渠化，其北部与五大湖相沟通，沿圣劳伦斯海道可东出大西洋，河口同墨西哥湾沿岸运河相连，采用统一的标准水深 2.74m，长达 9700km，约占干支流总里程的 50%。

（3）人工航道

人工航道是指由人工开凿，主要用于船舶通航的河流，又称运河。人工航道一般开凿在几个水系或海洋的交界处，可以使船舶缩短航程，降低运输费用，方便人们的生产和生活，扩大船舶通航范围，进而形成一定规模的水运网络。

一些著名的国际通航运河对世界航运的发展和船舶尺寸限制影响很大，其中有苏伊士运河、巴拿马运河和基尔运河。

我国最古老最长的人工河——京杭大运河，全长 1794km，沟通我国五大水系，是我国国内水运的大动脉。

3. 航道航行的条件

（1）足够的航道深度

航道深度是限制船舶吨位和通过能力的主要因素，它是指全航线中所具有的最小通航保证深度，它取决于航道上关键性的区段和浅滩上的水深。航道深浅是选用船舶吃水量和载重量的主要因素。航道深度增加，可以航行吃水深、载重量大的船舶，但增加航道深度，必然会使整治和维护航道的费用增高。因此，设计航道深度时，应全面考虑。

（2）足够的航道宽度

航道宽度视等级而定。通常单线航行的情况极少，双线航行最普遍，在运输繁忙的航道上还应考虑三线航行。

（3）适宜的航道转弯半径

航道转弯半径是指航道中心线上的最小曲率半径。一般航道转弯半径不得小于最大航行船舶长度的 5 倍。若航道转弯半径过小，将造成航行困难，应加以整治。若受自然条件限制，航道转弯半径最低不得小于船舶长度的 3 倍，而且航行时要特别谨慎，防止事故。

（4）合理的航道许可流速

航道许可流速是指航线上的最大流速。船舶航行时，上水行驶和下水行驶的航线往往不同，下水行驶时应就流速大的主流行驶，上水行驶则尽量避开流速大的水区而在缓流区内行驶。

（5）符合规定的水上外廓

水上外廓是保证船舶水面以上部分通过所需要的高度和宽度。水上外廓的尺度按航道等级来确定，通常一、二、三、四级航道上的桥梁等建筑物的净空高度，取二十年一遇的洪水期最高水位来确定；五、六级航道则取十年一遇的洪水期最高水位来确定。

对航道要求中，最主要的是航道水深，因为无论江河湖海和水库，只要有足够的水深，船舶航行一般没有大的问题。因此，在大多数情况下总是根据航道条件来设计港口，选择船舶和组织运输。

4. 航线

航线是指船舶航行起讫点的线路。狭义的航线是指船舶航行在海洋中的具体航迹线，也包括画在海图上的计划航线。

① 按航线性质分为推荐航线、协定航线和规定航线。

推荐航线：航海者根据航区不同季节、风、流、雾等情况，长期航行实践形成的习惯航线，由航海图书推荐给航海者。

协定航线：某些海运国家或海运单位为使船舶避开危险环境协商在不同季节共同采用的航线。

规定航线：国家或地区为了维护航行安全，在某些海区明确过往船舶必须遵循的航线。

② 按航线所经过的航区分为：大洋航线、近海航线和沿岸航线。

5. 航标

航标又称助航标志，是用以帮助船舶定位、引导船舶安全航行、表示警告和指示碍航物的人工标志。为了保证进出口船舶的航行安全，每个港口、航线附近的海岸均有各种助航设备。永久性航标位置、特征、灯质、信号等已载入各国出版的航标和海图。

航标的主要功能如下。

① 定位，为航行船舶提供定位信息。

② 警告，提供碍航物及其他航行警告信息。

③ 交通指示，根据交通规则指示航行方向。

④ 指示特殊区域，如锚地、测量作业区、禁区等。

航标分为：

（1）海区航标

海区航标是指在海上的某些岛屿、沿岸及港内重要地点所设的用以表示航道、锚地、碍船物、浅滩等，或作为定位转向的标志。按照工作原理，分为视觉标志、音响标志、无线电航标3种。

① 视觉航标。白天以形状、颜色和外形，夜间以灯光颜色、发光时间间隔、次数、射程及高度来显示，能使驾驶人员通过直接观测迅速辨明水域，确定船位，安全航行，是使用最多最方便的航标。常见的视觉航标有灯塔、灯船、浮标、灯桩、立标、系碇设备和各种导标。

② 音响航标。能发出规定响声的助航标志。它可在雾、雪等能见度不良的天气中向附近船舶表示有碍航物或危险。包括雾号、雾笛、雾钟、雾锣、雾哨、雾炮等。

③ 无线电航标。利用无线电波的传播特性向船舶提供定位导航信息的助航设施。包括无线电指向标、无线电导航台、雷达应达标、雷达指向标和雷达反射器等。

（2）内河航标

内河航标是指设于内河沿岸或内河中，用以准确标出江河航道的方向、界限、水深和水中障碍物，预告洪汛、指挥狭窄和急转弯水道的水上交通、引导船舶安全航行的标志。

内河航标，一般分为三等。在航运发达的河道上设置一等航标，由岸杆和浮标交相组成，夜间全部发光，保证船舶昼夜都能从一个航标看到次一个航标；在航运较为发达的河段上设置二等航标，它的密度较一等为稀，夜间只有主航道上的航标发光，亮度也较弱；在航运不甚发达的河段上设置三等航标，密度稀，夜间不发光，船舶只能利用航标和天然参照物在白天航行。内河航标的种类很多，各国不尽相同。我国内河航标目前分为航行标志、信号标志和专用标志3类，共计19种。

① 航行标志：用于标示内河安全航道的方向和位置等。有过河标、接岸标、导标、过河导标、首尾导标和桥涵标6种。

② 信号标志：用于标示航道深度、架空电线和水底管线位置，预告风讯，指挥弯曲狭窄航道的水上交通标志。有水深信号杆、通行信号杆、鸣笛标、界限标、电缆标、横流浮标、风讯信号杆7种。

③ 专用标志：用于指示内河中有碍航行安全的障碍物。有三角浮标、浮鼓、棒形浮标、灯船、左右通航浮标、泛滥标6种。

二、船舶

船舶，指的是依靠人力、风帆、发动机等动力，能在水上移动的交通手段。另外，民用船一般称为船，军用船称为舰，小型船称为艇或舟，其总称为舰船或船艇。这里主要是指货船。

1. 分类

（1）干散货船

干散货船又称散装货船，干散货船是用以装载无包装的大宗货物的船舶。专用于运送煤炭、矿砂、谷物、化肥、水泥、钢铁等散装物资。目前其数量仅次于油船。按载运的货物不同，又可分为矿砂船、运煤船、散粮船、散装水泥船、运木船等。

（2）杂货船

杂货船又称普通货船、通用干货船或统货船，主要用于装载一般包装、袋装、箱装和桶装的件杂货物。由于件杂货物的批量较小，杂货船的吨位亦较散货船和油船为小。

（3）集装箱船

集装箱船又称箱装船、货柜船或货箱船，是一种专门载运集装箱的船舶。其全部或大部分船舱用来装载集装箱，往往在甲板或舱盖上也可堆放集装箱。

（4）液货船

液货船是专门载运液体货物的船舶。液体货物主要有油、液化气、淡水和化学药液等。其中运量最大的是石油及其制品。按载运的货物不同，又可分为原油船、成品油船、液体化学品船、液化气船等。

（5）冷藏船

冷藏船是运送肉、鱼、蔬菜和水果等易腐货物的专用船舶。往往设多层甲板，货舱内通常分隔成若干独立的封闭空间。船上具有大功率的制冷装置，可以在比较恶劣的环境中，使各冷藏货舱内保持货物所需的适当的温度。

（6）载驳船

载驳船是专门载运货驳的船舶，又称母子船。也就是说在大船上搭载驳船，驳船内装载货物的船舶。其运输方式与集装箱运输方式相仿，因为货驳亦可视为能够浮于水面的集装箱。

（7）滚装船

滚装船是利用车辆上下装卸货物的多用途船舶，最初也称滚上滚下船。将装有集装箱等大件货物的挂车和装有货物的带轮的托盘作为货运单位，由牵引车或叉车直接进出货舱进行装卸。

2. 基本结构

船舶是由许多部分构成的，按各部分的作用和用途，可综合归纳为船体、船舶动力装置、船舶舾装三大部分。

（1）船体

船体是船舶的基本部分，可分为主体部分和上层建筑部分。主体部分一般指上甲板以下的部分，它是由船壳（船底及船侧）和上甲板围成的具有特定形状的空心体组成，是保证船舶具有所需浮力、航海性能和船体强度的关键部分。船体一般用于布置动力装置、装载货物、储存燃油和淡水，以及布置其他各种舱室。

为保障船体强度、提高船舶的抗沉性和布置各种舱室，通常设置若干强固的水密舱壁和内底，在主体内形成一定数量的水密舱，并根据需要加设中间甲板或平台，将主体水平分隔成若干层。

上层建筑位于上甲板以上，由左、右侧壁，前、后端壁和各层甲板围成，其内部主要用于布置各种用途的舱室，如工作舱室、生活舱室、储藏舱室、仪器设备舱室等。上层建筑的大小、层楼和形式因船舶用途和尺度而异。

（2）船舶动力装置

船舶动力装置包括：推进装置——主机经减速装置、传动轴系以驱动推进器（螺旋桨是主要的形式）；为推进装置的运行服务的辅助机械设备和系统，如燃油泵、滑油泵、冷却水水泵、加热器、过滤器、冷却器等；船舶电站，它为船舶的甲板机械、机舱内的辅助机械和船上照明等提供电力；其他辅助机械和设备，如锅炉、压气机、船舶各系统的泵、起重机械设备、维修机床等。通常把主机（包括锅炉）以外的机械统称为辅机。

（3）船舶舾装

船舶舾装包括舱室内装结构（内壁、天花板、地板等）、家具和生活设施（炊事、卫生等）、涂装和油漆、门窗、梯和栏杆、桅杆、舱口盖等。

船舶的其他装置和设备中，除推进装置外，还有锚设备与系泊设备，舵设备与操舵装置，救生设备，消防设备，船内外通信设备，照明设备，信号设备，导航设备，起货设备，通风、空调和冷藏设备，海水和生活用淡水系统，压载水系统，液体舱的测深系统和透气系统，舱底水疏干系统，船舶电气设备，其他特殊设备（依船舶的特殊需要而定）等。

三、港口

港口是指具有一定面积的水域和陆域，供船舶出入和停泊、货物和旅客集散的场所。港口是水运生产的一个重要节点，船舶的装卸、补给、修理工作和船员的休整等都要在港口进行。因此，港口是水运工作的关键所在。

1. 分类

（1）按地理位置分类

① 海湾港。濒临海湾，又据海口，常能获得港内水深优势的港口。海湾港具有同一港湾容纳数港的特色，如大连港、秦皇岛港。

② 河口港。位于河口的港口，如上海港、伦敦港。

③ 内河港。居水陆交通的据点，一般与海港有航道相通，如南京港、汉口港等。

（2）按用途目的分类

① 存储港。一般地处水路联络的要道，交通十分方便，同时又是工商业中心，港口设施完备，便于货物的存储、转运，为内陆和港口货物集散的枢纽。

② 转运港。位于水陆交通衔接处，方便将陆运货物集中转由陆路运入，而港口本身对货物需要不多，主要经办转运业务。

③ 经过港。地处航道要冲，为往来船舶必经之地，途径船舶如有需要，可作短暂停泊，以便添加燃料、补充食物或淡水，继续航行。

2. 港口的通过能力

港口的通过能力是指在一定时期和条件下，利用现有的工人、装卸机械与工艺所能装卸货物的最大数量，它取决于以下几个方面。

① 港口水域面积。该港口同时能接纳的船舶数。

② 港口深度。该港口所能接纳的船舶吨位。

③ 港口的泊位数。该港口同时能接纳并进行装卸作业的船舶数。

④ 港口作业效率。船舶在该港口的泊港时间，一般需综合以下各种情况才能做出正确的估算：装卸机械的生产能力、同时作业的舱口数或作业线数、作业人员的工作效率、业务人员的管理水平等。

⑤ 港口库场的堆存能力。

⑥ 港口后方的集疏运能力。

任务训练

训练背景

首都钢铁公司、唐山钢铁公司每年从巴西淡水河谷进口 8 000 000t 铁矿石，占曹妃甸港进口铁矿石总量的 12%。

训练要求

课堂上对下面问题进行思考或者讨论：

请为铁矿石运输选择合适的船舶。

任务六　合理选择运输设施设备

学习目标

知识目标：

① 掌握运输方式的概念。

② 掌握运输方式选择的影响因素。

③ 掌握运输工具选择的影响因素。

技能目标：

具有根据货物的不同及货主的要求为货主选择合适的运输方式及运输工具的能力。

重点、难点：

① 理解运输方式与运输工具的关系。

② 能根据货物的不同及货主的要求为货主选择合适的运输方式及运输工具。

知识储备

一、选择运输方式

运输方式的选择，是指在物流活动中，当发、到地点之间具有多种运输方式时，物流管理人员从物流运输合理化的角度出发，充分考虑各种相关因素，选择一种或多种能尽可能充分满足客户需要的"最佳运输方式"的行为。

现代运输主要有铁路、公路、水路、航空和管道五种运输方式。各种运输方式的成本结构比较如表3-10所示。

从表3-10中可以看出，单纯地从定性角度出发，若是运输量比较大的货物，在运输方式的选择上，多选择铁路或水路；而运输量相对较小，产品价值又很大的货物，常常会选择航空运输。

表3-10　各种运输方式成本结构的比较

运输方式	固定成本	变动成本
铁路	高（车辆及轨道）	低
公路	高（车辆及修路）	适中（燃料、维修）
水路	适中（船舶、设备）	低
航空	低（飞机、机场）	高（燃料、维修）
管道	最高（敷设管道）	最低

进一步对各种运输方式的营运特征进行细化的比较，如表3-11所示。在表3-11中，使用打分法对各种运输方式的营运特征进行评价。

表3-11　几种运输方式技术经济特点的比较

运输方式	投资	运量	运价	速度	灵活性	连续性	稳定性	生产效率	运输对象
铁路	5	2	3	2	3	2	1	3	中长距离货运和客运
公路	4	4	4	3	1	1	2	5	短途客运和货运
河运	2	3	2	5	4	5	3	2	长距离大宗货运
海运	1	1	1	4	5	4	5	1	长距离大宗货运
航空	3	5	5	1	2	3	4	4	客运为主

注：1=最优。

从表3-11中可以看出，按照给定的打分，若没有权重的影响，分值越低，效果越好。五种基本运输方式可以自由组合，形成不同的综合运输，各种运输方式都有其特定的运输路线、运输工具、运输技术、经济特性及合理的使用范围。所以只有熟知各种运输方式的效能和特点，结合商品的特性、运输条件、市场需求才能合理地选择和使用各种运输方式，获取较好的运输绩效。

1. 运输方式选择的影响因素

影响消费者选择物流运输方式的因素很多，其中主要有以下几个方面：货物特征、运输时间、运输能力、运输的安全性、运输质量、货主的需要等。但是，大量的研究表明，在消费者心中，并非所有的因素都同样重要，排在前几位的要素如下所示。

（1）价格

运输服务价格=运输货物的在途运费+提供额外服务的所有附加费（运输端点费用）。如果是使用受雇运输，运输服务的总成本就是货物在物流两结点之间运输收取的费用加上所有附加费，如保险费、装卸费、终点的送货费等。如果是自用运输，运输服务成本就是分摊到该次运输中的相关成本，如燃油成本、人工成本、维修成本、设备折旧和管理成本等费用。

不同的运输方式，其运输成本相差很大。在实际运营中，必须根据实际运费、运输时间、货物的性质及运输安全等进行综合比较。

（2）运输时间

运输时间通常指货物从起点运输到终点所耗费的平均时间。这是一个重要的运输服务指标，但其稳定性不是很好。起止点相向，使用同样运输方式的每一次运输时间，可能会由于天气、道路情况、中途暂停次数等原因造成不同。

（3）安全性

在运输过程中，货物是否能够安全地到达最终用户手中，是消费者最关心的问题。虽然货物发生灭失或毁损，承运人会进行赔付，但是有些情况并不能弥补托运人的损失，所以，安全性是一个很重要的因素。

2. 运输方式的选择

各种运输方式和运输工具都有各自的特点，不同种类的货物对运输的要求也不尽相同。选择运输方式时必须进行综合考虑，要权衡运输系统所要求的运输服务和运输成本，可以使用单一运输方式，也可以将两种以上的运输手段组合起来使用。因此，合理选择运输方式是合理组织运输、保证运输质量、提高运输效益的一项重要内容。

在决定运输方式时，应以运输方式的服务特性作为判断的基准。一般要考虑以下因素。

① 运费——高低。

② 运输时间——到货时间长短。

③ 频度——可以运、配送的次数。

④ 运输能力——运量大小。

⑤ 货物的安全性——运输途中的破损及污染等。

⑥ 时间的准确性——到货时间准确性。

⑦ 适用性——是否适合大型货物运输。

⑧ 伸缩性——是否适合多种运输需要。

⑨ 网络性——和其他运输方式的衔接。

⑩ 信息——货物实时位置的信息。

在这些因素中必须根据不同的运输需要来确定。一般认为，运费和运输时间是最为重要的选择因素，具体进行选择时应从运输需要的不同角度综合加以权衡。从物流运输功能来看，速度快是货物运输的基本要求，但是速度快的运输方式，其运输费用往往较高。同时，在考虑运输的经济性时，不能只从运输费用本身来判断，还要考虑因运输速度加快，缩短了货物的备运时间，使货物的必要库存减少，从而减少了货物保管费的因素，若要保证运输的安全、可靠、迅速，成本就会增多。

这里必须注意的是运输服务与运输成本之间、运输成本与其他物流成本之间存在“效益背反”关系，所以在选择运输方式时，应当以总成本作为依据，而不能仅考虑运输成本。最佳运输方式或运输工具的选择，应该是在综合考虑上述各种因素后做出的，最重要的是如何平衡运输服务的速度和成本。

3. 运输方式的定量分析

所谓定量分析，就是对所选择的运输方式的各种指标进行量化，对其绩效进行评分，给出衡量值，然后物流运输管理部门根据各项指标的重要程度给出不同的权重，用权重乘以运输方式的绩效衡量值就得到运输方式在该评估因素中的等级，将个别因素等级积累起来就得到这种运输方式的总等级。如果绩效的衡量值和权重分值越低，表示绩效越好，评估指标越重要，那么总等级分值较低的运输方式较好。通过定量分析，将指标量化，使所选择的运输方式的优劣可以一目了然。

例如，我们以选择运输中间商或承运人来说明这种定量分析的方法，如表 3-12 所示。

表 3-12　　选择承运人评估标准

评估因素	相对重要性	承运人绩效	承运人等级
成本	1	1	1
中转时间	3	3	9
中转时间可靠性	1	2	2
能力	2	2	4
可达性	2	2	4
安全性	2	3	6
承运人等级分	26		

这里我们选择一个 3 分制的评定标准，承运人绩效的评定范围为：1—绩效好，2—绩效一般，3—绩效差。各评估指标的权重值范围为：1—高度重要，2—中度重要，3—低度重要。这样，我们可以计算出该表中的承运人的总等级分为 26。按此方法，承运人的总等级分最低的就是最佳承运人。

在目前的物流环境中，由于各种新的运输方式不断出现，各种承运方式能够提供的服务和能力也在不断增长，这就使运输方式选择比过去更加复杂，各种因素的评估也变得更加困难。因此企业必须慎重考虑诸多因素，对其进行定性和定量分析以选择最佳运输方式。

二、选择运输工具

在各种运输工具中，如何选择适当的运输工具是物流运输方式选择决策的重要内容。一般来讲，应根据物流系统要求的服务水平和允许的物流成本来决定，可以使用一种运输工具也可以使用联运方式。

具体来说，在进行运输工具决策时，一般要考虑的基本要素包括以下几种。

1. 品种（brand）

在运输物品种方面，物品的形状、单件重量容积、危险性、变质性等都成为运输工具决策的制约因素。在运量方面，一次运输的批量不同，选择的运输方式也不同，一般来说原材料等大批量的货物运输适合铁路运输或水运。货物运输距离的长短直接影响到运输工具的选择，一般来说，中短距离的运输比较适合于公路运输。货物运输时间长短与交货时间有关，应该根据交货期来选择适合的运输工具。物品价格的高低关系到承担运费的能力，也成为选择运输方式的重要考虑因素。

2. 时间（time）

运输期限必须与交货日期相联系，应保证运输时限。必须调查各种运输工具所需要的运输时间，然后根据运输时间来选择运输工具。运输时间的快慢顺序一般情况下依次为航空运输、汽车运输、铁路运输、船舶运输。各运输工具可以按照它的速度编组来安排日程，加上它的两端及中转的作业时间，就可以计算出所需的运输时间。在商品流通中，要研究这些运载工具的现状，进行有计划的运输，实现准确的交货日期是最基本的要求。

3. 距离（distance）

从运输距离看，一般情况下可以依照以下原则：300km 以内，用汽车运输；300～500km 的区间，用铁路运输；500km 以上，用铁路、船舶（有条件的地方）运输。这样的选择是比较经济合理的。

4. 数量（quantity）

再看一下运输批量的影响，因为大批量运输成本低，应尽可能使商品集中到最终消费者附近，选择合适的运输工具进行运输是降低成本的良策。一般来说，15～20t 的商品用汽车运输；20t 以上的商品用铁路运输；数百吨以上的原材料之类的商品，应选择铁路、船舶运输。

5. 费用（cost）

虽然货物运输费用的高低是决策运载工具时要重点考虑的内容，但在考虑运输费用时，不能仅从运输费用本身出发，必须从物流总成本的角度联系物流的其他费用综合考虑。除了运输费用外，还有包装费用、保管费用、库存费、装卸费用以及保险费用等。在决策最为适宜的运输工具时，应保证在相同或客户满意的服务水平下，实现总成本最低。

当然，在具体决策运输工具的时候，往往要受到当时特定的运输环境的制约，因而必须根据运输货物的各种条件，通过综合判断来加以确定。

任务训练

训练背景

某公司需要将 20 台空调从北京大兴运到济南科技开发区。已知两地距离为 550km。空调由三部分组成：内机、外机和附件，相关参数见表 3-13。

表 3-13　　内机、外机和附件相关参数

名称	重量（kg）	体积（mm^3）
内机	200	1960×600×1000
外机	65	980×410×715
附件	8	850×435×375

训练要求

课堂上对下面问题进行思考或者讨论：

① 根据货物的发送地和接受地，选择合适的运输方式。

② 根据货物的性质，选择合适的运输工具。

项目小结

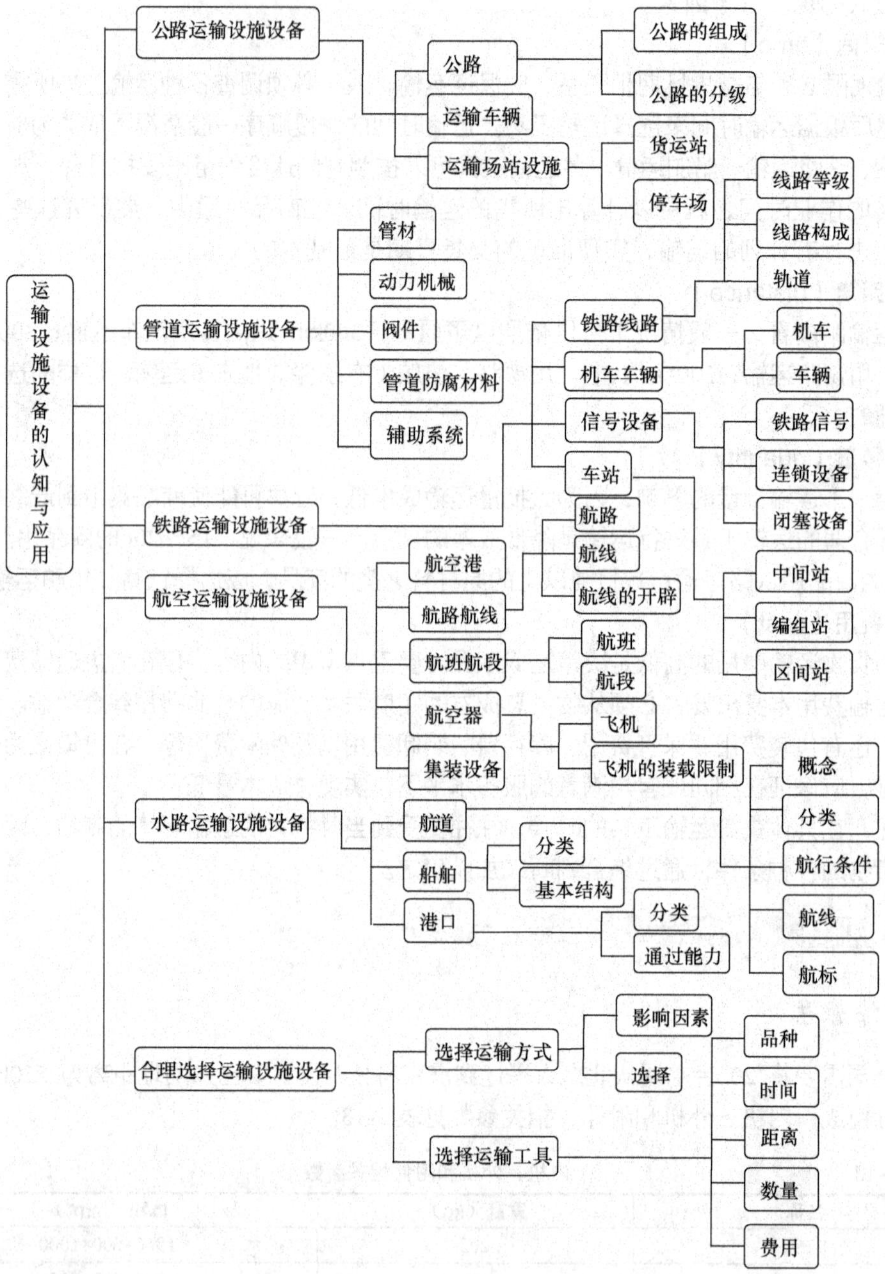

- 运输设施设备的认知与应用
  - 公路运输设施设备
    - 公路
      - 公路的组成
      - 公路的分级
    - 运输车辆
    - 运输场站设施
      - 货运站
      - 停车场
  - 管道运输设施设备
    - 管材
    - 动力机械
    - 阀件
    - 管道防腐材料
    - 辅助系统
  - 铁路运输设施设备
    - 铁路线路
      - 线路等级
      - 线路构成
      - 轨道
    - 机车车辆
      - 机车
      - 车辆
    - 信号设备
      - 铁路信号
      - 连锁设备
      - 闭塞设备
    - 车站
      - 中间站
      - 编组站
      - 区间站
  - 航空运输设施设备
    - 航空港
    - 航路航线
      - 航路
      - 航线
      - 航线的开辟
    - 航班航段
      - 航班
      - 航段
    - 航空器
      - 飞机
      - 飞机的装载限制
    - 集装设备
  - 水路运输设施设备
    - 航道
      - 概念
      - 分类
      - 航行条件
      - 航线
      - 航标
    - 船舶
      - 分类
      - 基本结构
    - 港口
      - 分类
      - 通过能力
  - 合理选择运输设施设备
    - 选择运输方式
      - 影响因素
      - 选择
    - 选择运输工具
      - 品种
      - 时间
      - 距离
      - 数量
      - 费用

知识练习

一、填空题

① 根据交通量及其使用性质，公路可分为（　　）、一级公路、二级公路、三级公路、四级公路。

② 按照行政管理体制公路划分为（　　　）、（　　　）、（　　　）、（　　　）、专用公路。

③ 铁路的标准轨的轨距为（　　　）。

④ 铁路信号设备包括铁路信号、（　　　）、（　　　）。

⑤ 飞机的装载有以下限制：重量限制、（　　　）、（　　　）。

二、简答题

① 水路航道航行的条件包括哪些？

② 航空港内配有哪些设施？

③ 根据交通量及其使用性质，在公路网中，为什么高速公路和一、二级公路比较重要？

职业技能训练

一、案例分析

M 公司为生活用品制造商，在同一个城市为其承担运输任务的三家公司（两大一小），彼此间做同样的服务，但价格差异却很大，最高的一家公司价格甚至是较低一家的 2 倍，如表 3-14 所示。

表 3-14　运输承运商报价表

运输承运商	报价（元 t/km）	运输承运商性质
A	3.7	M 公司所在集团参股的第三方物流企业
B	3.0	第三方大型物流企业
C	1.8	第三方小型物流企业（搬家公司）

这种现象是如何产生的呢？每年 6 月、7 月，M 公司都会举行运输承运商招标会，确定下一年的运输承运商。正如 M 公司抱怨的，与中标公司确定服务价格，协商具体服务合同条款真是个麻烦事。要知道，招投标活动中，招标方、投标方各有算盘：招标方担心运输承运商报价有假，在投标现场故意砸价，而真正做起来，服务条款难以保证，运输商到时候还可能借机涨价；投标的运输商担心合作难以持久，成本不好换算，如果为 M 公司投入人力、物力，甚至购买新的运输设备，资金压力太大……

选来谈去，M 公司也看花眼了，忙去查探当地哪个运输商的口碑好，价格反而先放一边。这样缩小了范围，最终剩下几家公司备选。如果选个大运输商，店大欺客，运输成本谈不下来；选用小运输商，虽然服务口碑也不错，但运输能力又未必胜任。

到底选哪一家呢？

二、技能训练

【训练目的】

① 掌握运输方式选择的基本流程。

② 掌握运输方式选择时各环节的基本要求。

【训练内容】

位于云南省的某茶叶公司的主要目标市场分别为省会昆明、首都北京、俄罗斯的莫斯科和

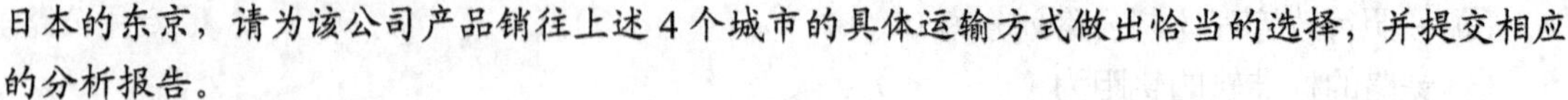

日本的东京，请为该公司产品销往上述4个城市的具体运输方式做出恰当的选择，并提交相应的分析报告。

【训练方法】

① 预习运输管理的相关知识。

② 准备一份世界地图。

③ 将学生分为若干任务执行小组，首先每个任务执行小组内部学习讨论本次任务所涉及的专业理论知识和任务执行步骤，然后每组由小组负责人具体分工按照实训任务要求进行操作。

④ 教师进行点评总结。

⑤ 时间：20分钟。

⑥ 地点：教室。

项目四

装卸设施设备的认知与应用

职场情境导入

王经理对李明说："对于我们公司目前的发展情况，你有什么建议？"李明说："虽然我们公司已经形成规模化的产品生产，但流通过程中的物流管理严重滞后，造成物流成本居高不下，不能形成价格优势。"王经理问："那你有什么好的办法吗？"李明说："装卸搬运是衔接整个物流环节活动正常开展的关键，由于装卸搬运设备的现代化程度低，我们只有少量的叉车、手动搬运车、手推车，大多数作业仍处于人工作业为主的原始状态，工作效率低。因此，我们需要购买先进的装卸搬运设备来提高效率，降低成本。"王经理说："小李，看来你对工作有一定的思考，不错，继续坚持。"

任务一　认知装卸设施设备的作用及特点

学习目标

知识目标：

① 了解装卸搬运设备的作用。

② 掌握装卸搬运设备的特点。

技能目标：

能知道装卸搬运设备在物流系统的重要性。

重点、难点：

了解装卸搬运设备的特点。

装卸搬运设备的特点是功能性很强、能源消耗大、投资多，向大型化、自动化方向发展。

一、了解装卸设施设备的作用

装卸设施设备在物流系统中的地位和作用可以概括为以下几个方面。

1. 进行物流活动的物质技术基础

装卸搬运设备是进行物流活动的物质技术基础，是实现物流功能的技术保证，也是实现物流现代化、科学化、自动化的重要技术。

2. 物流企业的重要资产

装卸搬运设备是物流企业的主要物质组成部分，是物流企业服务能力的重要支撑。设备资产在企业中占有很大的比重，一般为 60%～70%，特别是大型、重型的稀有、高精度、全自动和成套设备的技术含量和价值更高。

3. 涉及物流活动的每一环节，可提高物流系统效率

物流之所以能够有效地提供给生产者物资、交付客户商品，就是由于装卸搬运设备提高了物流效率。在运输过程中，装卸设施设备在货物的搬运转移中节省了人力和时间，大大提高了物流系统的效率。

4. 企业实力的标志

装卸设施设备水平的高低是衡量企业发展实力的重要标志，无论是美国的 UPS、FedEx，还是德国的 DHL、荷兰的 TNT，这些企业都拥有先进的装卸搬运的设施设备。

二、认知装卸设施设备的特点

装卸搬运设施设备是物流技术水平高低的重要标志，体现了现代物流技术的发展。我国近年来的装卸搬运设备大型化、自动化程度较高，其特点主要表现在以下几个方面。

1. 设备功能性较强，设备间配合性较高

设备功能性是指设备可用于多种作业活动。如叉车具备水平搬运、堆垛、取货、装货、卸货、拣选等作业功能；重型托盘货架可根据存储单为集装设备的特性加装隔挡、钢层板（如木层板）、金属丝网层、仓储笼导轨、油桶架等功能性附件，满足不同单元集装设备形式的货物存储。

设备间配合性是指装卸系统的各环节具备统一的规范，从而可实现有效的衔接。如集装箱与装卸机具、装卸场所、运输车辆的配合性，托盘与运输设备空间尺寸和仓储货架尺寸的配合性。

2. 连续化、大型化、高速化、电子化

（1）连续化

带式输送机是煤矿最理想的高效连续运输设备，与其他运输设备（如机车类）相比，具有输送距离长、运量大、连续输送等优点，而且运行可靠，易于实现自动化和集中化控制。

（2）大型化

目前起重机产品已经有 1600t 起重量，代表履带起重机核级水平。

（3）高速化

自动分拣系统是先进配送中心所必需的设施条件之一，具有很高的分拣效率，通常每小时可分拣商品 6000～12000 箱，是提高装卸配送效率的一项关键因素。

（4）电子化

由立体货架、有轨巷道堆垛机、出入库托盘输送机系统、尺寸检测条码阅读系统、通信系统、自动控制系统、计算机监控系统、计算机管理系统以及其他辅助设备组成的自动化立体仓库，运用一流的集成化理念，采用先进的控制、总线、通信和信息技术，通过以上设备的协调运行，可按照用户的需要完成指定货物的自动有序、快速准确、高效的出入库作业。

3. 能源密集型的设备居多，能源消耗大

装卸搬运设施设备中有很大一部分都是大型化设备，其能源消耗大。如港口的装卸生产能耗占港口总能耗比例最大，主要能源品种为柴油和电力，是影响港口能耗的最大因素。又如集装箱码头的生产用能占总能耗的80%以上，而生产用能中，主要装卸设备（如岸桥、场桥等）的用能量最大，其中岸桥用电占装卸生产用能的20%～30%，轮胎起吊耗用柴油占装卸生产用能的40%～50%。

4. 装卸搬运设备的投资和使用费用较高，属于资金密集型

装卸搬运设备的价值一般比较高，对企业的投资负担比较重，如托盘价格普遍在50～200元区间，标准集装箱价格在3万元～5万元，叉车价格在5万元～10万元。可见，装卸搬运设备也需要大量资金的投入。

任务训练

训练背景

某物流公司新成立不久，机械设备上不齐全。尤其是在仓库中对物品进行装卸和堆码时，主要靠人工装卸。这样不仅效率低，而且容易发生人员受伤和货物损坏事故，给公司带来了一些不必要的损失。

训练要求

课堂上对如下问题进行思考或者讨论：

为了更好地服务顾客，提升整个物流的速度和效率，该物流公司设备管理部门应采用什么样措施?

任务二　分析装卸设施设备的类型

学习目标

知识目标：

① 掌握叉车的类型及其特点。

② 掌握起重机械的类型及其特点。

③ 掌握输送机械的类型及其应用范围。

技能目标：

能依据不同场所、货物选择合适的装卸搬运设备。

重点、难点：

掌握起重机械、输送机械、叉车的特点及应用。

知识储备

装卸搬运设备按其结构特点可分为起重机械、输送机械、工业车辆及专用机械四大类，其具体分类如表 4-1 所示。

表 4-1　装卸搬运设备按结构特点分类表

类别	设备名称	特点
起重机械	轻型起重设备：葫芦吊、绞车 升降机：电梯、升降机 起重机： 桥式类型起重机、门式类型起重机、 臂式类型起重机、梁式类型起重机	间歇动作 重复循环 短时载荷 升降活动
输送机械	有牵引构件的输送机： 带式输送机、轮式输送机、 链式输送机、悬挂输送机、 斗式提升机、板提升机、 自动扶梯 无牵引构件的输送机： 螺旋输送机、振动输送机、辊子输送机 气力输送装置： 悬浮式气力输送装置、推送式气力输送装置	连续动作 循环运动 持续载荷 路线一定
工业车辆	单斗装载机 牵引车 挂车、底盘车 堆取料机 前移式叉车	轮式无轨底盘车上装有起重、输送、牵引或承载装置，进行流动作业
工业车辆	插腿式叉车 平衡重式叉车 跨车 侧叉	轮式无轨底盘车上装有起重、输送、牵引或承载装置，进行流动作业
专用机械	翻车机 堆垛机、拆垛机 分拣专用机械设备 集装箱专用装卸机械 托盘专用装卸机械 船航专用装卸机械 车辆专用装卸机械	带专用机械装置的起重、输送机械或工业车辆的综合，一般进行专用作业

一、起重机械

起重机械是一种空间运输设备，主要作用是完成重物的位移，它可以减轻劳动强度，提高劳动生产率。起重机械是现代化生产不可缺少的组成部分，实现了过去无法实现的大件物体的吊装和移动，如重型船舶的分段组装，化工反应塔的整体吊装，体育场馆钢屋架的整体吊装等。有些起重机械还能在生产过程中进行某些特殊的工艺操作，使生产过程实现机械化和自动化。

1. 起重机械的工作特点与构成

（1）工作特点

它的工作程序是：吊挂（或抓取）货物，提升后进行一个或数个动作的运移，将货物放到卸载地点后卸载，然后返程做下一次动作准备。这一过程称为一个工作循环。完成一个工作过程后，再进行下一次的工作循环，因此起重设备是一种间歇动作的设备。

（2）基本构成

起重机械主要由以下 5 个部分组成。

① 驱动装置。驱动装置是用来驱动工作机构的动力设备。常见的驱动装置有电力驱动、内燃机驱动和人力驱动等。电力驱动是现代起重机的主要驱动形式，在一定经济范围内运行一般都采用电力驱动。对于远距离移动的流动式起重机，如汽车起重机、轮胎起重机和履带起重机等，多采用内燃机驱动。人力驱动适用于一些轻小起重设备，也用作某些设备的辅助、备用驱动和事故状态的临时动力。

② 工作机构。工作机构包括起升机构、运行机构、变幅机构和旋转机构，它们被称为起重机的四大机构。

起升机构：此机构是用来实现物料垂直升降的机构，是任何起重机不可缺少的部分，因而是起重机最主要、最基本的机构。起升机构通过取物装置从取物地点把重物提起，经运行、回转或变幅机构把重物移位，在指定地点下放重物后返回到原位。

运行机构：此机构是通过起重机或起重小车运行来实现水平搬运物料的机构，有无轨运行和有轨运行之分，按其驱动方式不同还可分为自行式和牵引式两种。

变幅机构：此机构是臂架式起重机特有的工作机构。变幅机构通过改变臂架的长度和仰角来改变作业幅度。

旋转机构：此机构是使臂架绕着起重机的垂直轴线作回转运动，在环形空间内移动物料的机构。

③ 取物装置。取物装置是通过吊、抓、吸、夹、托或其他方式，将物料与起重机联系起来进行物料吊运的装置。根据被吊物料不同的种类、形态、体积大小，采用不同种类的取物装置。例如，成件的物品常用吊钩、吊环，散料（如粮食、矿石等）常用抓斗、料斗，液体物料使用盛筒、料罐等。也有针对特殊物料的特种吊具，如吊运长形物料的架空单轨系统，吊运磁性物料的电磁吸盘，专门为冶金行业使用的旋转吊钩，还有螺旋卸料和斗轮卸料等取物装置。合适的取物装置可以减轻作业人员的劳动强度，提高工作效率，同时能够防止吊物坠落，保证作业人员的安全和吊物不受损伤。

④ 金属结构。金属结构是以金属材料轧制的型钢（如角钢、槽钢、工字钢、钢管等）和钢板作为基本件，通过焊接、钢接、螺栓连接等方法，按一定的组成规则连接，承受起重机的自重和载荷的钢结构。金属结构的重量占整机重量的 40%～70%，重型起重机可达 90%；其成本占整机成本的 30%以上。

⑤ 控制操纵系统。控制操纵系统通过电气、液压系统控制操纵起重机各机构及整机的运动，进行各种起重作业。控制操纵系统包括各种操纵器、显示器及相关元件和线路，是人机对话的接口。

2. 主要技术参数

起重设备的主要技术参数有起重量、起升高度、跨度、轨距或轮距、幅度、工作速度、生产率和工作级别等。这些主要技术参数是表示起重设备性能特征的指标，也是进行起重设备选型和设计的技术依据。

（1）起重量

起重量是衡量起重机起重能力的参数，是指起重机在安全工作情况下所能提升重物的质量。通常用 G 表示，单位为千克（kg）或吨（t）。

起重量中有额定起重量和最大起重量之分。额定起重量 G_n 是指起重机在规定幅度条件下允许吊起重物连同可分吊具（或属具）质量的总和。对于轮式臂架类起重机，其额定起重量是变值，随臂架长度和幅度而变化。最大起重量 G_{max} 是指起重设备正常工作条件下，允许吊起的最大额定起重量。

对于吊运能力较大的起重设备备有两套起升机构，其中起重量较大者称为主起升机构或主钩，较小者称为副起升机构或副钩，副钩的起升速度较高，以提高轻载时的生产率。主副钩的起重量用一个分式表示，如 16/3（t），表示主钩起重量为 16t，副钩起重量为 3t。

有些臂架型起重机，如轮胎起重机、汽车起重机等，还常用起重力矩 M 这个参数衡量起重能力。它是指幅度和相应起吊物品重力的乘积，单位为牛·米（N·m）或千牛·米（kN·m）。在起重力矩一定的前提下，这类起重设备起重量是随幅度变化的，这时最大起重量是指最小幅度时的额定起重量。

（2）起升高度

起升高度是指起重机运行轨道面或地面到取物装置上极限位置的高度（吊钩测量到吊钩中心，抓斗测量到最低点）。当取物装置可以降到地面或轨道顶面以下时，从地面或轨道顶面下放至下极限位置的距离称为下放深度。起升高度与下放深度之和称为总起升高度，用 H 表示，单位为米（m）。

（3）跨度、轨距、轮距、幅度

跨度是指桥式类起重机大车运行两轨道中心线之间的距离，用 L 表示，单位为米（m）。轨距是指臂架类起重机运行轨道中心线之间的距离，用 S 表示，单位为米（m）。轮距是指轮胎起重机左右两侧轮胎踏面中心线之间的距离。幅度是指臂架类起重机的旋转中心线至取物装置中心线之间的水平距离，用 R 表示，单位为米（m）。有最大幅度 R_{max} 和最小幅度 R_{min} 之分。跨度和幅度是表示起重机工作范围大小的参数。

（4）工作速度

起重设备的工作速度包括起升、运行、变幅和回转四个机构的工作速度。

① 起升速度是指起升机构稳定运动状态下，额定载荷的垂直位移速度，用 V 表示，单位为米/秒（m/s）或米/分（m/min）。

② 运行速度是指运行机构稳定运动状态下，起重机运行的速度。运行速度又分为大车运行速度，用 V_k 表示；小车运行速度，用 V_t 表示。单位为米/秒（m/s）或米/分（m/min）。

③ 变幅速度是指变幅机构稳定运动状态下，额定载荷在变幅平面内水平位移的平均速度，用 V_T 表示，单位为米/秒（m/s）或米/分（m/min）。

④ 回转速度是指回转机构稳定运动状态下，起重机回转部分的回转角速度，用 ω 表示，单位为转/分（r/min）。

起重设备工作速度选择的合理与否，对起重设备的性能有很大影响。在一定的起重量下，若提高工作速度，就可相应提高起重设备的生产率。但速度的提高也会带来一系列不利因素，如动载荷的增大，驱动功率的提高等。因此，应根据起重设备的工作性质、使用场合、起重量、工作行程等因素来综合考虑。

（5）生产率

生产率是指起重设备在规定的工作条件下连续作业时，单位时间内装卸货物的质量，用 Q

表示，单位为吨/时（t/h）。它表示起重设备装卸能力的综合指标，也是测算装卸作业能力的主要依据。生产率不仅决定于起重设备本身的性能（如起重量、工作速度、工作行程等），还与货物的种类有关。

（6）工作级别

起重机的载荷是起重机工作时受到的各种力的作用，它包括起吊物品及吊具索具的重量、起重机的自重、起重和制动时的运动惯性力、缓冲器的碰撞力、风力等的合力作用。起重机受到的不是恒定不变的静载荷，而是变化着的动载荷。起重机是一种周期性间歇运动的机械，以重复短时的工作循环来升降和运移货物，每一工作循环中，有关机构要作一次正向和反向运动，并且频繁地启动和制动。

由于起重机具有以上载荷和运动特点，在交变载荷作用下使构件材料产生交变应力，这样即使最大工作应力低于材料的强度极限也会发生疲劳破坏现象。因此，影响起重机使用寿命的因素不但与载荷大小（实际载荷与额定载荷之比）有关，而且与工作忙闲程度（工作时间的长短）及使用频繁程度（工作循环次数多少）有关。

根据起重机国家标准规定：①按起重机工作的利用等级和载荷状态将起重机分为A1、A2、A3、A4、A5、A6、A7、A8共8种工作级别；②按起重机各机构的利用等级和载荷状态将起重机机构分为M1、M2、M3、M4、M5、M6、M7、M8共8种工作级别。起重机及其构件的设计和安全标准都与工作级别有关（分级方法详见GB3811—83）。

3. 轻小型起重设备

（1）千斤顶

千斤顶是一种起重高度小于1m的最简单的起重设备，主要用于厂矿、交通运输等部门作为车辆修理及其他起重支撑等工作。其结构轻巧坚固、灵活可靠，一人即可携带和操作。

千斤顶按结构特征可分为齿条千斤顶、螺旋千斤顶和液压千斤顶3种。

① 齿条千斤顶。齿条千斤顶由人力通过杠杆和齿轮带动齿条顶举重物。起重量一般不超过20t，可长期支持重物，主要用在作业条件不方便的地方或需要利用下部的托爪提升重物的场合，如铁路起轨作业，如图4-1所示。

② 螺旋千斤顶。螺旋千斤顶由人力通过螺旋传动，螺杆或螺母套筒作为顶举件。普通螺旋千斤顶靠自锁作用支持重物，构造简单，但传动效率低，返程慢。自降螺旋千斤顶的螺纹无自锁作用，但装有制动器。放松制动器，重物即可自行快速下降，缩短返程时间，但这种千斤顶构造较复杂。螺旋千斤顶能长期支持重物，最大起重量已达100t，应用较广。下部装上水平螺杆后，还能使重物做小距离横移，如图4-2所示。

图4-1　齿条千斤顶

图4-2　螺旋千斤顶

图 4-3 液压千斤顶

③ 液压千斤顶。液压千斤顶由人力或电力驱动液压泵，通过液压系统传动，用缸体或活塞作为顶举件。液压千斤顶可分为整体式和分离式。整体式的泵与液压缸连成一体；分离式的泵与液压缸分离，中间用高压软管相连。液压千斤顶结构紧凑，能平稳顶升重物，起重量最大达 1000t，行程 1m，传动效率较高，故应用较广。但其易漏油，不宜长期支撑重物，如需长期支撑需选用自锁千斤顶，如图 4-3 所示。

（2）链条葫芦

链条葫芦（又称倒链）是一种不需要底部铺垫固定，且可将重物升在空中任何一个需要的位置上的一种小型起重工具，具有使用携带方便，结构紧凑，手拉力小等特点。它适用于小型设备和货物的短距离吊运，起重量一般不超过 10t。

链条葫芦选用时考虑的主要因素有起重量、工作级别、起升高度、起升速度、运行速度等。

① 手拉葫芦。手拉葫芦是以焊接环链作为挠性承载件，使用人力拉动链条的起重工具。它可与手动单轨小车配套组成起重小车，用于手动梁式起重机或者架空单轨输送系统，如图 4-4 所示。

手拉葫芦适合于工厂、矿山、建筑工地、农业生产，以及码头、船坞、仓库等安装机器、起吊货物和装卸车辆，尤其适用于露天及无电源、作业安装机器、起吊货物和装卸车辆。

选用时考虑的主要因素有起重量、起升高度、两钩间的最小距离、主要尺寸、重量等。

② 手扳葫芦。手扳葫芦是由人力通过手柄扳动钢丝绳或链条等运动机构来带动取物装置运动的起重葫芦，如图 4-5 所示。

手扳葫芦广泛应用于造船、电力、运输、建筑、矿山、邮政等部门的设备安装、物品起吊、机件牵引等。尤其在狭小的工作场所、野外、高空作业和对各种不同角度的牵引力，更具有独特的优越性。

选用时考虑的主要因素有起重量、起升高度、两钩间的最小距离、满载时的手扳力、重量、手柄长度等。

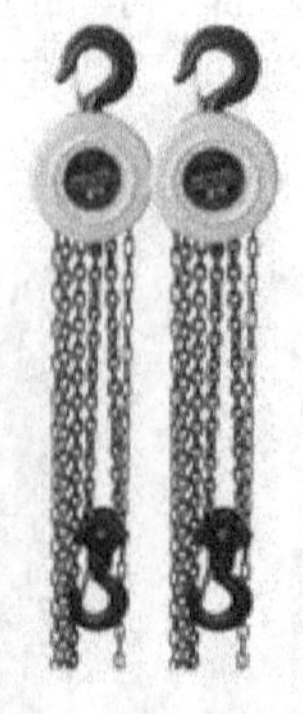
图 4-4 手拉葫芦

图 4-5 手扳葫芦

③ 电动葫芦。电动葫芦是以电动机为动力源，以钢丝绳为承载的葫芦，具有结构紧凑、自身轻、效率高、操作简便等特点，如图 4-6 所示。

电动葫芦主要用于悬挂式起重机和配备运行小车作为各类梁式、桥式起重机的起升机构。在工厂、矿山、铁路、码头、仓库、货场及服务性行业等场所中得到极其广泛的应用。电动葫芦主要类型有固定式、单轨小车式、双梁葫芦小车式、单主梁葫芦小车式等。

（3）起重滑车

起重滑车是能以较小的力提升较重物品的轻小型起重设备，如图 4-7 所示。滑车的规格范围在 0.03～320 t，轮数从单轮至十轮，吊具有吊钩、链环、吊环、吊梁四种。起重滑车由定滑轮和动滑轮组成，并带有吊挂件。定滑轮位置固定不变，用以改变力的方向；动滑轮与重物一起升降，用以减小拉力。起重滑车可单独使用，也可与绞车等配合使用，是许多起重机起升机构的基本组成部分。由于使用、携带方便，它在起重安装作业中广泛应用。

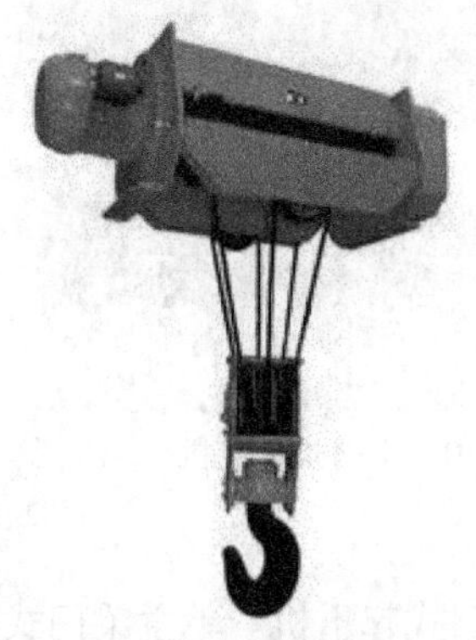

图 4-6 电动葫芦

图 4-7 起重滑车

起重滑车根据其吨位可分为吊钩滑车、吊环滑车、吊架滑车。滑车按轮数的多少还可以分为单轮滑车、双轮滑车和多轮滑车。按滑车与吊物的连接方式也可分为吊钩式滑车、链环式滑车、吊环式滑车和吊架式滑车四种。

（4）卷扬机

卷扬机又称绞车，是由人力或机械动力驱动卷筒、卷绕绳索来完成牵引工作的装置，如图 4-8 所示。可以垂直提升，水平或倾斜牵引重物。卷扬机分为手动卷扬机和电动卷扬机两种，目前以电动卷扬机为主。

卷扬机的特点是通用性高、结构紧凑、体积小、重量轻、起重大、使用转移方便，被广泛应用于建筑工地、水利工程、林业、矿山、码头等场所的物料升降或平拖，还可作为现代化电控自动作业线的配套设备。

图 4-8 卷扬机

4. 桥式起重机

桥式起重机是桥架在高架轨道上运行的一种桥架型起重机，桥架沿两侧轨道纵向运行，起重小车沿桥架上的轨道横向运行，构成一个矩形的工作范围，充分利用桥架下面的空间吊运物料且不受地面设备的阻碍。桥式起重机广泛地应用在室内外仓库、厂房、码头和露天储料场等处。

（1）门式起重机

门式起重机，又称龙门式起重机，是桥式类型起重机的一种机型，主要用于室外的货场、料场散货的装卸作业。金属结构像门形框架，承载主梁下安装两条支脚，可以直接在地面的轨道上行走。门式起重机具有场地利用率高、作业范围大、适应面广、通用性强等特点，在港口货场得到广泛使用。

门式起重机根据门架结构形式、主梁形式、取物装置和校车数量不同进行分类。

① 按门架结构形式分类。

门式起重机按门架结构形式可分为全门式起重机（如图 4-9 所示）、半门式起重机（如图 4-10 所示）。全门式起重机主梁无悬挂，小车在主跨度内运行；半门式起重机支腿有高低差，可根据使用场地的土建要求而定。

图 4-9 全门式起重机

图 4-10 半门式起重机

② 按主梁形式分类。

门式起重机按主梁结构形式分为单主梁门式起重机和双主梁门式起重机。单主梁门式起重机支腿有 L 形和 C 形两种形式。

单主梁门式起重机结构简单，制造、安装方便，自身质量小，主梁多为偏轨箱形架结构。与双主梁门式起重机相比较，它整体刚度要弱一些。因此，当起重量 50t，跨度 35m 时，可采用这种形式。

L 形单主梁门式起重机（如图 4-11 所示）的制造安装方便，受力情况好，自身质量较轻，但是吊运货物通过支腿处的空间相对小一些。

C 形单主梁门式起重机（如图 4-12 所示）的支脚倾斜或弯曲成 C 形，目的在于有较大的横向空间，以便货物顺利通过支脚。

双主梁式起重机承载能力强、跨度大、整体稳定性好、品种多，但自身质量与相同起重量的单主梁门式起重机相比要大，造价也较高。根据主梁结构不同，双主梁式起重机又可分为箱形梁和构架梁两种形式。目前一般多采用箱形梁结构，如图 4-13 所示。

图 4-11 L 形单主梁门式起重机

图 4-12 C 形单主梁门式起重机

图 4-13　双主梁门式起重机

③ 按取物装置分类。

根据起重机的取物装置的不同，门式起重机可以分为吊钩门式起重机（如图 4-14 所示）、抓斗门式起重机（如图 4-15 所示）和电磁门式起重机。

图 4-14　吊钩门式起重机

图 4-15　抓斗门式起重机

吊钩门式起重机取物装置是吊钩或吊环，起升机构与运行机构的工作速度根据需要可用机械或电气方法调整，适用于机械加工、修理、装配车间或仓库、料场的一般装卸吊运工作。可调速的吊钩桥式起重机用于机修、装配车间。

抓斗门式起重机取物装置是抓斗，小车上有两套卷扬装置，实现抓斗的升降与开闭，可在任意高度上打开。它适合于仓库、料场、车间等对矿石、煤炭、沙等散粒物料的装卸吊运工作。

电磁门式起重机取物装置是电磁盘，吊运的能力受物品的性质、形状、大小等影响。其适合于吊运有导磁性的金属及制品。

④ 按小车数量分类。

根据起重机的小车数量的不同，门式起重机可以分为单小车门式起重机（如图 4-16 所示）和双小车门式起重机（如图 4-17 所示）。

一般吊钩门式起重机分为单小车和双小车起重机，其他类型的只有一个取物装置。单小车门式起重机是指起重机只有一个小车；双小车门式起重机是指起重机有两个小车，更方便吊起货物，货物更加平稳。

（2）梁式起重机

梁式起重机主要包括单梁桥式起重机和双梁桥式起重机，分别如图 4-18 和图 4-19 所示。

单梁桥架由单根主梁和位于跨度两边的端梁组成，双梁桥架由两根主梁和端梁组成。桥架按结构分为支承式和悬挂式两种：前者的桥架沿车梁上的起重机轨道运行；后者的桥架沿悬挂在厂房屋架下的起重机轨道运行。

图 4-16　单小车门式起重机

图 4-17　双小车门式起重机

图 4-18　单梁桥式起重机

图 4-19　双梁桥式起重机

① 单梁桥式起重机。

单梁桥式起重机由大梁、端梁、起重小车、驱动电气及电控设备构成。起重小车常为手拉葫芦、电动葫芦或用葫芦作为起升机构部件装配而成。其起重量可在 1～32t 之间，跨度可达 7.5～22.5m，工作级别为 A3～A5。

② 双梁桥式起重机。

双梁桥式起重机由两根主梁和端梁组成。主梁与端梁刚性连接，端梁两端装有车轮，用以支承桥架在高架上运行。主梁上焊有轨道，供起重小车运行。桥架主梁的结构类型较多，比较典型的有箱形结构、四桁架结构和空腹桁架结构。双梁桥式起重机特别适合于悬挂和大起重量的平面范围物料输送。

5. 臂式起重机

臂式起重机是在构造上具有臂架结构，利用臂架的变幅（或俯仰），上部结构相对于下部结构的旋转运动而实现货物装卸任务的起重机。

臂式起重机可分为固定式、移动式和浮式 3 种类型。

固定式臂式起重机直接安装在码头或库场的墩座上，只能原地工作，其中有的臂架只俯仰不能回转，而有的臂架既可俯仰又可回转。移动式起重机可沿着轨道或在地面上运行，主要有轮胎起重机、门座起重机（如图 4-20 所示）、汽车起重机（如图 4-21 所示）和履带起重机（如图 4-22 所示）等。浮式起重机是安装在专用平底船上的臂架起重机，广泛应用于港口的装卸作业。

由于各类起重机机构特点、起重量、起升高度和速度、工作级别等的不同，适用范围也各异。表 4-2 列出了主要类型起重机的特点与使用范围。

图 4-20　门座起重机

图 4-21　汽车起重机

图 4-22　履带起重机

表 4-2　　起重机的特点和使用范围

类别		特点	使用范围
轻小型起重设备	千斤顶	采用刚性承重物顶举，靠很小外力来顶高重物，可减少设备安装的偏差	用于厂矿、交通运输等部门作为车辆修理及其他起重支撑等工作
	链条葫芦	不需要底部铺垫固定，具有使用携带方便，结构紧凑，手拉力小等特点	适用于小型设备和货物的短距离吊运
	起重滑车	使用、携带方便	广泛应用于起重安装作业
	卷扬机	通用性高、结构紧凑、体积小、重量轻、起重大、使用转移方便	建筑工地、水利工程、林业、矿山、码头等场所的物料升降或平拖
桥式类型起重机	门式起重机	场地利用率高、作业范围大、适应面广、通用性强等特点	用于室外的货场、料场散货的装卸作业
	梁式起重机	灵活，支腿短	适用于工厂车间、仓库等室内场所
臂式类型起重机	固定式起重机	只能原地工作	安装在码头或库场的墩座上
	移动式起重机	可沿着轨道或在地面上运行	主要有门座起重机、汽车起重机和履带起重机等。适用于港口、车站、货场、工地等场所装卸和安装工作
	浮式起重机	安装在专用平底船上的臂架起重机	广泛应用于港口的装卸作业

在装卸搬运中，配备起重机主要依据以下参数进行起重机的类型、型号选择：

所需起重物品的重量、形态、外形尺寸等；工作场地的条件（长×宽×高，室内或室外等）；

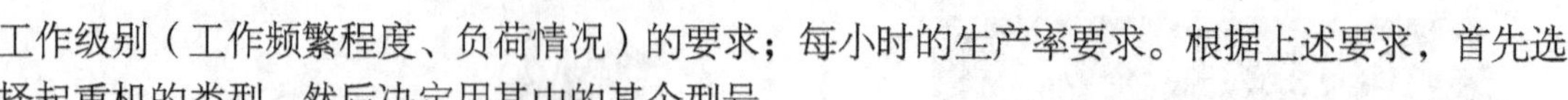

工作级别（工作频繁程度、负荷情况）的要求；每小时的生产率要求。根据上述要求，首先选择起重机的类型，然后决定用其中的某个型号。

6. 门式起重机标记方法

起重机用代号、额定起重量、跨度、工作级别、标准代号（国家标准）表示。

（1）代号

M 表示门式类型。

M 后加一个符号为双主梁门式：MG、ME、MZ、MC、MN、MP、MS。如 MG 表示双梁单小车吊钩门式起重机；ME 表示双梁双小车吊钩门式起重机。

M 后加两个符号为单主梁门式：MDG、MDE、MDZ、MDC、MDN、MDP、MDS。如 MDN 表示单主梁单小车抓斗吊钩门式起重机；MDS 单主梁单小车三用门式起重机。

表 4-3 列出了详细的代号。

表 4-3　　门式起重机的代号

序号	主梁形式	名称	小车	代号
1	单主梁	吊钩门式起重机	单小车	MDG
2			双小车	MDE
3		抓斗门式起重机	单小车	MDZ
4		电磁门式起重机		MDC
5		抓斗吊钩门式起重机		MDN
6		抓斗电磁门式起重机		MDP
7		三用门式起重机		MDS
8	双主梁	吊钩门式起重机	单小车	MG
9			双小车	ME
10		抓斗门式起重机	单小车	MZ
11		电磁门式起重机		MC
12		抓斗吊钩门式起重机		MN
13		抓斗电磁门式起重机		MP
14		三用门式起重机		MS

（2）额定起重量

起重机在正常作业时，允许提升货物的最大重量与可从起重机上取下的取物装置重量之和，用 Q 表示，单位 t。

（3）跨度或幅度

跨度指桥式类起重机大车运行两轨道中心线之间的距离，以字母 L 表示，单位为 m。

幅度是指臂架类起重机的旋转中心线至取物装置中心线之间的水平距离，以字母 R 表示，单位为 m。

（4）工作级别

按起重机工作的利用等级和载荷状态将起重机分为：

A1、A2、A3、A4、A5、A6、A7、A8 八个级别；A1～A4 为轻级，A5、A6 为中级，A7 为重级，A8 为超重级。

（5）标准代号（国家标准）

一般用 GB/T14406-1993 表示。例如起重机 MDZ20/5-22A4GB/T14406-1993，表示具有主、副钩的起重量为 20/5t，跨度 22m，工作级别 A4 的单主梁吊钩门式起重机。

例如，起重量 50/10t+50/10t，跨度 35m，工作级别 A4 的双梁、双小车吊钩门式起重机的表示方法是 ME50/10+50/10-35A4GB/T14406-1993。

7. 钢丝绳标记方法

钢丝绳在起重作业中被广泛用作起重绳、变幅绳、小车牵引绳，在装卸过程中还可用于捆扎货物。钢丝绳具有承载能力大、过载能力强、挠性好、自重轻和传动平稳无噪声等优点，适用于高速运动。由于绳股中钢丝断裂是逐渐产生的，一般不会发生整根钢丝绳突然断裂的现象，所以工作较可靠。

（1）钢丝绳的捻向

起重机的钢丝绳通常采用重绕绳，由 19 根或 37 根钢丝拧成股，再由股绕绳芯拧成绳，钢丝绳有 6 股绳和 8 股绳，比较常用是 6 股钢丝绳。

绳芯材料与钢丝绳的挠性、强度、使用寿命有关，主要有纤维绳芯和金属绳芯两种。金属绳芯强度好，耐高温，但起重机常用麻芯钢丝绳，它具有较好的挠性和弹性，能储存润滑脂，便于从钢丝绳内部润滑钢丝。

根据钢丝绳由丝捻成股的方向与由股捻成绳的方向是否一致钢丝绳可分为如下几种形式。

① 交互捻钢丝绳（交绕绳）：其丝捻成股与股捻成绳的方向相反，由于股与绳的捻向相反，使用中不易扭转和松散，被广泛使用。

② 同向捻钢丝绳（顺绕绳）：其丝捻成股与股捻成绳的方向相同，绕性与寿命比交绕绳要好，但易扭转、松散，只适合做牵引绳。

（2）钢丝绳的型号

我们从以下 9 个部分介绍钢丝绳。

① 股数。

② 结构型式（如图 4-23 至图 4-25 所示）。

“x”表示普通型：普通钢丝绳是用直径相同的钢丝捻制，制造简单，在起重机上应用广泛。

复合型钢丝绳是用不同直径的钢丝捻制，复合型钢丝绳比普通型钢丝绳的强度高，使用寿命也较长。

“W”表示复合型粗细式，“X”表示复合型外粗式。

③ 每股钢丝绳根数。

④ 钢丝绳直径（mm），钢丝绳的最大外径。

⑤ 钢丝绳的公称抗拉强度（$\times 10N/mm^2$）。

我国标准：140、155、170、185、200（$\times 10N/mm^2$）。

图 4-23 普通钢丝绳

图 4-24 复合型粗细式

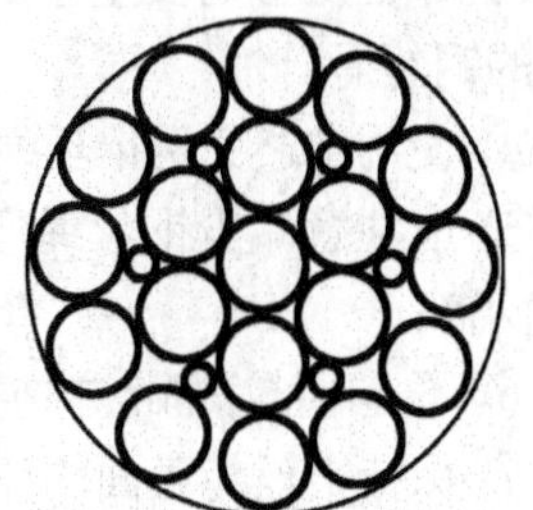

图 4-25 复合型外粗式

⑥ 钢丝的韧性号。

钢丝的质量根据耐弯折的次数分为三级，有“特”号、“Ⅰ”号、“Ⅱ”号。特级钢丝韧性最好，用于载人的升降机；Ⅰ级钢丝韧性较好，用于一般起重机；Ⅱ级钢丝韧性一般，常用作捆扎绳。当腐蚀成为钢丝绳报废的主要原因时，钢丝要进行镀锌处理。

⑦ 钢丝表面情况。

"光"（"光面钢丝"），"镀"（"镀锌钢丝"）；甲（用于严重腐蚀），乙（用于一般腐蚀），丙（用于较轻腐蚀）。

⑧ 捻向及捻线方式。

如图 4-26 所示：右，右向捻；左，左向捻；交，交绕；同，顺绕。

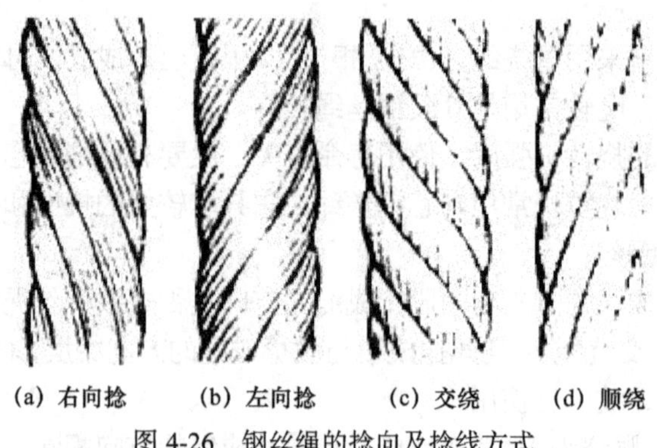

(a) 右向捻　(b) 左向捻　(c) 交绕　(d) 顺绕

图 4-26　钢丝绳的捻向及捻线方式

⑨ 产品依据的标准号。

产品依据的标准号为 GB/T8918—1996。

例如由 6 股绳组成，普通型，每股又由 37 根钢丝组成，钢丝绳的直径为 15mm，钢丝的公称抗拉强度为 170×10N/mm^2。钢丝韧性好。钢丝表面镀锌，可用于严重腐蚀条件，右向顺绕。按国家标准 GB/T8918—1996，则此钢丝绳标记为：6x37-15-170-Ⅰ-甲镀-右同-GB/T8918-1996。

（3）钢丝绳的使用和维护

每个班次作业前必须坚持对钢丝绳进行检查并形成制度。检查不留死角，对于不易看到和不易接近的部位应给予足够重视，必要时应作探伤检查。在检查和使用中应做到：

① 使用检验合格的产品，保证其力学性能和规格符合设计要求；

② 钢丝绳的寿命与配用的卷筒和滑轮的直径大小有很大关系，采用较大的卷筒和滑轮直径，可大大延长钢丝绳的使用寿命；

③ 保证足够的安全系数，必要时使用前要做受力计算或拉力试验，不得使用已达到报废标准的钢丝绳；

④ 使用中避免两钢丝绳的交叉、叠压受力，防止打结、扭曲、过度弯曲和划磨；

⑤ 应注意减少钢丝绳弯折次数，尽量避免反向弯折，因为反向弯折的破坏作用是同向弯曲的两倍；

⑥ 不在不洁净的地方拖拉钢丝绳，防止外界因素对钢丝绳的损伤、腐蚀，使钢丝绳性能降低；

⑦ 保持钢丝绳表面的清洁和良好的润滑状态，加强对钢丝绳的日常维护保养。

二、输送机械

输送机械是以连续、均匀、稳定的输送方式，沿着一定的线路从装货点到卸货点输送散料和成件包装货物的机械装置，简称为输送机。

由于输送机械能在一个区间内连续搬运大量货物，搬运成本较低，搬运时间容易控制，因此被广泛应用于现代物流系统中。在自动化立体仓库或货场，其搬运系统一般都是由输送机组成的，如进出库输送机系统、自动分拣系统等，整个搬运系统由中央计算机统一控制，形成了一个完整的货物输送与搬运系统，可以完成货物的自动分类、自动搬运、自动堆码和自动装卸等工作。此外，在生产物流过程中，车间的流水作业线上，也常常用输送机械完成半成品或成品的搬运作业，以保证生产工艺过程的正常进行。

1. 输送机械的工作特点与构成

（1）工作特点

输送机械具有较高的生产率，输送距离长，且质量较小，结构紧凑，造价较低。由于输送线路固定，动作单一，而且载荷均匀，速度稳定，所以较容易实现自动控制。但其必须沿整条输送线路布置，大多不能自动取料，不能输送笨重的大件物品，不宜输送质量大的单件物品或集装容器。

（2）基本构成

① 运输机械：由带式运输机（皮带机）、气垫带式运输机、螺旋运输机、气力运输机、刮板运输机等运输机械组成。

② 转载设备：一般为转载漏斗和其他转载设备及转载房等构成。

③ 取堆设备：斗轮取料机、真空泵取料机、卸船机、卸车机等。

2. 主要技术参数

① 生产率。生产率是指输送机械在单位时间内输送货物的质量，用 Q 表示，单位：吨/小时（t/h）。它是反映输送机械工作性能的主要指标，它的大小取决于输送机械承载构件上每米长度所载物料的质量和工作速度。

② 输送速度。输送速度是指被运货物或物料沿输送方向的运行速度。其中，带速是指输送带或牵引带在被输送货物前进方向上的运行速度；链速是指牵引链在被输送货物前进方向上的运行速度；主轴转速是指传动滚筒转轴或传动链轮轴的转速。

③ 充填系数。充填系数是指输送机械承载构件被物料或货物填满程度的系数。

④ 输送长度。输送长度是指输送机械装载点与卸载点之间的展开距离。

⑤ 提升高度。提升高度是指输送机械将货物或物料在垂直方向上的输送距离。

此外，还有电动机功率、轴功率、安全系数、制动时间、启动时间、单位长度、牵引构件的质量、传入点张力、最大动张力、最大静张力、预张力、拉紧行程等技术性能参数。

3. 带式输送机

带式输送机是一种摩擦驱动以连续方式运输物料的机械，如图 4-27 所示。它主要由机架、输送带、托辊、滚筒、张紧装置、传动装置等组成。它可以将物料在一定的输送线上，从最初的供料点到最终的卸料点间形成一种物料的输送流程。它既可以进行碎散物料的输送，也可以进行成件物品的输送。除进行纯粹的物料输送外，带式输送机还可以与各工业企业生产流程中的工艺过程的要求相配合，形成有节奏的流水作业运输线。

带式输送机可以用于水平运输或倾斜运输，使用非常方便，广泛应用于现代化的各种工业企业中，如矿山的井下巷道、矿井地面运输系统、露天采矿场及选矿厂中。根据输送工艺要求，可以单台输送，也可多台组成或与其他输送设备组成水平或倾斜的输送系统，以满足不同布置形式的作业线需要。

图 4-27　带式输送机

4. 辊子输送机

辊子输送机是一种在两侧框架间排列若干辊道的连续输送机，如图 4-28 所示。它主要是用来输送具有一定规则形状、底部平直的成件物品。如箱类容器、托盘等。它具有结构简单、运行可靠、维护方便、经济节能等优点，同时与生产工艺过程有良好的相容性和配套性。因此，各种通用的和专用的辊道输送机得到了迅速而广泛的发展。特别是由辊子输送机组成的生产线和装配线，越来越广泛地应用在机械加工、轻工与食品、邮电以及仓库和物资分配中心等各个行业。它也是各个行业提高生产率，减轻劳动强度和组成自动化生产线的必备设备。

图 4-28　棍子输送机

5. 悬挂输送机

悬挂输送机是一种常用的连续输送设备，如图 4-29 所示。它广泛应用于连续地在厂内输送各种成件物品和装在容器或包内的散装物料，也可在各个工业部门的流水线中用来在各工序间输送工件，完成各种工艺过程，实现输送和工艺作业的综合机械化。其结构主要由牵引链条、滑架、吊具、架空轨道、驱动装置、张紧装置及安全装置等组成。

悬挂链输送线是根据用户合理的工艺线路，以理想的速度实现车间内部、车间与车间之间连续输送成件物品达到自动化、半自动化流水线作业的理想设备。可在三维空间作任意布置，能起到在空中储存作用，节省地面使用场地，广泛适用于各行各业。

6. 其他输送机

（1）刮板式输送机

刮板式输送机（如图 4-30 所示）在垂直输送时，物料在垂直方向受到刮板的推力，自身重力及垂直段下部物料对上部物料的支承力，这些垂直压力以一定比例作侧向传递，形成物料间及物料对料槽壁的侧向压力，侧向压力又构成使物料间相对稳定的内摩擦力及阻止物料运动的外摩擦力，而牵引层和被牵引层间的内摩擦力足以克服物料与料槽间所处摩擦力及物料重力，这样使物料形成一稳定的整体在刮板链条的推力作用下向前输送。

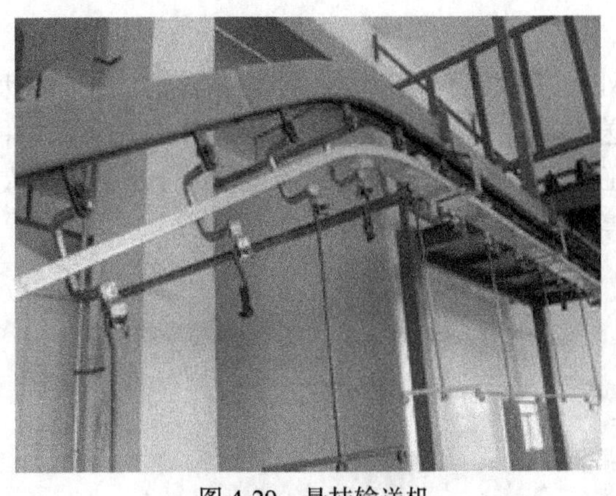

图 4-29 悬挂输送机

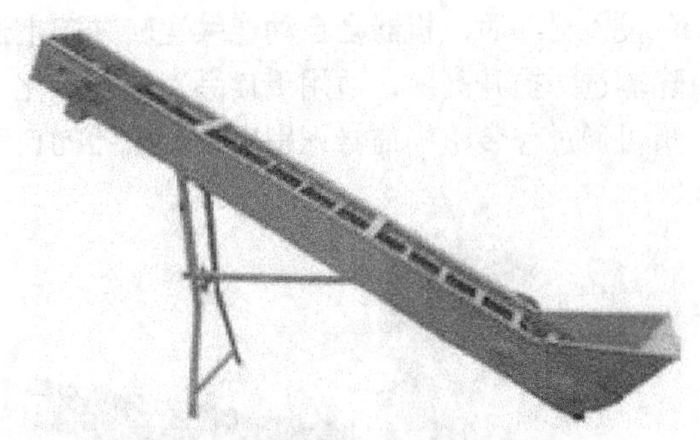

图 4-30 刮板式输送机

刮板式输送机可以用来输送各种粉末状、小颗粒和块状的流动性较好的散粒物料，如块煤矿石、沙子、焦炭、水泥及谷物等。但它不适应输送本身会捻碎和磨损性大的脆性物料，特别是当捻碎后便降低其价值的物料，不能采用该类型的连续输送机械。

（2）埋刮板输送机

埋刮板输送机是由刮板输送机发展而来的。它是一种在封闭的矩形断面的壳体内，借助于运动着的刮板链条连续输送粉状、颗粒及小块散粒物料的连续输送机械，如图 4-31 所示。由于刮板链条埋在被输送的物料之中，与物料一起向前移动，故而称为埋刮板输送机。

埋刮板式输送机既适用于水平或小倾角方向输送物料，也可以垂直方向输送。所运送的物料以粉状、粒状或小块状物料为佳，如煤、沙子、谷物等，物料的湿度以用手捏团后仍能松散为度；不宜输送磨损性强、块度大、黏性大、腐蚀性大的物料，以避免对设备损伤。

图 4-31 埋刮板式输送机

（3）螺旋式输送机

螺旋式输送机（如图 4-32 所示）是由带有螺旋片的转动轴在一封闭的料槽内旋转，用螺旋叶片的旋转运动推动物料沿着料槽运动，从而达到输送物料目的的输送机械。螺旋叶片是输送机的主要部件，物料就是依靠叶片的旋转而被推进，在推进过程中，物料被不断地搅拌，同时叶片也受到摩擦，特别是螺旋和料槽有强烈的磨损，所以功率消耗较大。

螺旋输送机的主要优点是结构简单、紧凑，占地小，无空返，维修方便。其缺点是功率消耗较大，叶片和料槽易磨损，物料易被磨碎，对超载敏感，易堵塞。

（4）斗式提升机

斗式提升机（如图 4-33 所示）适用于从低处往高处提升供应物料，供应物料时，通过振动台投入料斗后，机器会自动连续运转并向上运送。斗式提升机根据传送量可调节传送速度，并随需选择提升高度，适用于食品、医药、化学工业品、螺丝、螺帽等产品的提升上料。操作人员可通过包装机的信号识别来控制机器的自动停启。

图 4-32　螺旋式输送机

图 4-33　斗式提升机

（5）气力输送机

气力输送机（如图 4-34 所示）以压力空气作为输送介质，沿管道输送经破碎至一定粒度的煤。气力输送机适用于大型粮库的补仓、出仓、翻仓、倒垛以及粮食加工和啤酒、酿造等行业在生产工艺中的散装、散运等机械化作业。

图 4-34　气力输送机

在选用连续输送机时，应针对物料的特性选择不同的类型。表 4-4 给出主要类型连续输送机的规格及用途。

表 4-4　主要连续输送机械规格范围与特征

分类		输送能力	输送物料	输送长度（m）	特征
带式输送机	移动式	30～300（m/h）	散状或成件物料	3～20	采用胶带作牵引构件，结构简单，输送量大，输送距离长，品种多，规格全，输送物料范围广，装有走轮机构，调度灵活
	通用式	41～3000（m/h）	散状或成件物料	20～2500	除了移动式的特征外，通用式的规格系列全，通用性强

续表

分类		输送能力	输送物料	输送长度（m）	特征
辊子输送机	普通式	40～3000（m/h）	成件物品（零件、部件）	10～1000	具有结构简单、运行可靠、维护方便、可输送高温物品、节能等特点，适合于运送成件物品。辊子输送机分动力型和无动力型，可以实现直线、曲线、水平、倾斜运行，并能完成分流、合流等要求，实现物品在机上加工、装配、试验、包装、挑选等工艺
悬挂输送机	普通式	8～750（kg）	成件物品（零件、部件）	10～500	采用链条为牵引构件，利用挂钩悬挂工件或货物，然后进行输送，具有灵活性好、占地面积小、可进行远距离输送、能按工艺要求布置成立体空间输送路线、完成人无法靠近的操作工艺等特点
刮板输送机	排他型	34～100（t/h）	粉状、粒状及块状物料	20～120	以链条作牵引构件，利用刮板沿着料槽运动来输送物料，输送构件强度好，能耐冲击，可适应较差的工作条件，不宜输送易于碾碎的物料
	弯曲型	40～700（t/h）			
埋刮板输送机	水平	11～124（t/h）	粉状、粒状及小块状物料	80	以链条作牵引构件，利用刮板在封闭的矩形断面壳体中输送物料，可进行水平、垂直和Z型输送，也能组合布置、串接输送。多点加料卸料，工作时环境清洁。不宜输送有毒、易爆、易燃，磨损性、黏附性、悬浮性很强的物料
	垂直	11～74（t/h）		高度30	
	Z型	11～46（t/h）		高度20	
螺旋式输送机	普通	20～70（t/h）	粉状、粒状及小块状物料	70	螺旋式输送机是由带有螺旋片的转动轴在一封闭的料槽内旋转，用螺旋叶片的旋转运动推动物料沿着料槽运动，达到输送物料的目的
	垂直	20～100（t/h）		高度30	
	可弯	20～100（t/h）		小于15	
斗式提升机	普通型（外斗式）	3.1～233（t/h）	粉状、粒状及块状物料	4～31.2	用胶带或链条作牵引构件，利用料斗在封闭箱内提运物料，具有占地面积小、提升高度大、有良好的密封性等优点
	普通型（内斗式）	25（t/h）		6～29.1	
气力输送机	普通式	18～30（t/h）	粉状、粒状及块状物料，液体、气体等	300	以压力空气作为输送介质沿管道输送

三、工业车辆

1. 叉车

叉车是指对成件托盘货物进行装卸、堆垛和短距离运输、重物搬运作业的各种轮式运输车辆。叉车广泛应用于港口、车站、机场、货场、工厂车间、仓库、流通中心和配送中心等，并可进入船舱、车厢和集装箱内进行托盘货物的装卸、搬运作业，是托盘运输、集装箱运输中必不可少的设备。

（1）叉车的工作特点与构成

① 工作特点。叉车又称叉式装载车。按照 ISO（国际标准化组织）的分类，叉车属于工业起升搬运自装载车辆。它种类很多，用途广泛，是装卸搬运机械中应用最广泛的一种设备。它把水平方向的运动和垂直方向的起升紧密结合起来，有效地完成各种装卸搬运作业。

叉车机动灵活，既可用于集装箱装卸，又可用于杂件货装卸，既可用于堆场垂直堆码作业，又可用于水平运输。它应用广泛，性能可靠，造价不高。但其轮压较大，对场地承载能力要求高，土建投资较大。而且由于作业时回转半径大，故堆场面积利用率低。叉车主要用在集装箱吞吐量不大的多用途码头，各种装卸作业系统的集装箱码头往往都配备有叉车。

② 基本构成。叉车的种类很多，但其构造基本相似，主要由发动机、底盘、车体、起升机构、液压系统及电气系统等组成。

a. 发动机。发动机是叉车的动力装置，是将热能转换为机械能的机械。发动机产生的动力由曲轴输出，并通过传动装置驱动叉车行驶或驱动液压泵工作，完成叉取、堆码货物等作业。

b. 底盘。底盘用来支承车身、接受发动机输出的动力，并保证叉车能够正常行驶。它包括传动装置、行驶装置、转向装置和制动装置等。

传动装置包括离合器、变速器、主传动器、差速器、半轴等部分，其作用是将发动机输出的动力传递给液压泵和驱动车轮，实现叉车的升降、倾斜和行驶。转向装置和制动装置的基本作用是改变叉车的行驶方向，降低运行速度或迅速停车，以保证装卸作业的安全需要。

c. 车体。叉车的车体与车架合为一体，由型钢组焊而成。置于叉车后部，与车型相适应的铸铁块为配重，其重量根据叉车额定起重量的大小而决定，在叉车载重时起平衡作用，保持叉车的稳定性。

d. 起升机构。起升机构主要由门架和货叉组成。门架绞接在前桥支架车体上，由一套并列的钢框架和固定货叉的滑动支架所组成。门架一般分为标准型、两节型或三节型。国内叉车的起升高度一般在 2～5m 之间，且以 3m 及 3m 以下的居多；而国外电动叉车的起升高度一般在 2～6m 之间，由于其仓库的立体化程度高，因此电动叉车的起升高度多在 3m 以上。

货叉是两个弯曲 90° 的钢叉，装在滑动支架上，是承载物料的工具。货叉的规格是根据叉车的最大载荷设计的，可通过液压缸前倾后仰。

e. 液压系统。液压系统包括油箱、起升油缸、倾斜油缸、液压泵、液压分配阀、节流阀等，用以实现货物的升降、倾斜等动作。

f. 电气系统。电气系统包括电源部分和用电部分，主要有蓄电池、发电机、启动电动机、点火装置、照明装置和喇叭等。

（2）主要技术参数

① 额定起重量。额定起重量是指叉车门架处在垂直位置，载荷重心位于规定的载荷中心距时，允许货叉举起载荷的最大质量。额定起重量是叉车最主要的参数，我国有关标准已规定了叉车的额定起重量系列。

② 载荷中心距。载荷中心距是指叉车载荷重心到货叉垂直段前壁的水平距离。额定起重量与载荷中心的乘积反映了叉车的起重能力。为了保证叉车的纵向稳定性，当载荷重心位于载荷中心距之内时，其额定起重量不变；当载荷重心位于载荷中心距之外时，其起重量小于额定起重量。随着重心距离的增大，起重量按曲线减小，此曲线称为载荷特性曲线。

③ 最大起升高度。最大起升高度是指叉车位于水平坚实路面上，门架处于垂直位置，货叉承载额定起重量，自货叉水平段上表面至地面的最大垂直距离。

④ 最大起升速度。最大起升速度是指叉车门架处于垂直位置，货叉承载额定起重量时，货物起升的最大速度。货叉、货物、滑架的下降一般依靠重力，为了避免满载时下降速度过快，在起升油缸进油口处装单向节流阀，控制下降速度。

⑤ 满载和空载最大行驶速度。满载和空载最大行驶速度是指货叉上承载额定起重量的叉车和空载的叉车在平整、坚硬道路上行驶能达到的最高稳定行驶速度。

⑥ 满载和空载最大爬坡度。满载和空载最大爬坡度是指叉车在载有额定起重量状态下或空载状态下，以最低档匀速行驶所能爬越的最大坡度，以百分数表示。

⑦ 尺寸参数。尺寸参数包括外形长度、高度、宽度，最大起升时的外形高度、轴距、前后轮距、最小离地间隙、最小转弯半径等。

⑧ 质量参数。质量参数包括自重、前后轴压等。

（3）叉车的类型

叉车种类很多，可以从不同角度分类。按动力可分为内燃式、电动式和手动式叉车；按货叉安装位置的不同，分为正面式叉车、侧面式叉车和多面式叉车等。

① 正面式叉车。

正面式叉车的货叉位于叉车的前方。正面式叉车按其保持稳定性的方法又可分为以下几种。

a. 平衡重式叉车（如图 4-35 所示）：这种叉车的货叉与货物始终位于叉车前轮的前方。为平衡货物重量产生的倾翻力矩，在叉车的后部安装平衡重，保持叉车的纵向稳定性。平衡重式叉车是使用最广泛的叉车，起重量为 0.5～60t。

b. 前移式叉车（如图 4-36 所示）：它有两条前伸的支腿，前轮较大，支腿较高。需要叉取货物或卸下货物时，将门架（或叉架）沿车架上的水平轨道前移到前轮的前方，货叉叉取货物后，起升一定高度。当货物底部超过支腿高度后，货叉带着货物后移，使货物重心在支承平面内，保持叉车行走时的良好稳定性。前移式叉车一般用电动机驱动，额定起重量在 2t 以下，主要用于仓库堆垛作业。

图 4-35 平衡重式叉车　　图 4-36 前移式叉车

c. 插腿式叉车（如图 4-37 所示）：这种叉车车体前方有两条带小车轮的支腿，货叉位于支腿之间。支腿的高度很小，因此支腿可以连同货叉一起插入货架或托盘底部，再由货叉起升货架或托盘。被插腿式叉车举起的货物重心位于车轮的支承平面内，所以叉车的稳定性好，适用于通道狭窄的仓库内作业。

② 侧面式叉车。

侧面式叉车（如图 4-38 所示）：这种叉车的门架、货叉位于叉车的中部，并可以沿横向巷道移动，货叉朝向叉车的侧面。货叉在侧面叉取货物，起升一定高度后，门架向车内移动，降下货叉，把货物搁在叉车的货台上，叉车行走。起升机构在叉车行走时不受载，货物重心位于前后轮的支承平面内，所以叉车的纵向稳定性好。

侧面式叉车适应于装卸搬运长件货物，在叉取或卸下货物时，需要先将侧面液压支腿放下，用来减小该侧轮胎的负荷，保证叉车的横向稳定性。

图 4-37　插腿式叉车　　图 4-38　侧面叉车

③ 多面式叉车。

多面式叉车（如图 4-39 所示）的特点是门架或叉架可以绕垂直轴线旋转，因此货叉可以朝向两个方向或三个方向。它的货叉可朝向前方，也可朝向左方或右方。不仅叉架可以旋转，支承叉架的回转头还能向左或向右作横向位移，便于叉车从侧面取货或卸货。这种叉车能在通道狭窄的立体仓库中从通道两侧的货架上取放货物。

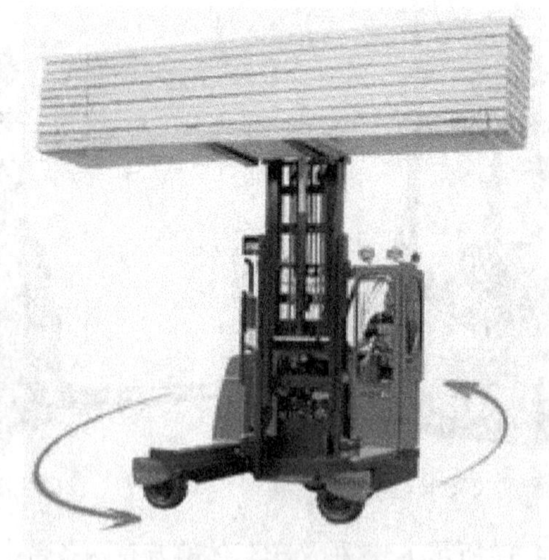

图 4-39　多面式叉车

为了更好地对叉车类型、结构以及用途作进一步详尽了解，如表 4-5 所示。

表 4-5 叉车的结构、特点及用途

类型		动力	起重量（t）	结构、特点及用途
正面叉车	平衡重式叉车	内燃机或电动	0.5～60	在车架后部有一块平衡重铁，它与货叉上的重量相平衡，防止叉车装货后向前倾翻。平衡重式叉车由于适应性强而成为叉车中应用最广泛的一种，占叉车总数的 80%以上，具有操作简单、机动性强、生产效率高等特点。它的动力主要有内燃机及电动两种。用于车站、港口、仓库、林场以及工矿企业等部门进行不同类型的作业
	前移式叉车	电动	<2	起重货架可以伸缩，在做堆垛作业时，可以只伸架而不伸腿，因此适合于在狭小的场地装卸
	插腿式叉车	手动	0.25～0.5	两条腿伸出在前面，使被举升的货物重心位于两条支腿所包括的底面积内，以此取得平衡。它具有结构简单、外形尺寸小等特点，适合于在狭窄的通道、仓库作运输和堆垛工作
侧面叉车		汽油机或柴油机	3	门架位于车体侧面，视野好，货叉靠液压驱动将货物从料堆上卸下，或从地上叉起后，将长料很稳当地搁在叉车的前后两平台上，适合长料的装卸
多面式叉车		内燃机或电动	3	它的货叉可朝向前方，也可朝向左方或右方。不仅叉架可以旋转，支承叉架的回转头还能向左或向右作横向位移，便于叉车从侧面取货或卸货。特点是门架或叉架可以绕垂直轴线旋转，因此货叉可以朝向两个方向或三个方向。这种叉车能在通道狭窄的立体仓库中从通道两侧的货架上取放货物

2. 牵引车和挂车

牵引车和挂车是配合使用的两种车辆。牵引车没有取物装置和载货平台，不能装货和取货，也不能单独搬运货物。但它具有牵引装置，专门用来牵引载货的挂车作水平搬运。牵引车以内燃机为动力，为适应顶推与牵引挂车的需要，普通牵引车头部装有坚固的护板，尾部装有挂钩装置，如图 4-40 所示。

挂车又称平板车，是无动力车辆，有载货平台，由牵引车拖着行走。牵引车常拖带数辆挂车，对成批货物进行较远距离的水平转运。当挂车被拖到指定地点装卸货物时，牵引车脱开这列挂车，再去和别的挂车结合，如图 4-41 所示。

图 4-40 牵引车

图 4-41 挂车

3. 手动搬运车

手动搬运车即需手动起搬运货物作用的物流搬运设备，如图 4-42 所示。手动搬运车，小体积液压装置，操作简单，使用方便。手柄设计符合人体工程学原理，具有三大功能：提升、搬运、放下。

在使用时将其承载的货叉插入托盘孔内，由能力驱动液压系统来实现托盘货物的起升和下降，并由人力拉动完成搬运作业。它是托盘运输工具中最简便、最有效、最常见的装卸、搬运工具，广泛应用于物流、仓库、工厂、医院、学校、商场、机场、体育场馆、车站等。

4. 手推车

不同用途的手推车有不同的车体结构，通用四轮手推车多半有一个载货平台。专用手推车则结构繁多。有的车体制成箱形，适于搬运重量轻而便于装卸的物品；有的车体伸出托架，便于安放杆、轴和管子等零件；有的车体形状完全与货物吻合，如气瓶车；有的十分小巧，可以折叠，便于携带；有的为便于装卸桶装液体、纸卷等筒状货物，车体上有两条扁钢形成低矮斜面，以利于筒状物滚上滚下，如筒状货物装卸车。现代手推车都装有滚动轴承，车轮用实心轮胎或充气轮胎，如图 4-43 所示。

图 4-42　手动搬运车

图 4-43　手推车

5. 手动液压升降平台车

手动液压升降平台车可使操作者轻松快捷地装载或卸载搬运箱内的零件，无须操作者起身、弯腰，或伸手够。平台下降控制为旋扭或扳手控制，踏动踏脚杆操纵油泵，使工作台面平稳上升。操纵控制旋钮或向上提升扳手，使工作台面平稳下降。车架底部配有万向轮，可向任意方向旋转，操作灵活简便，方便轻巧地拿取货物，如图 4-44 所示。

图 4-44　手动液压升降平台车

四、专用机械

专用机械种类较多，由于篇幅所限，这里不一一介绍，只重点介绍常用的专用机械——堆垛机。

堆垛机是用货叉搬运和堆垛或从高层货架上存取单元货物的专用起重机。运用这种设备的仓库最高可达 40m 左右，大多数在 10～25m 之间。堆垛机的主要用途是在立体仓库的巷道间来回穿梭运行，将位于巷道口的货物存入货格，或将货格中的货物取出运送到巷道口。这种设备只能在仓库内运行，还需配备其他设备使货物出入库，主要分为桥式堆垛机和巷道堆垛机两种。

1. 巷道堆垛机

巷道堆垛机专用于高架仓库，采用这种起重机的仓库高度可达 45m 左右。起重机在货架之间的巷道内运行，主要用于搬运装在托盘上或货箱内的单元货物，也可开到相应的货格前，由机上人员按出库要求拣选货物出库。巷道堆垛机由起升机构、运行机构、货台司机室和机架等组成。起重量一般在 2t 以下，最大达 l0t。起升速度为 15～25m/min，有的可达到 50m/min。起重机运行速度为 60～100m/min，最大达 180m/min。货叉伸缩速度为 5～15m/min，最大已达到 30m/min。巷道堆垛机有有轨巷道堆垛机和无轨巷道堆垛机两种。

（1）有轨巷道堆垛机

有轨巷道堆垛机是高层货架内存取货物的主要起重运输设备，沿着轨道（单轨）可在水平面内移动，载货台（上有取货货叉）可沿堆垛机立柱垂直移动，取货货叉可向巷道两侧的货格伸缩和微升降。有轨巷道堆垛机现已广泛应用于国内外企业的自动化立体仓库和自动化配送中心，如图 4-45 所示。

图 4-45　有轨巷道堆垛机

（2）无轨巷道堆垛机

无轨巷道堆垛机，又称高架叉车、三向堆垛叉车，即叉车向运行方向两侧进行堆垛作业时，车体无须作直角转向，而使前部的门架或货叉作直角转向及侧移，这样作业通道就可大大减少，提高了面积利用率。此外，它的起升高度一般在 6m 左右，最高可达 13m，提高了空间利用率，如图 4-46 所示。

2. 桥式堆垛机

桥式堆垛机（如图 4-47 所示）像起重机一样，有能运行的桥架结构（又称大车）和设置在桥架上能运行的回转小车，桥架在仓库上方的轨道上纵向运行，回转小车在桥架上横向运行。桥式堆垛机还像叉车一样，有固定式或可伸缩式的立柱，立柱上装有货叉或其他取物装置，可垂直方向移动。这样，桥式堆垛机可以完成三维空间内的取物工作，同时可以服务于多条巷道。

桥式堆垛机安装在仓库的上方，在仓库两侧面的墙壁上装有固定的轨道，要求货架和仓库顶棚之间有一定的空间，以保证桥架的正常运行。另外，桥式堆垛机的堆垛和取货是通过取物装置在立柱上运行来实现的，受立柱高度的限制，桥式堆垛机的作业高度不能太高。所以，桥式堆垛机主要适用于 12m 以下中等跨度的仓库，且巷道的宽度要较大，适于笨重和长大件物料的搬运和堆垛。

堆垛机的特点和使用范围如表 4-6 所示。

图 4-46　无轨巷道堆垛机

图 4-47　桥式堆垛机

表 4-6　　堆垛机的特点和使用范围

		特点	使用范围
堆垛机	巷道堆垛机	在货架之间的巷道内运行，堆垛高度很高	主要用于高架仓库，仓库高度可达 45m 左右
	桥式堆垛机	桥式堆垛机的作业高度不能太高。所以桥式堆垛机主要适用于 12m 以下中等跨度的仓库，且巷道的宽度要较大，用于笨重和长大件物料的搬运和堆垛	应用于宽道仓库

任务训练

训练背景

物流公司承运了一家公司 40t 大米，从装满大米的船舱进入码头起，负责把货物运输到各个营业网店；又承运了一批钢材，负责把钢材从仓库运输到目的地。

训练要求

课堂上对下面问题进行思考或者讨论：

大米和钢材的整个过程需要哪些装卸设施设备？分别应用于哪个阶段？

任务三　组织运用装卸设施设备

学习目标

知识目标：

①了解装卸搬运的准则。

② 掌握装卸搬运设备选择的因素。

技能目标：

能够根据具体情况选择装卸搬运设备的能力。

重点、难点：

① 理解装卸搬运的准则。

② 理解搬运活性指数的概念。

③ 能根据具体情况选择设备。

知识储备

装卸搬运的准则包括 6 点：装卸程序化、运营科学化、集装散装化、努力促“活化”、通用标准化、安全效率化。装卸搬运设备的选择要满足作业现场要求、控制作业费用和装卸设施设备的配套。

一、认知装卸搬运的准则

由于装卸搬运在整个物流活动中起着十分重要的作用和装卸搬运作业的若干特性，现代装卸作业必须满足以下几个准则与基本要求。即减少环节，装卸程序化；文明装卸，运营科学化；集中作业，集装散装化；省力节能，努力促“活化”；兼顾协调，通用标准化；巧装满载，安全效率化。

1．装卸程序化

装卸搬运活动的本身并不增加货物的价值和使用价值，相反却增加了货物损坏的可能性和成本。因此，装卸作业的准则首先应从装卸搬运的功能出发，适应各项装卸搬运作业环节，千方百计地取消合并装卸搬运作业的环节和次数，消灭重复无效、可有可无的装卸搬运作业。

必须进行的装卸搬运作业，应尽量做到不停顿、不间断，像流水一样的进行。工序之间要紧密衔接，作业路径应当最短和直线，消灭迂回和交叉，要按流水形式组织装卸作业，以减少装卸次数，简化装卸程序等。

（1）减少环节

装卸搬运作业中，有些环节随着现代物流技术的发展，是可以减少的。例如，车辆不经换装直接过境，大型的发货点铺设专用线，门到门集装箱联运等，都可以大幅度减少装卸环节和次数。

① 公铁联运。公铁联运是著名的和使用最广泛的多点式联运系统，是将卡车拖车或集装箱装在铁路平板车上的公铁联运。集装箱是被多点式联运利用来储存产品的“箱子”，并在汽车货运、铁路和水路货运之间进行转移。集装箱通常有 8 英尺（1 英尺=0.3048 米）宽、8 英尺高，以及 20～40 英尺长，但没有在公路上运行的轮子。从另一方面来看，卡车拖车具有类似的宽度和高度，但其长度可达 53 英尺，并且有在公路上跑用的轮子。卡车拖车或集装箱被放在铁路平板上作部分城市间长途运输，余下的距离则由卡车拖运完成。自铁路联运开发以来，平板车上加载拖车或集装箱的各种组合有了重大的发展（例如双层列车等）。

公铁联运车是便利铁路货运与公路货运之间转换的另一种技术，它是一种卡车拖车底盘，既能适合于橡胶轮，也能适合于钢轨卡车。具有橡胶轮子的车辆是公路拖车，而钢轨卡车则是短型铁路车。公铁联运车的长途运输成本比全程公路的汽车运输成本低 50%。公铁联运车有助于互换运输方式，而且适用于材料搬运设备及装卸作业。

② 集装箱船舶。卡车渡运、火车渡船和集装箱船等是最老式的多式联运例子。它们使用

水路进行长途运输，也是最便宜的运输方式之一。卡车渡运、火车渡船和集装箱船等运输概念是要把卡车拖车、铁路车或集装箱装在驳船上作长途运输。大西洋与海湾港口之间的沿海水路运输中，从五大湖至沿海各港，以及沿内陆可通航水道都提供这种服务。

这类多式联运的另一种可选形式是“陆桥”概念，它是通过海运与铁路相结合来运输集装箱，常用于从环太平洋到欧洲的货物运输。与全部水路运输所发生的时间和费用不同，集装箱从环太平洋地区装运到北美西海岸，装上铁路车运往东海岸，然后重新装上船运往欧洲。陆桥概念是在远洋运输与铁路运输相结合的基础上利用单一费率的好处，它比个别费率计算的总成本要低。

国际多式联运的其他两种选择是小陆桥和微桥。小陆桥是陆桥的另一种形式，小陆桥货运的起始地和目的地都在美国国内的某个地点上。微桥是指沿美国西海岸可利用的门到门运输服务，而不是传统的港至港运输服务。门到门服务由承运人负责装运、运输并递送交付；而港至港服务，则由托运人或收货人负责将货物运到起始港，以及从目的港运到最终目的地。

大陆桥运输是指利用横贯大陆的铁路（公路）运输系统，作为中间桥梁，把大陆两端的海洋连接起来的形成海陆联运的连贯运输方式。简单地说，就是两边是海运，中间是陆运，大陆把海洋连接起来，形成海—陆联运，而大陆起到了“桥”的作用，所以称之为“陆桥”。

③ 协调的航空货运和卡车运输。多式联运的另一种形式是航空货运与卡车运输相结合。本地货运是每一票航空运输至关重要的组成部分，因为航空货运最终要从飞机场运往最后交付的目的地。航空—卡车运输通常所提供的服务和灵活性可与公路直达运输相比拟。

航空—卡车运输是溢价包裹递送服务常用的一种组合，诸如UPS公司和联邦速递所提供的服务那样，但它也能够处于几个原因被用于更标准的货物运输中去。第一，要将货物运输到美国一些较小的城市中去时缺乏航空运输。这些城市常用窄体飞机和装备不良的穿梭飞机提供服务，处理标准的货物运输。于是汽车货运就从大城市的飞机场进入了小城镇，以有竞争力的成本提供所需要的服务。第二，包裹承运人虽然很适合服务于小城镇，但不一定有能力处理重大件货物运输，所以他们致力于信件和小型包裹类物品，因为这部分的运输更有利可图。第三，包裹承运人的内部搬运系统采用传送带作业，难以处理重大件货运。结果，许多航空承运人将其汽车货运的范围扩大到向更广泛的地区提供服务。

（2）装卸程序化

装卸搬运作业尽量简化，作业过程不要移船、调车，以免干扰装卸作业的正常进行。例如铁路车辆的装卸，可组织1～2条流水线；船舶的装卸，根据吨位的大小，开至几条流水线作业。

铁路集装箱办理站配置的装卸线的股数及长度要根据集装箱运量的大小确定，同时，与集装箱场地条件和联运车数有关。通常，在运量较小时可铺设一条装卸线，其目的是有效利用货位和场地，减少装卸线路的基建投资，便于作业和管理。对有到、发集装箱专列的货场，可设2条装卸线，以缩短车辆停留和作业时间，加速车辆、集装箱、货位周转和减少取送车次数。中转作业量大的中转站可设2条装卸线，以便从一条线路的车辆上将集装箱吊起直接换装到停放在另一线路的车辆上。

对于装卸线的长度，小型办理站一段应不少于10辆货车的长度，每辆车按14m计算，则至少不应少于140m。一般的集装箱办理站不应少于280m，但接发集装箱专列办理站应按接纳50辆专用车组成的专列长度的一半，即350m确定。

装卸线在集装箱龙门起重机的布置方案基本有3种：即跨度内靠走行轨道旁（简称跨内一侧）、跨度中间（简称跨中）、跨度外两端悬臂下（简称悬臂下）。各站可根据不同地形条形、作业性质和箱区及通道等形式来选取。

2. 运营科学化

杜绝“野蛮装卸”是文明装卸的重要标志。在装卸搬运作业中，要采取措施保证货物完好无损，保障作业人员人身安全，坚持文明装卸。同时，不因装卸搬运作业而损坏装卸搬运设备和设施、运输与储存设备和设施等。装卸搬运设备和设施的负荷率和繁忙程度要合理，应控制在设计的范围之内，严禁超载运转；能源消耗和成本要达到合理甚至先进水平；设备与设施采用科学的综合管理和预修保养制度；按照经济合理的原则，确定设备和设施的寿命周期，及时更新改造。同时，要改变装卸搬运只是一种简单的体力劳动的过时观念，积极推行全面质量管理等现代化管理方法，使装卸搬运作业的运营组织工作从经验上升到科学管理。

（1）文明装卸

由于装卸搬运作业而造成各种环境污染，应采取措施使其污染限制在有关标准的范围内。各种装卸搬运作业一定要按工艺要求，缓起轻放，不碰不撞。堆码定型化，重不压轻，物资标志面放置在外，通道和作业场地的各种号码标志要明显，设备安全装置和安全标示要齐全有效；装卸搬运员工按劳动保护要求，配备整洁美观的工作服装，体力劳动、脑力劳动强度和负荷都应控制在生理合理的范围内。

现代装卸作业由于自动化程度的提高，这就要求装卸作业人员在掌握机械操作的同时，还要具备各方面的素养、责任感、心理素质、操作技能。这些都是保证文明装卸的必备条件。

更多的装卸操作人员出于一种无有意地违反操作程序而造成装卸过程物品的损坏，在生产车作业中就经常出现这种问题。尽管曾无数次提醒操作人员绝不要超载，但在没有适当的监督下，仍然会有人把超载作为一种作业捷径。例如，叉车司机企图在食品仓库的收货站台上一次就堆放四层托盘，结果导致托盘从叉车上倒下来，而标准的作业程序是每次装载只能移动两个托盘。一般来说，这类物品损坏的价值往往超过了两个超市的日平均利润。此外，在仓库内由于搬运装卸疏忽所产生的产品变质和变坏，是一种得不到保险补偿的损失，也构成了原有收入补偿的100%的成本。

（2）运营科学化

现代装卸作业组织运营从经验的积累上升到全面质量现代化科学管理，这是现代物流不断发展的结果。

要实现装卸搬运作业运营科学化，不光在于人们的组织观念的转变，还需对搬运设备作合理科学的安排。

在出入库作业中，货物的出入库是在被牵引的选货台和保管架上进行，要让牵引车前进时，操作者要回到最前部的牵引车上驾驶，因此效率极低，于是可考虑采用美国市场配送采用的对选货台车的牵引指令遥控的办法。这种无人牵引车现在已经可以进行两点间的搬送和按复杂的程序控制路线引走。另外，现在正逐步开发新的感应方法。

把无人驾驶牵引车经过改造，让电动台车自已装上搬运物进行搬运。为了自动装卸，可采取种种方法，如在搬运车上安装让它自己自动装上或卸下货物的设备和在站台一侧安设自动装上和卸下货物的设备。

叉车是搬运装卸中最常用的设备，各类叉车可以适应不同货物和不同方式的搬运操作。要做到科学合理安排，就必须对各类叉车的性能和作用有深透的了解。这些年来，由于物流仓库随着物流环境的改变，它的功能和储存货物的要求也有所延伸和较大的提高。现代物流仓库总希望提高堆垛的密度和总库存量，因此，出现了越来越多的能在窄通道内操作的叉车。对于长距离运输来说，叉车是不经济的，因为每搬运一单元货物的人工费比率太高。因此，最有效的使用是将叉车用于收货入库和出运货物。

3. 集装散装化

集中作业是指在流通过程中，按照经济合理的原则，适当集中货物，使其作业量达到一定的规模，为实现装卸搬运作业机械化、自动化创造条件。只要条件允许，流通过程中的装载点和卸载点应当尽量集中。在货物内部，同一类货物的作业尽可能集中，建立相应的专业协作区、专业码头区或专业装卸线。一条作业线能满足车船装卸作业停时指标，就不采取低效的多条作业线方案；在铁路运输中，关闭业务量很小的中间小站的货运装卸作业，建立厂矿、仓库共用专用线等，都是采用集中作业的措施。

成件物资集装化作业，粮食、盐、糖、水泥、化肥、化工原料等粉粒状货物散装化作业，是装卸搬运作业的两个发展方向。实际上，集装化或散装化都是一种集中作业形式，以便把小件集中为大件，提高装卸作业效率。所以，各种成件货物应尽可能集装成集装箱、托盘、货捆、网袋等货物单元，然后装卸搬运；各种粉粒状货物应尽可能散装入专用车、船、库，以提高装卸搬运效果。

（1）集中作业

对物流企业而言，有效地运用港湾、中转集散地成为一种重要的运输经营战略。要有效运用港湾、中转集散地的另一个问题是如何有效地组织运输网络。传统的运输网络指的是车站码头间的直线路线，即通过将分散在各地的站点连接起来形成网络，而现在多数企业采用的网络则是指“集散轮式系统”，即从地方到地方的货物输送通过中央货物集配分拣中心来进行，这样原来站点间复杂的路线网络被以集散地为中心的放射性网络所取代，这样不仅避免了货物运输过程总路线的迂回现象，而且由于能借集散中心的管理加强主要干线运输工具的力量，提高利用效率。

（2）集装散装化

集装有效地将分散的物流各项活动连接成一个整体，是物流系统化中的核心内容和主要方式。现代装卸作业中，由于货物被集装进行作业，配以先进的装卸工具和设备，因此，效率很高。

在集装系统中，首要的问题是将货物形成集装状态，选择适合于货物的集装工具，如集装箱、托盘、网袋、集装袋、滑板、散装罐等，形成一定大小和重量的组合体，这是集零为整的方式。

在少数场合，把用袋子之类容纳不了的块状零散物进行集装时，必须在充分地研究各种形状、特性的基础上设计出恰当的方法。对精密机械部件，可用相互不接触的呈排状的辅助器具，并与托盘同时回收。机械部件的原材料一般为锻造品，以及压力机械部件之类的金属制品，要谋求不造成损伤、防水或往下滴油，要达到这种程度，最好用波纹钢箱和箱式货架堆装。马铃薯和洋葱之类的农产品，在菜场被集中堆放，到农民仓库或挑选作业场的搬运过程中，大量使用箱式托盘。

散装化作业，最典型的例子是装运细沙的航船。以船体为货物容器，通过吊车直接从河里把沙掏出来放入船舱。这样，一来节约空间面积，再则通过机械的操作，达到省力高效。

4. 努力促活化

节约劳动力，降低能源消耗，是装卸搬运作业最基本要求。因此，作业场地尽量坚实平坦，这对节省劳力和减少能耗都起到作用。在满足作业要求的前提下，货物与货物单无毛重之比尽量接近 1，以减少无效劳动；尽量采取水平装卸搬运，利用滚动装卸搬运，达到省力化。

提高货物装卸搬运的灵活性，也是对装卸搬运作业的基本要求。

（1）省力节能

现代装卸作业强调使装卸作业成本费用控制到最低。因此，省力节能是最关键因素。如出于事前对装卸搬运的预测不准，人员派多了，或设备机械安排得不对，这样就造成人力和设备的浪费，从另一方面讲，就是增加了装卸作业的成本。

（2）促进“活化”

在设计装卸搬运方案时，主要是根据物料的分类、布置和移动路线，选择合适的搬运设备、设备之间的组合方式及使用方法。搬运活性理论能改善装卸搬运作业，使方案设计、设备选择有定量的依据，还形成了一种检查比较方案的有效方法。

在装卸搬运作业中，装货、移动、卸货这三种作业在多数情况下是以一个整体出现的，由此看来，装和卸次数之和与移动次数是 2∶1 的关系。往往装卸的劳动强度大，通常花费的时间也多，因此在改善装卸搬运系统的过程中，应更重视次数多、劳动强度大、耗时多的装卸环节。重视装卸只是现代装卸搬运管理的基本论点。如使用叉车、机器人就能减轻装卸的劳动强度。所谓“良好的搬运状态”，首先是装卸花费时间少的状态，“良好的搬运”就是装卸次数少的搬运。

物料或货物平时存放的状态是各式各样的，可以散放在地上，也可以装箱放在地上，或放在托盘上，等等。存放的状态不同，物料的搬运难易程度也不一样。人们把物料和货物的存放状态有利于装卸搬运作业的方便（难易）程度称为搬运活性。从经济上看，应选择搬运活性高的搬运方法。

搬运活性指数是用来表示各种状态下的物品的搬运活性的。在整个装卸搬运过程中，往往需要进行几次物品的搬运，下一步比前一步的活性指数高，因而下一步比前一步更便于作业时，称为活化；装卸搬运的工序、工步应设计得使物料或货物的活性指数逐步提高（至少不降低），叫做步步活化。

搬运活性指数的组成关系是：

散放（集中）→装箱（搬起）→支垫（升起）→装车（运走）→移动

从上面的关系中可以看出，散放在地上的物品要运走，需要经过集中、搬起、升起、运走 4 次作业。散放作业次数最多、最不方便，也就是说它的活性水平最低；集装在箱中的物品，只要进行后面三次作业就可以运走；物料搬运作业较为方便、活性水平高一等级；运动着的物品，不需要再进行其他作业就可以运走，活性水平最高。

运用活性指数的概念来表示搬运活性水平的高低。如散放在地的物品，要经过：

集中（装箱）→搬起（支垫）→升起（装车）→运走（移动）4 次作业才能运走，其活性指数最低，定为 0。然后，对此状态，每增加一次必要的操作后，就会使物料装卸方便一些，其搬运活性指数就加 1，而处于运行状态的物品，因为不需要再进行其他作业就能运走，其活性指数最高，定为 4。表 4-7 是物品处于不同状态的活性指数关系表。

从表 4-7 可看出：要运走物品，最多需要进行四项作业，假如其中有若干项作业不需要进行，就可省去这些项的作业。此时物品的存放状态就有利于搬运，其活性指数就高。由此得出搬运活性指数的定义是：搬运某种状态下的物品所需要进行的四项作业中“已经不需要进行的作业数目”。

表 4-7 活性的区分和活性指数

物品状态	作业说明	作业种类				还需要作业的数目	已不需要作业的数目	搬运活性指数
		集中	搬起	升起	运走			
散放在地方	集中、搬起、升起、运走	要	要	要	要	4	0	0
集装箱中	搬起、升起、运走(已集中)	否	要	要	要	3	1	1
托盘上	升起、运走（已搬运）	否	否	要	要	2	2	2
车中	运走（不用升起）	否	否	否	要	1	3	3
运动着的输送机上	不需其他作业（保持运动）	否	否	否	否	0	4	4
运动着的物体	不需其他作业（保持运动）	否	否	否	否	0	4	4

5. 通用标准化

装卸搬运作业既涉及物流过程的其他各环节，又涉及它本身的工艺过程各工序、各工步以及装卸搬运系统各要素。因此，装卸搬运作业与其他物流活动之间，装卸搬运作业本身各工序、各工步之间，以及装卸、搬运之间和系统内部各要素之间都必须相互兼顾、协调统一，这样才能发挥装卸搬运系统整体功能。

标准化最简洁的解释是对重复事物和概念通过判定、发布标准，达到统一，以获得最佳的秩序和社会效益。标准化往往与系列化、通用化相联系。装卸搬运标准化是对装卸搬运的工艺、作业、装备、设施、货物单元等所制定发布的统一标准。装卸搬运标准化对促进装卸搬运合理化起着重要作用，它又是实现装卸搬运作业现代化的前提。

（1）兼顾协调

搬运的第一步要求是卸车。由于物资的特征不同，因而多数卸车是靠人力完成的。如为了提高效率，可在货板上将物资堆垛组成一个单位荷载，在某些情况下，也可以利用输送机快速地卸车。但更多情况下，则是物资从开进仓库里的卡车上直接卸下的。集装化或成组化可以大大减少卸货时间。

库存搬运包括货物在仓库设施内的所有移动。一般说来，物资在仓库中至少要有 2 次（有时是 3 次）搬运。第一次移动是将物资搬运进库并放置在指定的储存位置上。如果物资是用货板或托盘托运的，那么这次移动可由叉车来完成。第二次移动是在仓库内部进行的，这次移动是为了物资分选。当需要分选时，物资就被搬运至拣选区。

与收货入库一样，多数系统的出运也是由人力完成的。由于组成单位载荷装车可以节省时间，因此使用单位载荷装车日益普遍。

（2）通用标准化

标准化有利于节省装卸作业的时间，提高作业效率。货物的集装化中，托盘标准的使用，集装箱标准的使用，都是为了使装卸搬运省力。

根据仓储各种物资的物理化学性质、形态、包装类型和各类机械设备的使用性能、操作要求，制定出各种作业的技术安全操作规程和标准，并在实际作业中严格执行。

6. 安全效率化

装载作业一般是运输和存储的前奏。运载工具满载和库容的充分利用是提高运输和存储效益和效率的主要因素之一。在运量大于运能、储量大于库容的情况下尤为重要。装卸搬运时，要根据货物的轻重、大小、形状、物理化学性质，以及货物的去向、存储期限、车船库的形式等，采用恰当的装卸方式，巧妙配装，使运载工具满载，库容得到充分利用，以提高运输、存储效益和效率。

装卸作业完成之后，或运输或储存。为了保证运输储存安全，在装载时要采取一定的方法保持货物稳固，以克服运输或储存过程中所产生的各种外力的破坏作用。诸如纵向、横向、垂直惯性力以及风力、重力、摩擦力等的影响。

（1）巧装满载

要实现巧装满载，必须对装卸工艺做到十分熟练。由于货物的形状、规格以及集装工具的标准化不一，在装卸作业中，免不了要浪费部分空间。现代装卸作业要求要从根本上防止此类浪费的出现，实现货物的巧装满载，达到货物满载的最高利用率。

在配装货物种类较多、车辆类型也较多的情况下，采用人工计算有困难时，可采用计算机实现优化配装的目的。如果不具备适用计算机的条件时，可以从多种配送货物中选出容量最大、最小的两种，利用人工配装，其他货物再选容量最大及最小配装。依此类推，得出配装结果。

（2）安全效率化

运输工具、集装工具、仓库地面、货架等既要求满载，以提高利用率和效率，又要使所承载能力在一定的限制下，并采取一定的方法，使装货载荷均匀地分布在承受的载面上，这样可以保证运输、装卸搬运设备和仓储设施的安全，并能达到提高使用寿命的目的。

二、组织运用装卸设施设备

在物流过程中，物料装卸搬运活动是不断出现和反复进行的，频率高于其他各项物流活动，花费时间也较长，往往成为决定物流速度的关键，装卸搬运费用在物流成本中所占的比重也较高。要提高物流效率和降低物流费用，装卸搬运设备的组织运用是重点环节。

1. 装卸搬运设备配置的原则

物料装卸搬运设备种类、型号众多，选择适合的装卸搬运设备取决于现场作业条件，所搬运物料的形状、尺寸、物理性质和化学性质等多个因素。装卸搬运设备配置的总体原则是在设备的适应性和先进性之间寻找适当的平衡点，使其既能满足生产需求，又不因配置过高导致投资过大与作业能力的浪费。为保证装卸搬运设备系统的高效与经济，在进行设备配置时应考虑如下原则。

（1）适应性与先进性结合的原则

装卸搬运设备的配置必须以能适应作业的需求为基本原则。作业量大、作业频繁时，企业需充分掌握作业发生的规律，考虑配备作业能力较高的大型专用机械设备；作业量小、作业不频繁时，根据作业量的平均水平配备结构简单、造价低廉且能保持相当作业能力的中小型通用机械设备即可。此外，在配置设备时企业还要充分考虑仓库或配送中心未来的发展和技术的进步，使设备能在其经济寿命周期内保持适当的技术先进性和作业能力。

（2）经济性原则

经济性是衡量装卸搬运设备系统的重要指标。装卸搬运是不直接产生经济效益的物流作业环节，装卸搬运设备的购置成本和使用及维修保养成本直接反映了该环节的经济效益。设备配置的目标是在满足作业需求和合理的技术先进的前提下，实现购置、安装、运行、维护、改造、更新，直至报废的全过程内的总成本最小，即设备全寿命周期成本最小。

（3）系统化原则

装卸搬运设备的配套是保证前后作业相互衔接、相互协调，保证装卸搬运工作连续稳定进行的重要条件。在进行设备配置时，企业要对整个装卸搬运系统进行流程分析，充分考虑各个作业工序之间的衔接，以使配置的设备相互适应，减少作业等待时间，提高作业效率。此外，还要考虑环保性原则，所选择的装卸搬运设备要达到环保要求。

2. 装卸搬运设备的选择

（1）要满足作业现场要求

装卸搬运设备要符合现场作业的性质和物质特点、特性要求。设备性能必须能满足生产或物流系统的要求，以保证物料搬运设备的使用率，不让设备闲置。例如，在有铁路专用线的车站、仓库等可选择门式起重机；在库房内可选择桥式起重机；在使用托盘和集装箱作业的生产条件下，可尽量选择叉车或者集装箱专用起重机。设备选型的失误，往往会造成实际操作中效率低下或者容易发生事故。

设备的作业能力（吨位）与现场作业量之间要形成最佳配合状态。装卸搬运机械吨位的具体确定应通过对现场要求进行周密计算、分析后作出。在完成同样作业效能的前提下，应选择性能好、节能、便于维修、利于配套、成本较低的装卸搬运设备。

其他影响因素。影响物流现场装卸作业量的最基本因素是吞吐量，此外还要考虑堆码、装卸作业量，装卸作业的高峰量等因素的影响。

（2）控制作业费用

装卸搬运设备作业发生的费用主要有设备投资额、运营费用和装卸作业成本等项。

① 设备投资额。设备投资额是平均每年机械设备投资总和（包括购置费用、安装费用和直接相关的附属设备费用）与相应的每台设备在一年内完成装卸作业量的比值。

② 运营费用。装卸搬运设备的运营费用是指某种设备一年运营总支出（包括维修费用、劳动工资、动力消耗、照明等项）和其完成作业量的比值。

③ 作业成本。作业成本是指在某一物流作业现场设备每完成一吨货物所支出的费用，即每年平均设备投资支出和运营支出的总和与每年设备作业现场完成的作业吨数之比。

（3）装卸搬运设备配套

装卸搬运设备的配套是指根据作业现场性质、运送形式、速度、装卸搬运距离等要求合理选择不同类型的相关设备。按装卸搬运作业量和被装卸搬运货物的种类进行设备配套。在确定各种设备生产能力的基础上，按每年完成一定量货物需要的设备台数和每台设备所担任装卸搬运货物的种类及每年完成装卸搬运货物的吨数进行配套。建成的装卸搬运系统应能提供尽可能大的连续的货物流。

此外，还可以采用线性规划方法来设计装卸搬运作业设备的配套方案，即根据装卸搬运作业现场的要求，列出数个线性不等式，并确定目标函数，然后求出最优的各种设备台数。在进行物料装卸搬运设备系统规划设计时要通盘考虑，避免使用不便和资源浪费。

任务训练

训练背景

某物流公司为适应发展需要，拟重建一个装卸机械化生产处理中心，光设备的购置就需 3 亿元。但在进行投资可行性分析时，出现了两种不同的说法：一种是不必要花这么多钱，用一半的钱请工人就足可以超过机械的速度；另一种是必须投资，设备有人工无法代替的优越性。

最后，审批成功。最终，该物流公司由于使用了先进的自动化生产作业，其生产规模、市场竞争力有了极大的提高。

训练要求

课堂上对下面问题进行思考或者讨论：

该物流公司选择装卸机械自动化生产模式的好处是什么？

项目小结

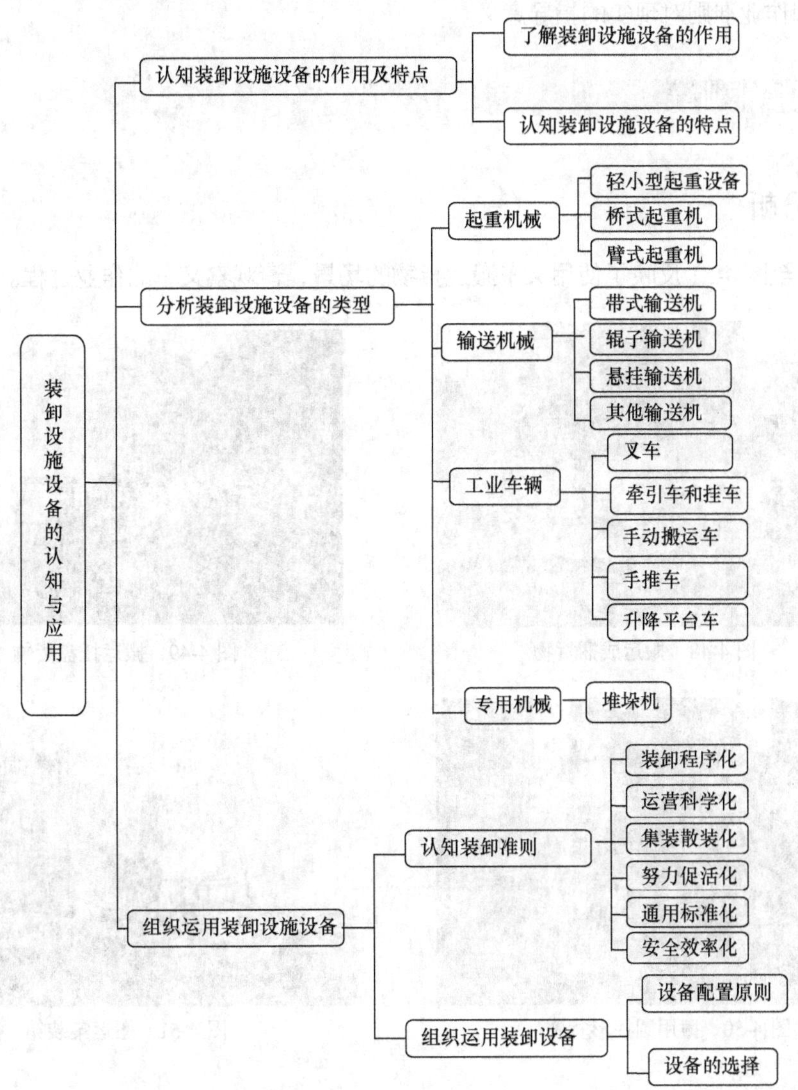

知识练习

一、填空题

① 叉车有（　　　　）、（　　　　）、（　　　　）3 种。

② 灵活的臂式起重机是(　　　)、应用于工地的是(　　　)、应用于港口的是(　　　)。

③ 输送机一般有(　　　)、(　　　)、(　　　)、(　　　)、(　　　)。

④ 装卸搬运的准则包括 6 点：装卸程序化、(　　　)、(　　　)、(　　　)、通用标准化、安全效率化。

⑤ 起重机的标记由(　　　)、(　　　)、(　　　)、(　　　)、国家标准组成。

二、简答题

① 请简述装卸搬运设备的特点。

② 输送机械工作的特点。

③ 装卸作业准则对现实的指导意义。

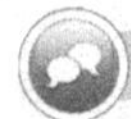

职业技能训练

一、案例分析

图 4-48 至图 4-51 反映了使用叉车搬运货物的场景，请观察叉车的作业过程。

图 4-48　搬运成捆货物

图 4-49　搬运托盘货物

图 4-50　搬用圆柱形货物

图 4-51　搬运集装箱

问题：

① 上述几种情形下是如何使用叉车对不同货物进行装卸的？

② 用叉车搬用托盘货物时对托盘货物的包装有什么要求？

③ 对搬运圆柱形货物有什么要求？

④ 在上述搬运过程中应注意什么问题？

二、技能训练

【训练目的】

① 掌握手动搬运车的操作。

② 掌握手摇叉车、半自动叉车的操作。

【训练内容】

① 手动托盘车。

② 手摇叉车。

③ 半自动叉车。

【训练方法】

① 了解设备结构，检查设备完好性。

② 设备安全使用的要求。

③ 按操作规程操作。

④ 女生要求熟练掌握手动搬运车和手摇叉车使用；男生要求熟练掌握手动搬运车和半自动叉车的使用。

⑤ 操作地点：重型货架区域。

⑥ 操作结束，将货物、设备归位。

项目五

托盘设施设备的认知与应用

职场情境导入

王经理对李明说："我们公司接到一份订单，要把 500 箱罐头运送到客户所在地。客户要求快速且不能损坏货物，这个订单交给你完成。"李明说："没问题，经理，保证按时完成工作。但是您需要和设备管理部门打好招呼，我需要一些托盘和薄膜捆包机。"王经理问："你需要什么样的托盘？多少个？"李明说："一般的木制托盘就可以，托盘的规格和数量要看罐头箱的尺寸，回头我计算一下。薄膜捆包机作用可以防止箱体塌垛且防水。"王经理说："好的，我这就通知设备部门给你配备。"

任务一　认知托盘

学习目标

知识目标：

① 掌握托盘的记号。

② 掌握托盘的类型及特点。

技能目标：

能根据货物的不同合理选择托盘。

重点、难点：

① 托盘的类型。

② 根据货物的不同合理选择托盘。

知识储备

托盘主要有平托盘、柱式托盘、箱式托盘、轮式托盘和特种托盘 5 种类型，其中平托盘有木制平托盘、塑料平托盘、钢制平托盘、纸制平托盘和复合材料平托盘。

一、托盘的概念

为实现装卸作业的省力化和效率化，企业在实际的物流活动中应用多种装卸机械从事装卸作业。这些装卸机械包括传送带、吊车、叉车、卡车吊、电动平板车、自动升降机等自动化搬运装卸设备、吊装分拣设备、光电分拣设备等自动分拣机构。同时，在利用上述装卸设备的前提下，以提高装卸效率和减少装卸损失为目的的"单位装载方式"被广泛应用于物流活动。而托盘化装卸方式就是其中最为重要的一种装载方式。

1. 托盘的概念

托盘是指一种便于装卸、运输、保管、使用的由可以盛载单位数量物品的负荷面和供叉车作业的插入口构成的装卸用垫板。因为它好似盘子可以托起食品一样，所以形象地称之为托盘。

托盘是一种重要的集装器具，是在物流领域中适应装卸机械化而发展起来的一种常用集装器具。托盘的发展总是与叉车同步。叉车与托盘共同使用，形成的有效装卸系统，大大地促进了装卸活动的发展，使装卸机械化水平大幅度提高，也使长期以来在运输过程中的装卸瓶颈得到突破。所以，托盘的出现也有效地促进了全物流过程水平的提高。

托盘最初是在装卸领域出现并发展的，在应用过程中又进一步发展托盘为储存设施和成为一个运输单位的重要功能，使托盘成了物流系统化的重要装备机具，对现代物流的形成、对物流系统的建立起了不小的作用。托盘的出现也促进了集装箱和其他集装方式的形成和发展。现在，托盘已是和集装箱一样重要的集装方式，形成了集装系统的两大支柱。

2. 托盘的特点

托盘和集装箱在许多方面是优缺点互补，因而往往难以利用集装箱的地方可利用托盘，托盘难以完成的工作由集装箱完成。托盘的主要特点有以下几点。

（1）优点

① 自重量小，因而用于装卸、运输托盘本身所消耗的劳动较小，无效运输及装卸比集装箱要小。

② 返空容易，返空时占用运力很少。由于托盘造价不高，又很容易互相代用，互相以对方托盘抵补，所以无需像集装箱那样必须有固定归属者，也无需像集装箱那样返空。即使返运，也比集装箱容易。

③ 装盘容易。不需像集装箱那样深入到箱体内部，装盘后可采用捆扎、紧包等技术处理，使用时简便。

④ 装载量虽然较集装箱小，但也能集中一定数量，比一般包装的组合量大很多。

（2）缺点

托盘的主要缺点是保护性比集装箱差，露天存放困难，需要有仓库等配套设施。

3. 托盘的现实意义

托盘是使静态货物转变为动态货物的媒介物，一种载货平台，而且是活动的平台，或者说是可移动的地面。即使放在地面上失去灵活性的货物，一经装上托盘便立即获得了活动性，成为灵活的流动货物。因为装在托盘上的货物，在任何时候都处于可以转入运动的准备状态中。这种以托盘为基本工具组成的动态装卸方法，就叫作托盘作业。

托盘作业不仅可以显著提高装卸效果，还可以使仓库建筑的形式、船舶的构造、铁路和其他运输方式的装卸设施以及管理组织都发生变化。在货物包装方面，促进了包装规格化和模块化，甚至对装卸以外的一般生产活动方式都会有显著的影响。随着生产设备越来越精密、自动化程度越来越高、生产的计划性越来越强和管理方式的逐步先进，工序间的搬运和向生产线供给材料和半成品的工作就越发显得重要了。而托盘作业是迅速提高搬运效率和使材料流动过程有序化的有效手段，在降低生产成本和提高生产效率方面起着巨大的作用。

二、认知托盘的记号、类型

1. 托盘的记号

表 5-1 表示的是托盘的类型与记号。图 5-1 是托盘类型与记号的示意图。

表 5-1 托盘类型与记号表

种类	记号	种类	记号	种类	记号
单面形	S	一面使用形	D	两面使用形	R
单面形四方插入	S4	一面使用形四方插入	D4	两面使用形四方插入	R4
单面单翼形	SU	一面使用形单翼形	DU	两面使用形复翼形	RU

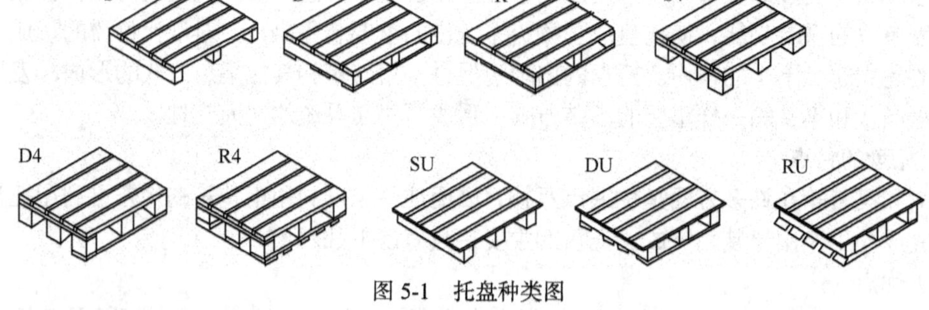

图 5-1 托盘种类图

2. 托盘的种类

托盘的种类繁多，就目前国内外常见的托盘种类来说，大致可以划分为五大类。

（1）平托盘

一般所称所见的托盘，主要指平托盘，平托盘是托盘中使用量最大的一种，可以说是托盘中最通用型托盘。平托盘又进一步按三个条件分类。

① 台面分类。按承托货物台面分成单面形、单面使用形和双面使用形、翼形四种。

② 按叉车叉入方式分类，分为单向叉入型、双向叉入型、四向叉入型三种。四向叉入型，叉车可从四个方向进叉，因而叉车操作较为灵活。单向叉入型只能从一个方向叉入，因而在叉车操作时较为困难。

③ 按材料分类。可分成以下几种。

第一种：木制平托盘（如图 5-2 所示）。其优

图 5-2 木制平托盘

点是制造方便、便于维修、自重较轻、使用广泛。木制托盘的性能及特点均取决于木材本身，材料是决定木托盘应用及价格的决定性因素。杨木属阔叶树种，材质疏松而软，耐用性差，是用于制造承重要求不高的托盘；松木属针叶树种，种类较多，适用性广；落叶松、黄花松、白松、红松纹理粗实，木质硬，色白，外观美丽，多用于制造精细包装物，但价格较高。

木制托盘的问题主要存在于卫生、洁净度及生产稳定性等方面。木材易受潮、发霉、虫蛀，且无法清洗。此外，其表面木屑脱落及螺钉锈蚀的问题也无法克服。由于木材是天然材料，其质量受地域气候等多方面影响，即便是同一批原料，在干湿度、风裂等方面亦难以达到统一标准。木制托盘使用寿命较短，常规使用下周转次数在 200～300 次。同样由于卫生原因（主要是天牛虫的侵害），自 1998 年起美国及欧盟对中国出口用木制托盘相继发出禁令：木托盘需经熏蒸等方法处理后方可出口。熏蒸所需时间及费用均较大（一般需 48 小时，费用为成本的 20%左右），且熏蒸所用药剂（如溴化钾等）又为有害制剂。此外，出口使用后的托盘需由承运商负责运走或作销毁处理，这极大影响了一次性木制托盘的应用。木制托盘对木材的需求造成了对森林资源的巨大消耗甚至破坏，从发展趋势看，其原料资源将日益枯竭。

第二种：塑料平托盘（如图 5-3 所示）。采用塑料模具制成的平托盘，一般是双面使用形、两向叉入型和四面叉入型 3 种形式。由于塑料强度有限，很少有翼形的平托盘。这种托盘的优点是质轻、无钉刺、耐酸碱、不霉变等特点；使用寿命是木托盘的 5～7 倍；塑料托盘符合环保要求，废盘材料可以回收利用。其缺点是强度不够。

第三种：钢制平托盘（如图 5-4 所示）。用角钢等异型钢材焊接制成的平托盘，和木托盘一样，也有叉入型和单面、双面使用型等各种形式。钢制平托盘自身较重，比木制平托盘重，人力搬运较为困难。最近采用轻钢结构，最低重量可制成 35kg 重的 1100mm×1100mm 钢制平托盘，可使用人力搬移。

图 5-3　塑料平托盘

图 5-4　钢制平托盘

钢制平托盘优点是承载能力强不易损坏和变形，维修工作量较小；钢制平托盘百分之百环保，可以回收再利用；钢制平托盘防水、防潮及防锈；与塑料托盘相比有强度高、耐磨、耐温等优势；钢制平托盘制成翼形平托盘有优势，这种托盘不但可使用叉车装卸，也可利用两翼套吊具进行吊装作业。缺点是自重大，价格高。

第四种：纸制平托盘（如图 5-5 所示）。用胶合板钉制台面的平板型台面托盘。它的优点是质轻，价格低；缺点是承重力和耐久性较差。

第五种：复合材料平托盘。复合材料平托盘是一种最新的复合材料托盘。它主要采用木塑复合型材，综合了木制托盘、塑料托盘和钢制托盘的优点，而基本上摒弃了其不足。其承载性相比塑料托盘也大大提高，在重量及成本上又远远低于钢制托盘。复合材料平托盘是一种新型绿色环保材料，即再生塑料与木质纤维的复合材料。其主要原料为废旧再生塑料和木质纤维，包括锯末、废弃木材、农业纤维等，添加工业用劲合剂高温高压挤压而成。此新材料产品不仅可以完全替代外运木制包装和铺垫材料，而且还能够用于门、窗框、建筑模板、地板、汽车配件等。

图 5-5　纸制平托盘

据中国物流与采购联合会托盘专业委员会，2011 年对国内多家托盘生产企业、托盘使用及销售企业进行初步调查的结果，目前中国拥有的各种类型托盘总数为 16000～20000 万片，目前每年产量递增 2000 万片左右。其中木制平托盘约占 85%、塑料平托盘占 12%、钢制托盘、复合材料平托盘以及纸制托盘合计约占 3%。复合材料平托盘和塑料托盘上升比例较大。

（2）柱式托盘

柱式托盘的基本结构是托盘的四个角有固定式或可卸式的柱子（如图 5-6 所示）。这种托盘的进一步发展又可从对角的柱子上端用横梁连接，使柱子成门框型。柱式托盘的柱子部分可用钢材制成，按柱子固定与否分为柱式和可卸柱式两种。

柱式托盘的主要作用有两个：其一是防止托盘上所置物在运输、装卸等过程中发生塌垛；其二利用柱子支撑重量，可以将托盘上部货物悬空载堆，而不用担心压坏下部托盘上的货物。

（3）箱式托盘

箱式托盘的基本结构是沿托盘四个边有板式、栅式、网式等栏板和下部平面组成的箱体，有些箱体有顶板，有些箱体上没有顶板，如图 5-7 所示。箱板有固定式、折叠式和可卸式 3 种。

图 5-6　柱式托盘

图 5-7　箱式托盘

由于四周栏板不同，箱式托盘又有各种叫法，如四周栏板为栅栏式的也称笼式托盘或集装笼。箱式托盘的主要特点有二：其一，是防护能力强，可有效防止塌垛，防止货损；其二，是由于四周有护板护栏，故这种托盘装运范围较大，不但能装运、可码垛整齐形状包装货物，也可装运各种异型不能稳定堆码的物品。

（4）轮式托盘

轮式托盘的基本结构是在柱式、箱式托盘下部有小型轮子，如图 5-8 所示。这种托盘不但具有一般柱式、箱式托盘的优点，而且可利用轮子做小距离运动，且不需搬运机械就实现搬运。可利用轮子做滚上滚下的装卸，也有利于装放车内、舱内后，移动其位置，所以轮式托盘有很强的搬运性。此外，轮式托盘在生产物流系统中，还可以作为作业车辆。

图 5-8　轮式托盘

（5）特种专用托盘

上述托盘都带有一定通用性，可适装多种中、小件以及杂、散、包装货物。由于托盘制作简单，造价低，所以某些较大数量运输的货物都可制出装载率高、装运方便、适于该种物品特殊要求的专用托盘。现在各国采用的专用托盘种类不可计数，都在某些特殊领域发挥作用。

① 航空托盘。航空货运或行李托运托盘，一般采用铝合金制造，为适应各种飞机货舱及舱门的限制，一般制成平托盘，托盘上所载物品以网络覆罩固定。

② 平板玻璃集装托盘，又称平板玻璃集装架。这种托盘能支撑和固定立于平板玻璃，在装运时，平板玻璃顺着运输方向放置以保持托盘货载的稳定性。平板玻璃集装托盘有若干种，使用较多的是：L 型单面装放平板玻璃的单面进叉式托盘、A 型双面装放平板玻璃的双向进叉托盘、吊叉结合式托盘及框架式双向进叉式托盘。

③ 油桶专用托盘。专门装运标准油桶的异型平托盘。托盘为双面型，两个面皆有稳固油桶的波形表面或侧挡板，油桶卧放于托盘上，由于波形槽或挡板的作用，不会发生滚动位移，还可几层叠垛，解决桶形物难堆高码放的困难，也方便了储存，如图 5-9 所示。

图 5-9　油桶专用托盘

④ 货架式托盘。其结构特点为：是一种框架形托盘，框架正面尺寸比平托盘略宽，以保证托盘能放入架内，架的深度比托盘宽度窄，以保证托盘能搭放在架上。架子下部有四个支脚，形成供叉车进叉的空间。这种架式托盘叠高组合，便成了托盘货架，可将托盘货载送入其内放置。这种架式托盘也是托盘货架的一种，是货架与托盘的一体物，如图 5-10 所示。

⑤ 长尺寸托盘。专门用于装放长尺寸材料的托盘，这种托盘叠高码放后便形成了组装式长尺寸货架。

⑥ 轮胎专用托盘。轮胎本身有一定耐水性、耐腐蚀性，因而在物流过程中无需密闭，且本身很轻，装放于集装箱中不能充分发挥箱的载重能力。其主要问题是储运时怕压挤，采用这种托盘则是解决这个问题的一种很好的选择，如图 5-11 所示。

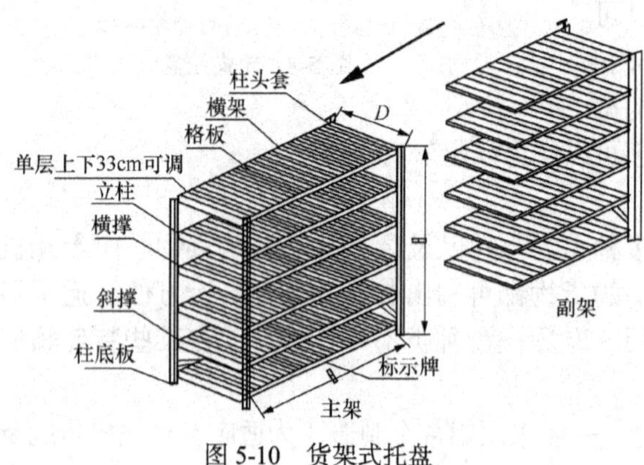

图 5-10　货架式托盘

图 5-11　轮胎专用托盘

三、认知托盘的制造要求

1. 托盘的强度

托盘的强度，由 JIS（Z0602 平托盘试验方法）进行试验，如表 5-2 所示。

表 5-2　托盘强度表

项目		强度
弯曲强度	弯曲率	2.5%以下
	剩余弯曲率	0.5%以下
压缩强度	倾斜量	4mm 以下
落后强度	对角线长的变化率	± 1.5%以下

2. 托盘的构成

托盘构成的原则是要用 3 根横梁或者 3 块横梁板与 9 个砌板块、平板与横梁或者砌板块等。相邻的面相互成直角，被组合的托盘的装载面要与其下面成平行面。

3. 托盘制作的尺寸

插口的高为 100 ± 3mm，另外，设置的辅助插口的高度不用这个尺寸为好。对使用拖车的托盘，下面开口部的尺寸最小为 180mm。翼的长如图 5-12 所示。托盘具体尺寸如表 5-3 所示。

另外，上面的平面的板宽总和，要以托盘长的 80%以上为原则，一面使用型的下面平面的板宽总和，要以托盘长的 45%以上为原则。

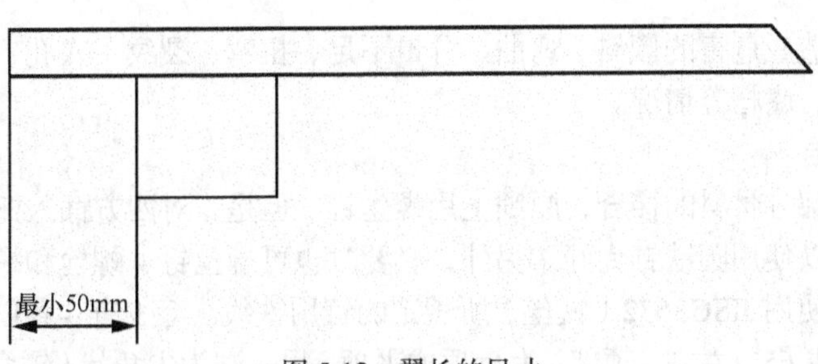

图 5-12　翼长的尺寸

表 5-3　　托盘各部分材料的最小尺寸

货重（t）	0.5				1				1.5				2			
托盘长（mm）	1100 1200	1100 1200	800 900 1000 1100 1200	1100	1100 1200	1100 1200	800 900 1000 1100 1200	800 1100	1100 1200	1100 1200	800 900 1000 1100 1200	1100	1100 1200	1100 1200	800 900 1000 1100 1200	1100
托盘宽（mm）	800	900 1000	1100 1200	1400	800	900 1000	1100 1200	1400	800	900 1000	1100 1200	1400	800	900 1000	1100 1200	1400
两方插入 平板（宽×厚）（mm×mm） 两端	120×16	120×18	120×18	120×20	150×18	150×20	150×20	150×22	150×20	150×22	150×22	150×24	150×22	150×24	150×24	150×26
两方插入 平板（宽×厚）（mm×mm） 中间	100×16	100×18	100×18	100×20	120×18	120×20	120×20	120×22	120×20	120×22	120×22	120×24	120×22	120×24	120×24	120×26
两方插入 横梁（宽×厚）（mm×mm）	40×100				45×100				45×100				45×100			
四方插入 平板（宽×厚）（mm×mm） 两端	120×16	120×18	120×18		150×18	150×20	150×20		150×20	150×22			150×22			
四方插入 平板（宽×厚）（mm×mm） 中间	100×16	100×18	100×18		120×18	120×20	120×20		120×20	120×22			120×22			
四方插入 横梁（宽×厚）（mm×mm）	100×20	100×24	100×30		120×24	120×28	120×34		120×28	120×38			120×34			
四方插入 砌板块（宽×长×高）（mm×mm×mm）	100×100×80	100×100×76	100×100×70		120×120×76	120×120×72	120×120×66		120×120×72	120×120×62			120×120×66			

截面总的尺寸：设置插口等堆面部位时的截面尺寸，如图 5-13 所示。

尺寸允许误差：托盘的长和宽的允许误差为±5mm；两对角线的误差为 0.5%以下，以接地面开始到装载面的最高高度和最低高度的误差为 5mm 以下。

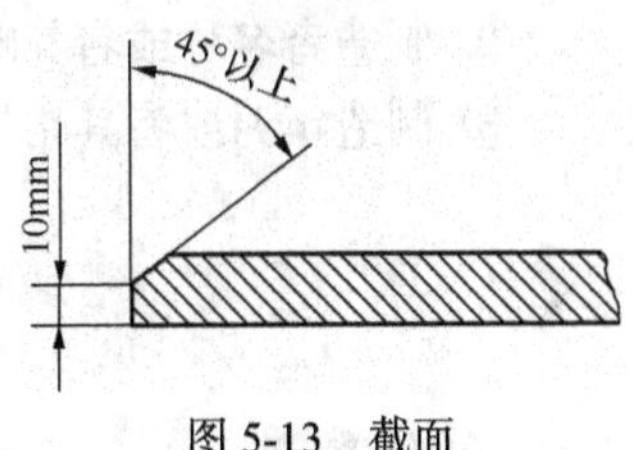

图 5-13　截面

4. 托盘制作的材料与接合

（1）制作的材料

这里主要介绍被大量使用的木制托盘材料的一些要求。树种：用于托盘的树种，原则上使用的有松、山毛榉、白桦、枹、柳等。含水率：使用木材的含水率，最大为 30%。外观：使用的木材，要没有可造成危害的倾斜、弯曲、分量不足、扭弯、裂纹、穴孔、虫蛀、树脂孔、树脂线、嵌皮、变色、腐朽等情况。

（2）部材的接合

构成托盘的各部分材料的接合，原则上用螺丝钉。但是，对四方插入托盘，只在平板和横梁板的接合部位，以使用圆铁钉为好。另外，必要时也可螺丝钉、螺栓和螺母并用。

螺丝钉原则上使用 JISG3532（铁丝）所规定的钉用铁线。至少有 4 条以上的拧口，拧的角度，与轴的直角线成 65° 左右。顶部，为盘顶或平顶，另一端为尖角状（锐角、钝角或凿尖形）。尺寸和允许误差：螺丝钉的尺寸及允许误差，最好按照 JISA5508 规定，如图 5-14 所示。

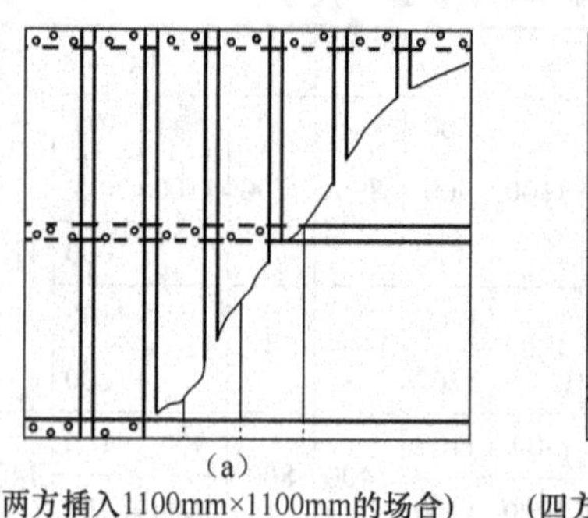

(a)
(两方插入1100mm×1100mm的场合)

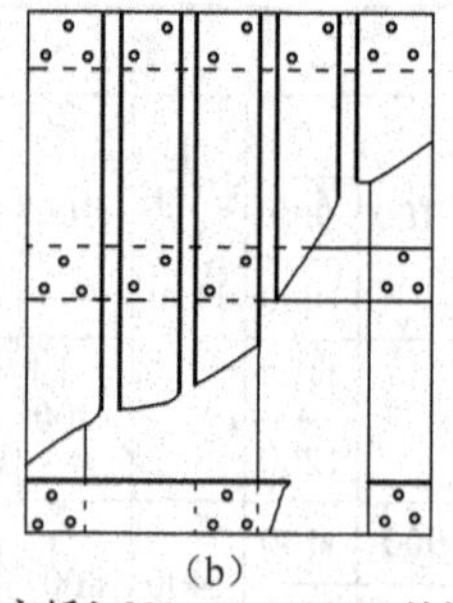

(b)
(四方插入800mm×1100mm的场合)

图 5-14 螺丝钉的排列

接合部应无缝隙，螺栓、螺母、钉头，从平板面起要凹下去 1mm 左右，螺丝钉和平板周围的最小距离，原则上是钉躯干长度的 5 倍；相互间的最小距离，为钉躯干长度的 10 倍。

对于四方插入托盘，只有平板和横梁板结合的场合，螺丝钉或圆铁钉的下面伸出部分可以折弯。

5. 托盘质量的检查

托盘的检查，针对大小、强度、构成、尺寸、使用木材、部材的接合等进行，必须适合托盘技术的规定。

6. 产品的称呼

产品的称呼，用名称或规格型号、种类、最大载重以及大小表示。例：木制平托盘一面使用型用 1t1100×1100 或 JISZ06041t1100×1100 称呼。

7. 表示

对于托盘，需要在易看见的地方用不易消失的方法表示下面的事项。

① 种类、最大载重和大小，或者其记号。

② 制造者名称或者其略号。

③ 制造年月或者其略号。

任务训练

训练背景

物流公司在运输过程中，涉及的货物有轮胎、足球、大米、海鲜、玻璃、油桶、衣服等。

训练要求

课堂上对下面问题进行思考或者讨论：

该物流公司应采用什么样的托盘进行装货较为适宜？装盘过程中应注意什么？

任务二　托盘的标准

学习目标

知识目标：

① 了解托盘标准化的现状。

② 掌握托盘选择需考虑的因素。

技能目标：

能够根据各种情况，选择合适的托盘。

重点、难点：

① 理解托盘选择需考虑的因素。

② 能根据各种情况选择合适的托盘。

知识储备

托盘没有国际标准，托盘在国外发达国家的标准化程度高，我国标准化程度低，影响了国际物流的往来。托盘要根据货物、运输工具、通用性及使用区域进行选择。

一、托盘的标准化

托盘标准化包括托盘尺寸规格标准化、托盘制造材料标准化、各种材质托盘质量标准化、托盘检测方法及鉴定技术标准化、托盘作业标准化、托盘集装单元化和托盘作业一贯化、托盘国内国际共用化和托盘与物流设施、设备、运输车辆、集装箱等尺寸协调合理化等内容。

托盘标准化是物流托盘化的核心，是物流托盘化的前提和基础，没有托盘标准化，就不可能实现物流托盘化，也就没有快速、高效、低成本的现代物流。托盘的规格尺寸，是包装尺寸、车厢尺寸、集装单元尺寸的核心。只有以托盘尺寸为标准，决定包装、卡车车厢、火车车厢、集装箱箱体等配套规格尺寸和系列化规格标准，才最能体现装卸搬运、保管、运输和包装作业的合理性和效率性。此外，托盘的规格尺寸还涉及集装单元货物尺寸，集装单元货物尺寸又涉及包装单元尺寸，卡车车厢、铁路货车车厢、仓库通道及货架尺寸，甚至关系到物流的基础设施，如火车站、港口、码头等货物装卸搬运场所的构造结构、装卸搬运机具的标准尺寸。

从某种意义上讲，托盘的标准化，不单单是托盘租赁、托盘流通和循环使用的前提，也是实现装卸搬运、包装、运输和保管作业机械化、自动化的决定因素。没有托盘规格尺寸的统一和以托盘为基础的相关设施、设备、装置、工具等的系列化标准，只能做到局部物流的合理化，难以达到整体物流的合理化。

1. 国际托盘标准化现状

目前，全世界主要的工业国家都有自己的标准托盘，但所用尺寸各国有所不同。每个国家都希望自己国内已普遍使用的规格成为国际标准，以便在国际经济交流中更为有利。国际标准化组织无法统一，只能接受既成事实，做到相对统一。ISO 标准（IS06780）原来有 4 种托盘标准规格，即 1200×800、1200×1000、1219×1016、1140×1140。2003 年 ISO 规格又通过了新方案，增加了 1100×1100 和 1067×1067 两种规格（单位均为 mm），变为 6 种标准规格。

为了实现物流高效化，确保削减物流成本、改善服务质量，许多国家和地区都致力于统一托盘规格，希望结成紧密的合作体制。欧盟以 1200mm×800mm 的托盘来构建欧洲各国之间的物流系统。美国和加拿大在美洲大陆内以 1219mm×1016mm 的托盘来构建相互协作体制。在亚洲，以中、韩、日三国为主导，成立了亚洲托盘系统标准化机构——亚洲托盘系统联盟，构筑亚洲各国间有效的物流及单元货载系统，从而增进亚洲各国的相互利益。经多次协商，作为亚洲托盘系统联盟的中、韩、日三方代表达成共识，确定亚洲联运通用平托盘标准的托盘尺寸为 1200mm×1000mm 和 1100mm×1100mm 两种。迄今为止，中国、日本、韩国、菲律宾、泰国、马来西亚等国家的团体、企业等已表明参加该联盟，同意采用这两种规格的托盘作为亚洲的标准托盘。

一般来说，一个国家一种规格托盘的使用率超过 50%，才是真正的托盘标准化。在欧美等国家和地区，由于一个国家只使用一个规格的托盘，因此，标准托盘的使用率很高。目前，欧洲国家标准托盘的使用率已达 90%，美国标准托盘的使用率超过 60%。在韩国，政府大力推进国家标准托盘规格的统一化工作，由 1973 年前的 1200×800 和 1100×1100 两种规格（单位均为 mm），统一为 1100mm×1100mm 一种规格（即 T11 规格），并制定了单元货物系统通则，以便与 T11 标准托盘相关的物流机器、设备等整合。为了推广 T11 规格托盘，不仅召开把 T11 规格作为国家标准托盘的说明会，而且对于采用 T11 标准托盘的事业单位，韩国政府予以金融支持和税务减免制度。韩国政府还通过不遗余力的努力，最终把 T11 纳入了国际标准化组织（ISO）的一贯输送规格（IS06780）中。根据韩国物流协会提供的数据，T11 规格托盘在韩国的普及率在 20 世纪 80 年代为 10%，1997 年为 16.8%，2000 年为 26.7%，2003 年增至 33%，说明韩国托盘标准化正在迅速推进之中。

2. 我国托盘标准化现状

中国物流与采购联合会托盘专业委员会于 2005 年对 60 余家国内托盘生产、流通企业及机构进行的托盘标准调查结果显示：受访托盘制造企业 2002～2004 年生产的托盘总量中，1200mm×1000mm 占 27.98%，1100mm×1100mm 占 26.42%；而在托盘使用企业中，1200mm×1100mm 占 20.64 %，1100mm×1100mm 占 19.20%。同年，中国国家烟草专卖局对烟草行业联运通用平托盘标准的使用情况进行了摸底调查。共有 33 家卷烟工业企业反馈，其中使用托盘的 19 家，共用托盘约 10 万块，各规格托盘的使用情况是：1200mm×1000mm 占 53%，1100mm×1100mm 占 8%。从烟草专卖局下属的 132 家商业地市分公司的反馈看，在其中 67 个单位共计使用的约 68000 块托盘中，1200mm×1000mm 占 28%，1100mm×1100mm 占 9%。调查结果还反映出，1100×1100 和 1200×1000 这两种规格的托盘，因其自身的特点和优势已成为我国目前托盘发展的主流，也应该是我国将来推行的重点。

二、托盘标准的选择

托盘与存储的货架、搬运的产品、集装箱、运输车辆、卸货平台以及搬运设施等有直接的关系，因此托盘的规格尺寸是考虑其他物流设备规格尺寸的基点。例如，托盘横梁货架的横梁宽度尺寸最常见的有 2300mm 和 2700mm，前者承放两个 1200mm×1000mm 的托盘，后者承放三个 1200mm×800mm 的托盘。这里，特别值得一提的是要建立有效的托盘公用系统，必须使用统一规格的托盘，托盘标准化是托盘作业一贯化的前提。在选择托盘尺寸时应该考虑以下因素。

1. 要考虑运输工具和运输装备的规格尺寸

合适的托盘尺寸应该符合运输工具的尺寸，可以充分利用运输工具的空间，提高装载率，降低运输费用，尤其要考虑海运集装箱和运输商用车的箱体内尺寸。

2. 要考虑托盘装载货物的包装规格

根据托盘装载货物的包装规格选择合适的托盘，尽量最大限度地利用托盘的表面积，控制所载货物的重心高度。托盘承载货物的合理的指标为：达到托盘 80%的表面积利用率，所载货物的重心高度不应超过托盘宽度的 2/3。

3. 要考虑托盘尺寸的通用性

应该尽可能地选用国际标准的托盘规格，便于托盘的交换和使用。

4. 要考虑托盘尺寸的使用区域

装载货物的托盘流向直接影响托盘尺寸的选择。通常去往欧洲的货物要选择 1210 托盘（1200mm×1000mm）或 1208 托盘（1200mm×800mm）；去往日本、韩国的货物要选择 1111 托盘（1100mm×1100mm）；去往大洋洲的货物要选择 1140mm× 1140mm 或 1067mm×1067mm 的托盘；去往美国的货物要选择 48 英寸×40 英寸的托盘，国内常用 1210 托盘发往美国。

1200mm×1000mm 托盘在全球应用最广，在中国也得到最广泛的应用。

任务训练

训练背景

物流公司接到两个订单，一个订单为运往日本，箱体货物，尺寸为 300mm×400mm；另一个订单为在中国地区，箱体货物，尺寸为 300mm×300mm。

训练要求

课堂上对下面问题进行思考或者讨论：

该物流公司应采用什么样的标准的托盘较为适宜？选择的原因是什么？

任务三　托盘的使用与经营

学习目标

知识目标：

① 掌握托盘货体码放的方式。

② 掌握托盘货体紧固的方式。

③ 了解我国托盘使用的现状、问题及建议。

④ 了解托盘的维修、经营。

技能目标：

根据货物的不同合理选择托盘货体的码放方式。

重点、难点：

① 掌握托盘货体码放的方式。

② 能根据货物的不同合理选择托盘货体的码放方式。

知识储备

托盘货体的码放方式主要有重叠式、纵横交错式、正反交错式和旋转交错式四种。托盘货体的紧固主要有捆扎、网罩、框架、中间夹摩擦材料、专用夹卡、黏合、胶带粘扎、周边垫高、收缩薄膜 9 种方式。

在多种类型的产品中，小件杂散货物很难像机床、构件等产品进行单件装卸，由于其杂、散的特点，且个体体积重量都不大，总是需要进行一定程度上的组合，才能有利于物品的装卸，而托盘就是杂散货物的组合状态。

杂散货物的组合包装主要受两个因素制约：一个因素是包装材料的限制，材料强度和材料自重约束了包装体的大型化；另一个是由于人力装卸能力的限制，包装组合必须限制在人的最大体能范围之下。所以，集装组合物品，重量一般在 50kg 以下，装卸技术的发展以及装卸机械的自动化，使得物品托盘化装卸成了现代物流装卸中最常见的一种装卸方式。

一、托盘的使用

1. 托盘货体装盘

用平托盘运输形状整齐的包装货物，装盘是一项重要的操作，整个物流过程的托盘货体稳定与否，主要取决于装盘方式和固定方式。

在托盘上放装同一形状的立体形包装货物，可以采取各种交错咬合的办法码垛，这可以保证足够的自我稳定性，甚至不需再用其他方式加固。

托盘上货体码放方式很多，其中主要有 4 种码放方式。

（1）重叠式

如图 5-15 所示，即各层码放方式相同，上下对应。这种方式的优点是，员工操作速度快，各层重叠之后，包装物四个角和边重叠垂直，能承受较大的荷重。这种方式的缺点是，各层之间缺少咬合作用，稳定性差，容易发生塌垛。在货体底面积较大情况下，重叠式码放再配以各种紧固方式，不但能保持稳固而且保留了装卸操作省力的优点。

（2）纵横交错式

如图 5-15 所示，相邻两层货物的摆放旋转 90°，一层成横向放置，另一层成纵向放置。这种方式装完一层之后，利用转向器旋转 90°，层间有一定咬合效果，但咬合强度不高。这种方式装盘也较简单，如果配以托盘转向器，装完一层之后，利用转向器旋转 90°，工人则只用同一装盘方式便可实现纵横交错装盘，劳动强度和重叠式相同。因此，在正方形托盘一边长度为货物的长、宽尺寸的公倍数的情况下，采用该种方式。

重叠式和纵横交错式适合自动装盘机进行装盘操作。

（3）正反交错式

如图 5-15 所示，同一层中，不同列的货物以 90° 垂直码放，相邻两层的货物码放形式是另一层的旋转 180° 的形式。这种方式类似于房屋建筑砖的砌筑方式，不同层间咬合强度较高，相邻层之间不重缝，因而码放后稳定性很高。但操作较为麻烦，且包装体之间不是垂直面互相承受荷载，所以下部货体易被压坏。因此，长方形托盘装运袋包装货物的情况下，采用该种堆码。

（4）旋转交错式

如图 5-15 所示，第一层相邻的两个包装体都互为 90° 角，两层间的码放又相差 180° ，这样相邻两层互相咬合交叉，托盘货体稳定性较高，不易塌垛。其缺点是，码放难度较大，且中间形成空穴，会降低托盘装载能力。因此，在货物的长+宽=托盘的一个边时，可采用这种方式。适用于这种模型的货物尺寸范围大，但在长和宽尺寸相差过大时，中央部分的无效空间也过大，致使托盘的表面利用率降低。

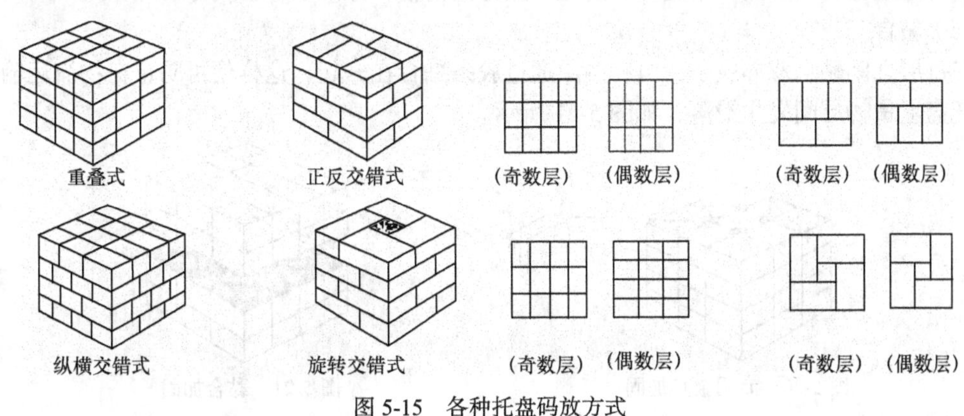

图 5-15　各种托盘码放方式

2. 托盘货体紧固

托盘货体的紧固是保证货体稳固性防止塌垛的重要手段，托盘货体紧固方法有以下几种。

（1）捆扎

用绳索、打包带等对货体进行捆扎以保证货体的稳固，捆扎方式有水平捆扎、垂直捆扎等方式，如图 5-16 所示。

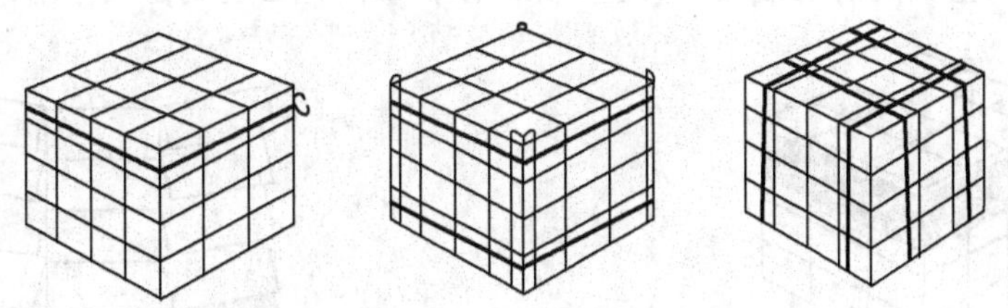

图 5-16　托盘货体的各种捆扎紧固方法

（2）网罩

用网罩盖住托盘货体起到紧固作用。这种方法多用于航空托盘，如图 5-17 所示。

（3）框架

用框架包围整个托盘货体，再用打包带或绳索捆紧以起到稳固作用，如图 5-18 所示。

（4）中间夹摩擦材料

将摩擦系数大的片状材料，如麻包片、纸板、泡沫塑料等夹入货物之间，起到加大摩擦力、防止层间滑动的作用，如图 5-19 所示。

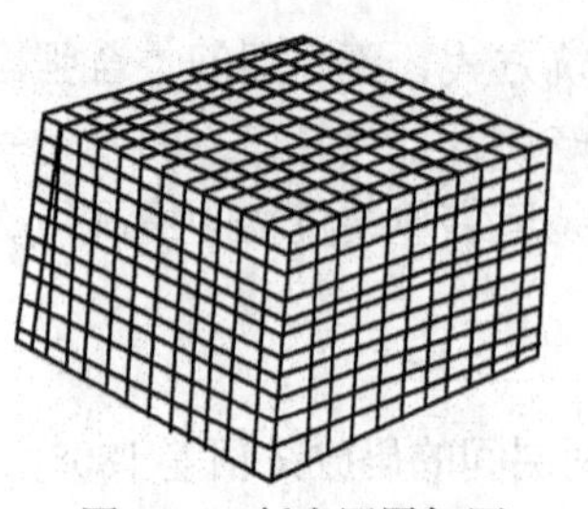
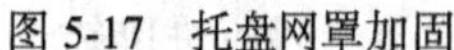

图 5-17　托盘网罩加固

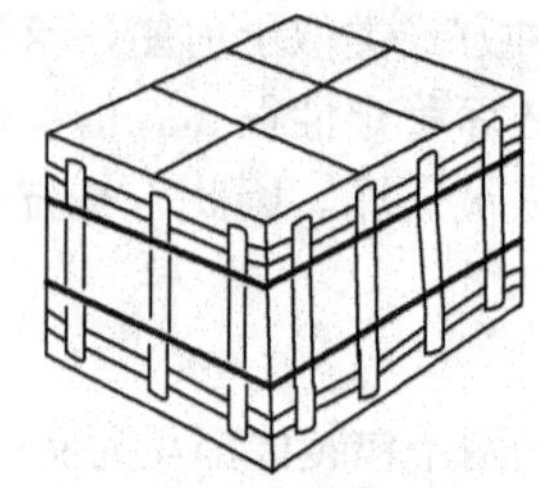

图 5-18　托盘框架加固

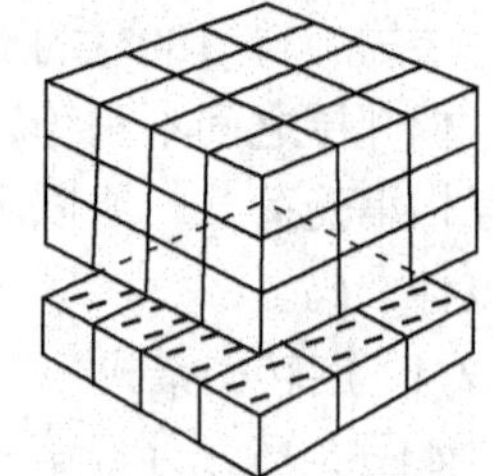

图 5-19　夹摩擦材料加固

（5）专用夹卡

对某些托盘货物，最上部如可深入金属夹卡，则可用专用夹卡将相邻的包装物卡住，以便每层货物通过金属具成为一个整体，防止个别分离滑落，如图 5-20 所示。

（6）黏合

在每层之间贴上双面胶条，可将两层通过胶条黏合在一起，这样便可防止在物流运输配送中，托盘上货物层间发生滑落，如图 5-21 所示。

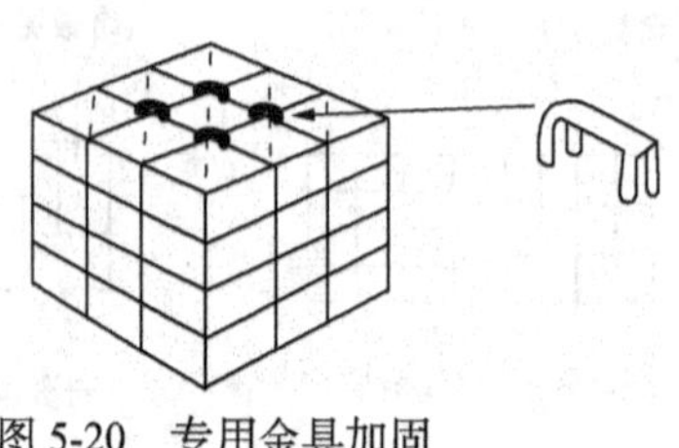

图 5-20　专用金具加固

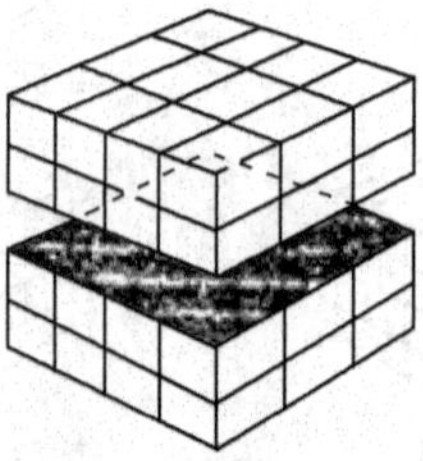

图 5-21　黏合加固

（7）胶带粘扎

托盘货体用单面不干胶包装带粘捆，即使是胶带部分损坏，由于全部贴于货物表面，也不会出现散捆。而绳索、包装带捆扎，一旦一处断裂，全部捆扎便失去效用，如图 5-22 所示。

（8）平托盘周边垫高

将平托盘周边稍稍垫高，托盘上置之货物会向中心互相依靠，在物流运输配送中，发生摇动、振动时，可防止层间滑动错位，防止货垛外倾，因而也会起到稳固作用，如图 5-23 所示。

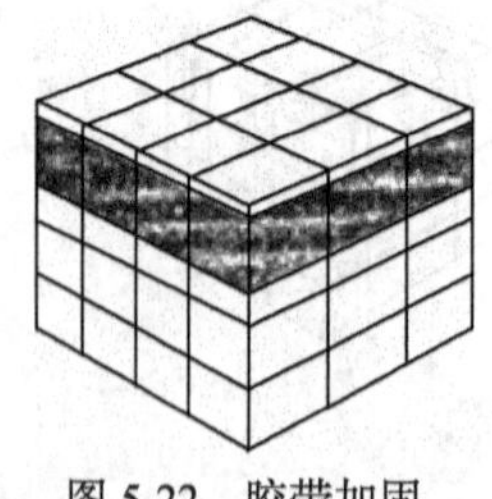

图 5-22　胶带加固

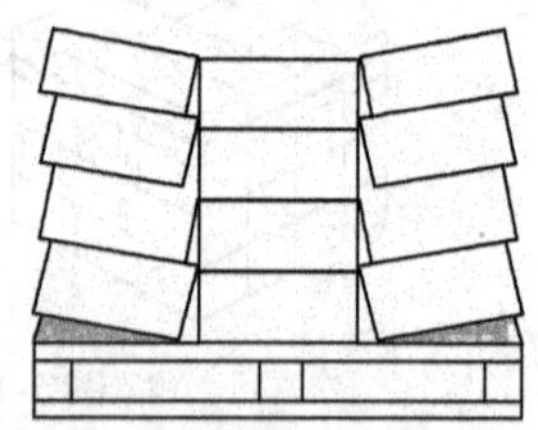

图 5-23　周边垫高加固

（9）收缩薄膜

将热缩塑料薄膜置于托盘货体之上，然后进行热缩处理，塑料薄膜收缩后，便将托盘货体紧箍成一体。这种紧固方法，不但起到固紧、防塌垛作用，而且由于塑料薄膜的不透水作用，还可以起到防水、防雨作用。这有利于克服托盘货体不能露天放置、需要仓库的缺点，可大大扩展托盘的应用领域。

此外，托盘塌垛是托盘装盘中经常碰到的问题，比较而言，在不发生特殊的运输事故情况下，码垛是决定是否发生塌垛的根本原因。另外，包装表面的材质，也起一定的作用，表面摩擦力大的包装物则比较不易发生塌垛。

托盘塌垛一般有这几种形式：第一种是货体发生倾斜；第二种是货体整体移位；第三种只是货体部分错位外移，部分落下；最严重的一种是全面塌垛。在托盘化装卸过程中，托盘塌垛是一个令人头疼的问题，但做好托盘装盘，问题就可以得到根本解决。

3. 托盘的使用

托盘的正确使用应该做到包装组合码放在托盘上的货物并加上适当的捆扎和裹包，便于机械装卸和运输，从而满足装卸、运输和储存的要求。

（1）载重质量

每个托盘的载重质量应小于或等于 2t。为了保证运输途中的安全，所载货物的重心高度，不应超过托盘宽度的三分之二。

（2）码放方式

根据货物的类型、托盘所载货物的质量和托盘的尺寸，合理确定货物在托盘上的码放方式。托盘的承载表面积利用率一般应不低于 80%。对于托盘货物的码放有如下要求。

① 木质、纸质和金属容器等硬质直方体货物单层或多层交错码放，拉伸或收缩膜包装。

② 纸质或纤维质类货物单层或多层码放，用捆扎带十字封合。

③ 密封的金属容器等圆柱体货物单层或多层码放，木质货盖加固。

④ 需进行防潮、防水等防护的纸制品、纺织品货物单层或多层交错码放，以拉伸或收缩膜包装货、增加角支撑、货物盖隔板等方式加固结构。

⑤ 易碎类货物单层或多层码放，增加木质支撑隔板结构。

⑥ 金属瓶类圆柱体容器或货物单层垂直码放，增加货框及板条加固结构。

⑦ 袋类货物多层交错压实码放。

（3）使用要求

为了使托盘能够长久安全地使用，希望按下列要求正确使用托盘。

① 托盘应避免遭受阳光暴晒，以免引起老化，缩短使用寿命。

② 严禁将货物从高处抛掷在托盘内。合理确定货物在托盘内的堆放方式。货物均匀置放，不要集中堆放、偏心堆放。承载重物的托盘应放在平整的地面或物体表面上。

③ 严禁将托盘从高处抛落，避免因猛烈地撞击而造成托盘破碎、裂纹。

④ 叉车或手动液压车作业时，货叉尽量向托盘叉孔外侧靠足，货叉应全部伸进托盘内，平稳抬起托盘后才可变换角度。货叉不可撞击托盘侧面以免造成托盘破碎、裂纹。

⑤ 托盘上货架时，必须采用货架型托盘。承载量根据货架结构而定，严禁超载使用。

二、托盘的维修

不使用破损状态的托盘，如果破损托盘不经修理而照常使用，不仅会缩短托盘的使用寿命，而且还有可能造成货物的破损和人身事故。

产生破损的原因：叉车驾驶员野蛮驾驶操作、货叉损伤盘面或桁架、人工装卸空托盘时跌落而造成损伤。

破损最多的是盘面。盘面的重钉修理占总数的 60%～80%，所以托盘的物理寿命除了因叉车操作不当、使横梁损伤报废之外，更取决于盘面的重钉次数。

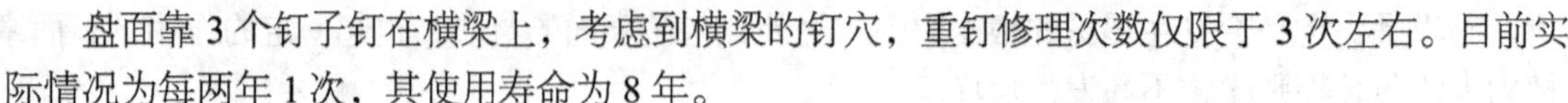

盘面靠 3 个钉子钉在横梁上，考虑到横梁的钉穴，重钉修理次数仅限于 3 次左右。目前实际情况为每两年 1 次，其使用寿命为 8 年。

三、托盘的经营

托盘的经营是指为便于托盘在全社会广泛流通，除了标准化要求外，还需进行有效的组织管理。目前，主要的经营管理方式有以下几种。

1. 对口交流方式

对口交流方式是由交换单位间接签订托盘合同，就托盘回送、使用、维护、归属、滞留期收费标准、清算等事宜以协议方式确立的方式。

2. 及时交换方式

在及时交换方式下，通常产、供、销等单位都以运输单位为中心，在发运托盘载货的同时，运输单位交回同等数量的空托盘或载货托盘；在接受盘载货物的同时，交给运输单位同等数量的空盘或载货托盘。相关事宜通过共同作出的规定执行。

3. 租赁方式

租凭方式是由托盘公司组织经营，使用者可租赁的方式。

4. 租赁—交换方式

租赁一交换方式是上述租赁方式与及时交换方式相结合。

5. 结算交换方式

结算交换方式是发货人与收货人之间相互联营交换，并支付一定的费用的方式。

四、我国托盘使用的现状与建议

1. 使用现状

中国物流与采购联合会托盘专业委员会于 2002 年 9 月对北京、天津、上海、广州四大城市的 300 余家生产、运输、仓储和流通企业进行了调查，从托盘的现状、存在的问题和如何解决等方面着手，对中国托盘的使用情况进行具体了解和分析。这一工作有利于加强对托盘行业的协调与指导，也为物流管理部门和相关企业提供了有价值的资料和建议。

（1）现有托盘的材质

中国物流与采购联合会托盘专业委员会的初步调查显示：中国现拥有各种类托盘 5000 万～7000 万片，每年产量递增 2000 万片左右。其中木制平托盘约占 90%，塑料平托盘约占 8%，钢制托盘、复合材料托盘以及纸制托盘合计约占 2%。复合材料平托盘和塑料托盘上升比例较大。

（2）据托盘专业委员会调查发现，目前流通中的托盘规格比较杂乱

包括 2000mm×1000mm、1500mm×1100mm、1500mm×1000mm、1400mm×1200mm、1300mm×1000mm、1200mm×1000mm、1200mm×800mm、1200mm×1100mm、1100mm ×1000mm、1100mm×1100mm、1100mm×900mm、1000mm×1000mm、1000mm×800mm、1200mm×1200 mm、1300mm×1600mm、1300mm×1100mm 等几十种规格。其中塑料托盘的规格相对比较集中，主要是 1100mm×1100mm 和 1200mm×1000mm，约占塑料托盘的 50%。这是由于塑料托盘在生产中要使用注塑模具，而模具开发成本相对比较高。木质托盘的规格比较混乱，目前的规格主要是使用单位根据自己产品的规格定制，这与木质托盘制造工艺相对比较简单有关。钢制托盘的规格不是很多，集中在 2～3 个规格，主要用于对托盘的承载重量要求比较高的港口码头等单位。

（3）周转方式

托盘专业委员会的统计表明，现阶段中国托盘在使用中基本上是企业内部周转。对于生产企业，其所拥有的托盘不出企业，托盘的使用范围仅限于从企业的仓库到运输环节之间的搬运。对于物流企业，托盘也局限于企业内部调配使用，尚没有形成一个托盘顺畅流通的机制。

（4）托盘作业情况

托盘的发展可以说与叉车同步。叉车与托盘的共同使用，形成了有效的装卸系统，使装卸效率大幅度提高。从统计看，目前托盘基本上是配合叉车使用的。平均每台叉车配备 800～1000 片托盘。

2. 存在问题

（1）使用方式落后，不能完全发挥托盘的优点

托盘本身是为配合高效物流而诞生的一种单元化物流工具，可以说托盘是贯穿现代物流系统各个环节的连接点。但是在我们实际使用中由于规格不统一，造成托盘不能在物流作业链中流通使用，仅局限于企业内部。

（2）受托盘周转方式的制约，流通过程成本过高

从调研中可以发现，绝大多数企业的托盘都是在企业内部周转，从而使企业的产品经过多次人工搬运装卸，极大地降低了工作效率，相应增加了产品的流通成本，从而降低了产品在市场中的竞争力。

（3）难以与国际规格接轨

由于目前托盘的规格标准不统一，使中国的托盘使用不能与国际运输器具如国际通用的集装箱等相匹配。企业为了能适应相关的国际运输工具，不得不向托盘生产企业订购与该企业周转使用规格不一致的托盘，从而增加了企业的出口成本，降低了产品的国际竞争力。

3. 发展建议

尽快规范中国的托盘标准化。托盘是物流产业中最为基本的集装单元，它随着产品在生产企业、物流企业、零售企业和用户之间流通，它与产品生产线、产品包装、叉车、货架、公路铁路运输车辆、轮船、集装箱和仓储设施等许多方面均有较为严格的尺寸匹配关系。因此，托盘标准化是物流产业最为基础的标准，托盘的标准化直接决定了物流标准化进程和现代物流产业的运作成本。

随着世界范围内的物流热潮升温，国内的物流企业也迅速发展壮大。但是作为现代物流基础环节的托盘却没有标准化，这势必在将来影响中国物流企业的健康发展。可能在短期内影响还不很突出，但随着物流行业的发展，其“瓶颈”作用会越来越明显。

目前物流学界对中国托盘标准选用有两种不同的主张：一种是主“长”派，主张中国选用 1200mm×1000mm 长方形托盘国际标准；另一种是主“正”派，主张中国选用 1100mm×1100mm 正方形托盘国际标准。因此有关部门应尽快规范中国的托盘标准，选择 1200mm×1000mm 或 1100mm×1100mm 作为中国的国家标准，重点加以推广应用，来推动中国托盘标准化、甚至物流标准化的进程。

任务训练

训练背景

某公司有尺寸为 1200mm×1000mm 和 1200mm×1200mm 的两种木制托盘，现装卸大米袋、

尺寸为 300mm×400mm 箱体货。

训练要求

课堂上对下面问题进行思考或者讨论：

该物流公司对于两种货体应采用哪种托盘及码放方式？为什么？

任务四　选择托盘化作业的设施设备

学习目标

知识目标：

① 掌握主要托盘作业设备。

② 了解托盘化作业的其他装卸设备。

技能目标：

根据货物、场所等情况的不同合理安排托盘作业设备。

重点、难点：

① 掌握主要托盘作业设备。

② 能根据货物、场所等情况的不同合理安排托盘作业设备。

知识储备

托盘主要的配套使用设备有叉车和托盘移动车。

在装卸作业中，一般都是由托盘及其他辅助机械来完成装卸过程。比如叉车是和托盘联系最紧密的机械，而且它们都是配套使用。其他如搬运机械、移动机械、托盘自动装盘机、托盘货架等都是与托盘配合使用的装卸工具。

一、主要托盘作业设备

这类机械主要是和托盘配套使用，主要有两种：叉车和托盘移动车。

1. 叉车

叉车是托盘装卸的主体机械，大部分托盘都辅助叉车装卸设计，个别托盘，如钢制翼形托盘、长尺寸物托盘、平板玻璃集装架等也有辅助吊车装卸的设计。

2. 托盘移动车

托盘移动车是小范围移动托盘的小型机具。这种机具的作用是在仓库内部货位之间移动托盘，调整托盘与运输工具之间的装卸位置，在运输工具内部移动托盘货体就位。这种车分为动力式与手动式两种。其工作原理是：先降低托盘叉的高度，使之低于托盘底座高度，叉入托盘叉入口后，再抬高叉座，将托盘抬起，利用移动车的轮子移动托盘，到达目的地后，再降低叉座高度，从叉入口中抽出叉抓。如图 5-24 所示。托盘移动车适用于所有类型的托盘。

二、搬运托盘机械设备

适用或专用于托盘搬运的机具主要有 3 种。

1. 辊式输送机

这种输送机承重能力大，因而适用于托盘。在托盘中，只有轮式托盘不适合采用这种输送机。

2. 链式输送机

除了轮式托盘外，链式输送机适用于其他各型托盘。

3. 垂直输送机

托盘专用的托盘垂直输送机是将水平输送和垂直输送结合为一体的输送机。垂直通道按标准托盘尺寸设计，如图 5-25 所示。

图 5-24　托盘移动车

图 5-25　托盘专用垂直输送机

三、移动托盘机械设备

托盘在集装箱、火车、大型汽车、船舶内作业时，常常需要进行移动就位的活动，例如：用叉车将托盘从厢式货车后门进入后，为连续进行叉车装入托盘货物的装卸操作，就需将先装进的托盘货物向车内部移动，类似作业需要有一些专门的移动工具。

1. 托盘移动器

托盘移动器有手动、自动两种类型，是在带槽车箱底盘座上移动托盘的简单工具。将移动器叉入托盘下部的车底板上预设的槽中，按动压杆，就会将托盘抬起，移动器的小轮则可将沿槽座的托盘向前移动，如图 5-26 所示。

2. 带倾斜装置的有辊轮卡车

在卡车上安装可前后小角度倾斜的辊子，在装卸时将辊子抬起，以托起托盘，辊子前后的倾斜，使装入或卸出托盘货物省力易行。在运输时，降下辊子，使托盘落座于车台板上以保持稳定，如图 5-27 所示。

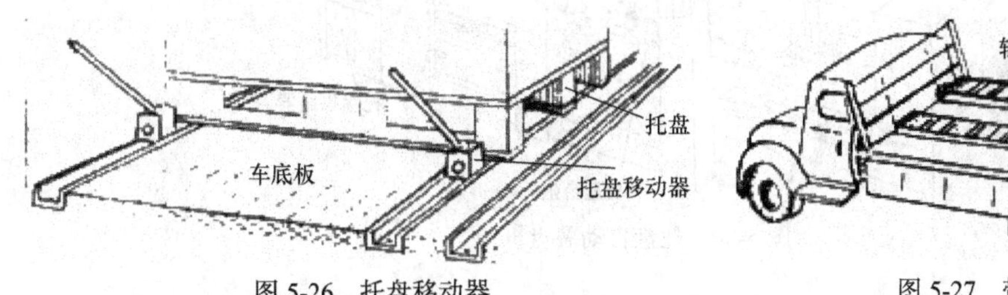

图 5-26　托盘移动器

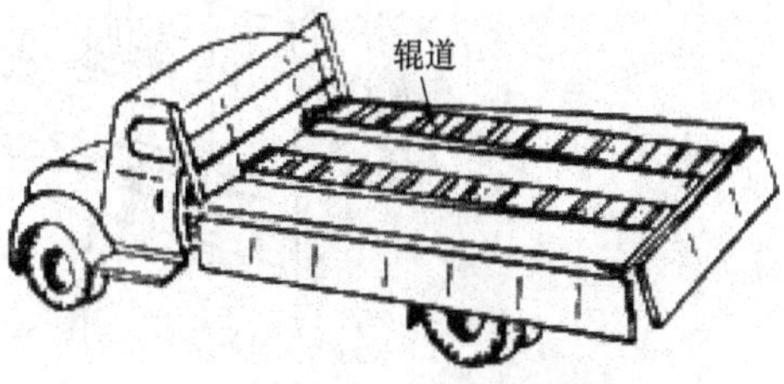

图 5-27　带辊轮座卡车

图 5-28　尾板升降机

3. 车尾板升降机

上述托盘移动器及托盘用的带辊轮座卡车都只适用于不带轮的托盘。轮式托盘本身有移动装置，因而在车厢底板上移动很容易进行。

汽车尾板装卸装置的概念：汽车尾板装置是一种安装在汽车尾部的用来装货卸货的随车装卸工具。车尾板升降机的作用是：尾板可低放于地面，将轮式托盘推上以后，尾板水平上升与车台座水平相接，这样便可将轮式托盘推入车内就位，或从车内推出准备卸下。它可以：①节省大量人力搬运，降低成本；②提高货车装卸的效率；③可以完成整件或大件物品的装卸；④提高装卸货物的安全性。如图 5-28 所示。

汽车尾板的作业过程如图 5-29 所示。

图 5-29　汽车尾板工作示意图

4. 托盘自动装盘机

托盘自动装盘机是指标准包装货物或确定规格包装货物，按预定指令反复、多层在托盘上码放形成托盘货体的机械。这是托盘作业全面机械化的重要一环，如图 5-30 所示。

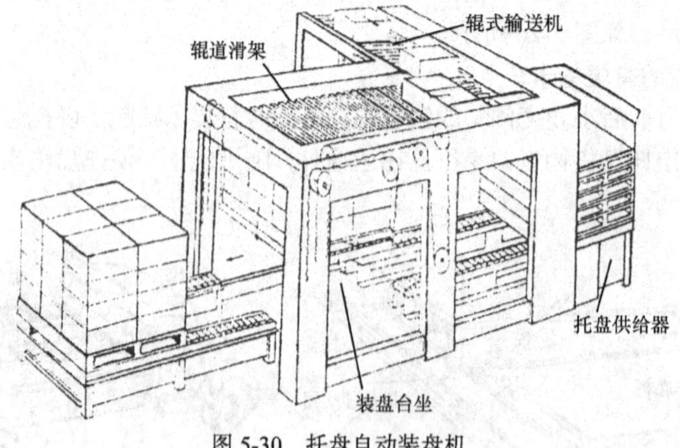

图 5-30　托盘自动装盘机

四、托盘装卸配套机具

托盘装卸过程中许多环节还需要有一些配套机具来提高作业效率，贯通物流系统，主要有以下几种形式。

1. 升降台板

升降台板有升降定位的作用，它将不同高度的作业面联系在一起，起到不同高度过渡之作用。它有带轮及不带轮两种。这种台板不但用于托盘，也可用于工厂中的作业。如图 5-31 所示。

2. 托盘转向器

托盘转向器是能转动托盘方向的简单机具。它的作用是使装卸托盘的操作人员固定在一个位置操作，依靠转向器，将新的作业面展现在操作者面前，这样可减轻操作者劳动强度。在工厂的生产线上，操作者活动空间狭小，位置必须固定的情况下，采用这种转向器更为有效，如图 5-32 所示。

图 5-31　升降台板

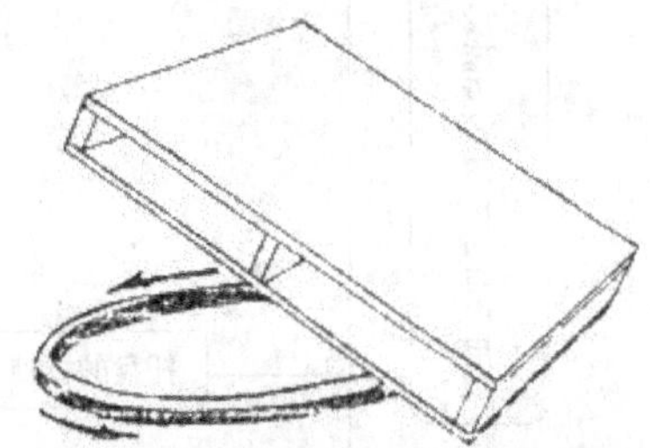

图 5-32　托盘转向器

托盘转向器分轻型、中型、重型 3 种，分别以不同颜色标志，其最大荷重可达 3000 千克以上，其自重一般不超过人的搬运能力。图 5-33 为托盘转向器的作业示意图。

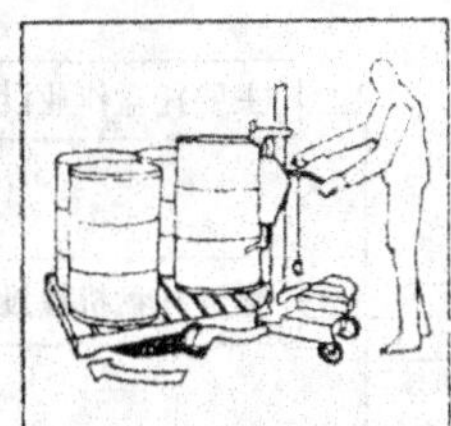

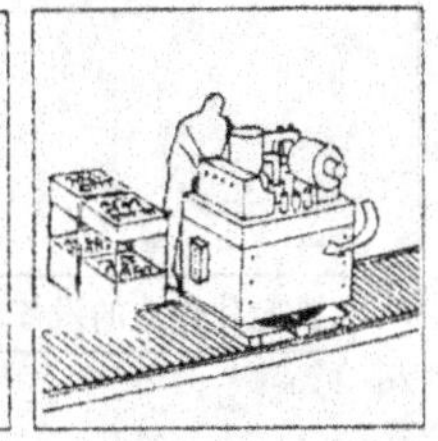

图 5-33　托盘转向器作业图

任务训练

训练背景

物流公司在运输前，需将托盘货体从仓库货架上搬运到运输工具上。

训练要求

课堂上对下面问题进行思考或者讨论：

该物流公司在整个操作过程中应需要采用哪些托盘作业配套设备？说明整个操作的过程应注意什么？

项目小结

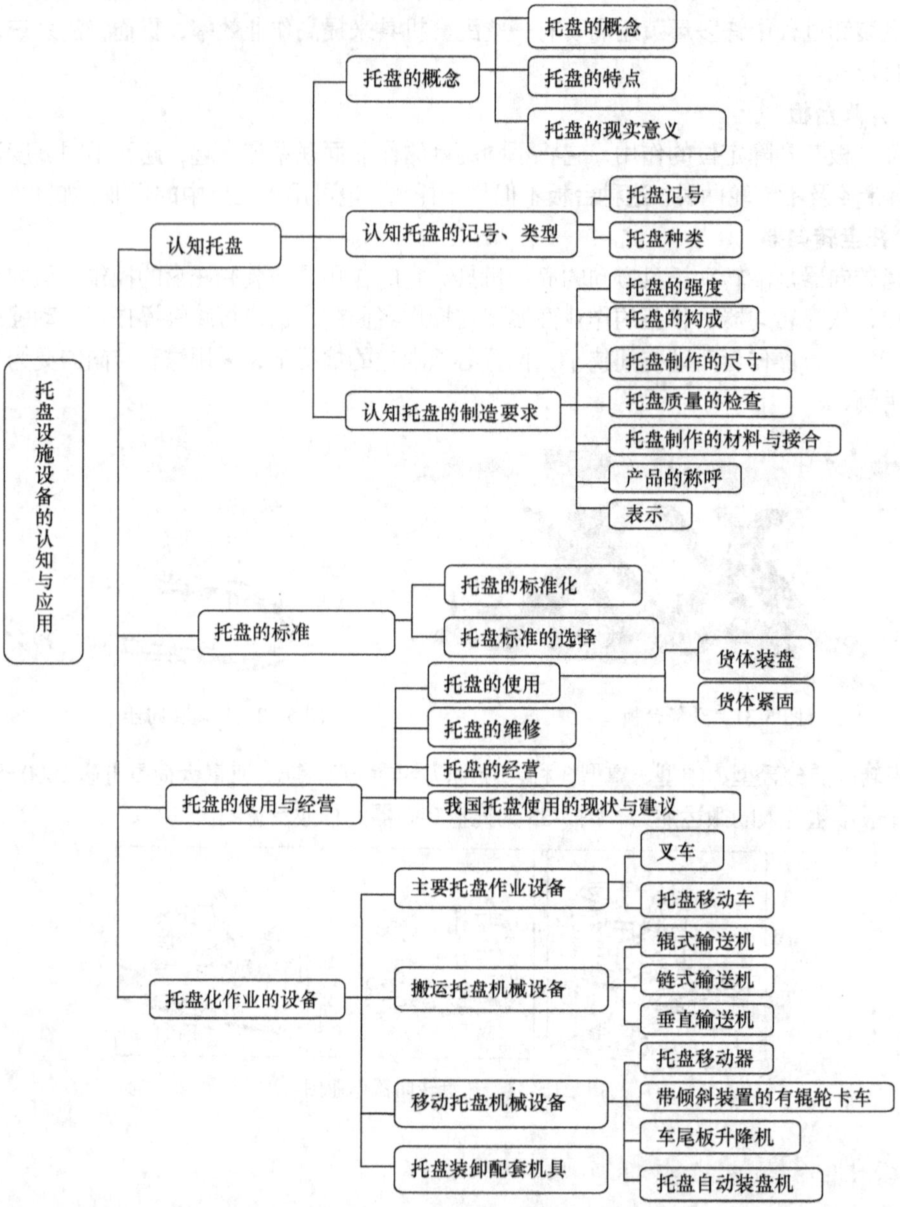

- 托盘设施设备的认知与应用
  - 认知托盘
    - 托盘的概念
      - 托盘的概念
      - 托盘的特点
      - 托盘的现实意义
    - 认知托盘的记号、类型
      - 托盘记号
      - 托盘种类
    - 认知托盘的制造要求
      - 托盘的强度
      - 托盘的构成
      - 托盘制作的尺寸
      - 托盘质量的检查
      - 托盘制作的材料与接合
      - 产品的称呼
      - 表示
  - 托盘的标准
    - 托盘的标准化
    - 托盘标准的选择
  - 托盘的使用与经营
    - 托盘的使用
      - 货体装盘
      - 货体紧固
    - 托盘的维修
    - 托盘的经营
    - 我国托盘使用的现状与建议
  - 托盘化作业的设备
    - 主要托盘作业设备
      - 叉车
      - 托盘移动车
    - 搬运托盘机械设备
      - 辊式输送机
      - 链式输送机
      - 垂直输送机
    - 移动托盘机械设备
      - 托盘移动器
      - 带倾斜装置的有辊轮卡车
      - 车尾板升降机
    - 托盘装卸配套机具
      - 托盘自动装盘机

知识练习

一、填空题

① 单面型的记号(　　　),一面使用型(　　　),两面使用型(　　　),SU 表示(　　　),DU 表示 (　　　)。

② 平托盘按材料分为 (　　　)、(　　　)、(　　　)、(　　　) 和 (　　　)。

③ 柱式托盘特点：(　　　)、(　　　)、(　　　)。

④ 航空托盘一般会采用 (　　　) 材质。

⑤ 操作简单但稳定性差的码放方式是 (　　　)。

二、简答题

① 正反交错式装盘的优缺点和适用范围。

② 木制托盘的优点及缺点。

③ 托盘没有国际标准化的原因及对托盘流通的影响。

职业技能训练

一、案例分析

A 公司为物流公司，经常运输的有以下 9 种产品，如表 5-4 所示。为了提高托盘的利用率，在码放过程中要注意码放的方式。托盘规格为 1000mm×1200mm，那么，在码放的过程中，每层托盘最多能码放多少货物，托盘利用率为多少？并填写表 5-5。

表 5-4　　产品规格表

编号	商品名称	外包装规格尺寸（mm）
1	产品 A1	370×255×196
2	产品 A2	245×245×345
3	产品 A3	355×310×335
4	产品 A4	525×270×265
5	产品 A5	320×213×130
6	产品 A6	440×290×240
7	产品 A7	247×165×316
8	产品 A8	460×280×170
9	产品 A9	421×275×145

表 5-5　　托盘码放表

编号	商品名称	单位占用托盘面积（m^2）	单层码货数量	总利用面积（m^2）	托盘利用率
1	产品 A1	94 350	12	1 132 200	0.9435
2	产品 A2				
3	产品 A3				
4	产品 A4				
5	产品 A5				
6	产品 A6				
7	产品 A7				
8	产品 A8				
9	产品 A9				

二、技能训练

【训练目的】

① 掌握托盘货体码放的方式。

② 掌握托盘货体紧固的方式。

③ 掌握托盘移动车与托盘的配套使用。

【训练内容】

① 重叠式装盘的具体操作。

② 纵横交错式装盘的具体操作。

③ 正反交错式装盘的具体操作。

④ 旋转交错式装盘的具体操作。

⑤ 托盘移动车与托盘的配套使用。

【训练方法】

① 了解各种装盘方式的具体操作方法。

② 设备安全使用的要求。

③ 按操作规程操作。

④ 要求熟练掌握4种装盘的方式，并了解各种方法的优、缺点及适用范围。

⑤ 操作地点：中间空地区域。

⑥ 操作结束，将货物、设备归位。

项目六

集装设施设备的认知与应用

职场情境导入

王经理对李明说：“小李，做了这么长时间的物流管理工作，你有什么感受吗？觉得哪些设施设备对物流的发展起到了很关键性的作用？”李明说：“其实，物流工作包括很多，装卸、包装、运输、仓储等，每个环节都很重，其中装卸占有很大部分。要想提高物流的效率、降低成本，装卸是很重要的一部分。我觉得，集装箱的发展减少了装卸的环节，提高了整个物流的效率。因此，我认为集装箱物流的发展起到了很关键性的作用。”王经理问：“集装箱的种类很多，配备的机械设备也很多，集装箱在管理过程中会出现很多问题，导致了货损，那你对集装箱的管理有什么建议吗？”李明说：“对于集装箱的管理，一是应该合理地调度、分配和使用，进行跟踪管理，二是要对集装箱生产、租赁、保险等业务进行有效的管理，三是要对各地货源箱子管理，加快周转率，减少成本。”

任务一　认知集装箱

学习目标

知识目标：

① 掌握集装箱的规格。

② 了解集装箱的结构。

③ 掌握集装箱的类型。

④ 掌握集装箱的标记。

⑤ 掌握集装箱数量的确定。

⑥ 了解集装箱的管理。

技能目标：

① 能够根据货物等情况选择合适的集装箱。

② 能够通过集装箱的标记了解集装箱的属性，并会计算核对号。

③ 能够根据货物的数量等情况确定集装箱的数量。

重点、难点：

① 掌握集装箱的类型。

② 掌握集装箱的标记。

③ 能够根据货物的数量等情况确定集装箱的数量。

知识储备

集装箱货物装载（运输方式）就是把一定数量的单件货物集装在一个特定的箱子内作为一个运送单元进行一系列的装箱与卸下的装卸装载方式。与托盘货物装载方式相比，集装箱货物装载方式可以使各种形状的货物实现集装化，它是一种经常使用的装卸方式。集装箱运输有整箱货装箱方式和拼箱货装箱方式两种装箱方式。整箱货装箱方式由发货人在工厂或仓库自行装箱（也可以由承运人代为装箱），然后直接运往集装箱堆积场等待装运，或者由承运人在内陆货运站接箱。达到目的港后，收货人直接提走整箱货。拼箱货装运方式是由发货人把货物送交集装箱货运站，由承运人进行装箱，达到目的港后，承运人在目的港的集装箱货运站或港口外的内陆货运站打开拼装货集装箱，把货物分送给不同的收货人。

一、认知集装箱的定义

1. 集装箱的定义

集装箱也叫货箱、货柜，是指具有一定容积，适合于在不同运输方式中转运，具有一定强度和刚度，能反复使用的金属箱。

国际标准化组织在 ISO830-1981《集装箱术语》中规定如下：

① 具有耐久性，能反复长期使用；

② 适合一种或多种方式运输，途中转运时，箱内货物不必换装；

③ 可进行快速搬运和装卸，特别便于从一种运输方式转移到另一种运输方式；

④ 设计时应注意到便于货物的装满和卸空；

⑤ 具有 $1m^3$ 及 $1m^3$ 以上的容积。

2. 集装箱的规格

集装箱标准按使用范围分：国际标准、国家标准、地区标准、公司标准。

（1）国际标准

共有 13 种：1AA、1A、1AX、1BB、1B、1BX、1CC、1C、1CX、1D、1DX、1AAA、1BBB，如表 6-1 所示。

1A 型 40ft（12192mm），1B 型 30ft（9125mm），1C 型 20ft（6058mm），1D 型 10ft（2991mm）。

1A=1B+I+1D=9125+76+2991=12192（mm）

1B=1D+I+1D+I+1D=3×2991+2×76=9125（mm）

1C=1D+I+1D=2×2991+76=6058（mm）

间距 I 为 3 英寸（76mm）。

为便于计算集装箱数量，常以长 20ft、宽和高各 8ft 的集装箱作为一个换算标准箱，简称 TEU（Twenty-foot Equivalent Units）。即 40ft 的集装箱=2TEU，30ft 集装箱=1.5TEU，20ft 集装箱=1TEU，10ft 集装箱=0.5TEU。

国际集装箱的单箱总重量趋于增加。20 英尺单箱总重量由 20.32t 提升为 24t。目前国际集装箱制造部门以接受订货的方式，制造很多单箱总重量 30.48t 的 20 英尺箱。这对运输环节、运输设施和各种装置提出了要求，对国际集装箱公路运输车的运输模式产生了重要影响。

表 6-1　　集装箱的尺寸

规格（ft）	箱型	长度（mm）	宽度（mm）	高度（mm）	最大总重量	
					kg	lb
40	1AAA	12192	2438	2896	30480	67200
	1AA			2591		
	1A			2438		
	1AX			<2438		
30	1BBB	9125	2438	2896	25400	56000
	1BB			2591		
	1B			2438		
	1BX			<2438		
20	1CC	6058	2438	2591	24000	52900
	1C			2438		
	1CX			<2438		
10	1D	2991	2438	2438	10160	22400
	1DX			<2438		

（2）国家标准

我国现行国家标准《集装箱外部尺寸和额定重量》（GB1413—85）中规定了集装箱各种型号的外部尺寸、极限偏差及额定重量。

1AA、1A、1AX、1CC、1C、1CX 用于国际运输；10D、5D 用于国内运输。

（3）地区标准

由地区组织根据该地区的特殊情况制定，此类集装箱仅适用于该地区。如根据欧洲国际铁路联盟（VIC）所制定的集装箱标准而制造的集装箱。

（4）公司标准

某些大型集装箱公司，根据本公司的具体情况和条件而制定的集装箱公司标准，这类集装箱主要在该公司运输范围内使用，如美国海陆公司的 35ft 集装箱。

目前世界还有不少非标准集装箱，如非标准长度（40、29、19、9ft）集装箱有总统轮船公司的 45ft 及 48t（30.48、25.4、24、10.16t）集装箱；非标准高度集装箱有 9、9.5ft；非标准宽度集装箱有 8.2ft。

3. 集装箱的优点

集装箱及集装箱装卸运输之所以能如此迅速发展，是由于这种装卸及运输方式具有如下许多优点。

（1）提高装卸效率

由于集装箱运输扩大了运输单元，规范了单元尺寸，为实现货物的装卸和搬运机械化提供了条件，机械化乃至自动化的发展明显提高了货物装卸和搬运的效率。例如，我国在港口普通码头上装卸件杂货船舶，其装卸效率一般为 35t/h，并且需要配备装卸员工约 17 人，而在国外的集装箱专用码头上装卸集装箱，其效率可达 50TEU/h，按每箱载货 10t 计，生产效率已达 400～500t/h，而配备员工数至多只有 4 名，工效提高了几十倍。又如，据铁路部门测算，用人工装车，平均一个车皮需要 2h，而采用铁路专用车集装箱运输方式，用机械作业，一般只需 30min。在提高装卸效率的同时，工人的体力劳动强度大幅度降低，而对作业人员的知识和技能要求则在不断地提高。机械化和自动化作业方式的采用使工人只需从事一些辅助性的体力劳动工作，肩扛人挑的装卸搬运方式已成为历史。

（2）减少货损货差

采用件杂货运输方式时，由于在运输和保管过程中货物不易保护，尽管也采取了一些措施，但货损货差情况仍较严重，特别是在运输环节多、品种复杂的情况下，货物的中途转运搬动，使商品破损以及被盗事故屡屡发生，尤其是零担百货商品发生的事故更多。例如，据铁路部门统计，零担货损事故约占整个货损事故的 80%。采用集装箱运输方式后，由于采用强度较高、水密性较好的箱体对货物进行保护，从发货人装箱、铅封到收货人收货，一票到底。因此，货物在搬运、装卸和保管过程中不易损坏，不怕受潮。同时，通过采用“门到门”的多式联运方式，货物途中丢失的可能性大大降低，货物完好率大大提高。例如，用火车装运玻璃器皿的一般破损率达 30%左右，改用集装箱运输后，破损率下降到 5%以下。在美国，破损率不到 0.01%，而日本也小于 0.03%。

（3）缩短货物的在途时间

集装箱化给港口和场站的货物装卸、堆码的全机械化和自动化创造了条件。标准化的货物单元使装卸搬运变得简单和有规律，因此，在作业过程中能充分发挥装卸搬运机械设备的能力，便于实现自动控制的作业过程。机械化和自动化可以大大缩短车船在港站停留时间，加快货物的送达速度。另一方面，由于集装箱运输方式减少了运输中转环节和收发货的交接手续，方便了货主，提高了运输服务质量。据航运部门统计，一般普通货船在港停留时间约占整个营运时间的 56%，而采用集装箱运输，则在港时间可缩短为仅占整个营运时间的 22%。

（4）节省运输的包装

集装箱箱体作为一种能反复使用的包装物，虽然一次性投资较高，但与一次性的包装方式相比，其单位货物运输分摊的包装费用投资反而降低。例如，采用集装箱装运电视机可比原先件杂货运输方式节省包装费用约 50%。又如，中国广东省出口大理石，原先使用木箱包装，每吨需包装费用 108 元人民币。在运输场站，由于集装箱对环境要求不高，节省了场站在仓库方面的投资。此外，件杂货由于包装单元较小，形状各异，理货核对较为困难，而采用标准集装箱，理货时按整箱清点，大大节省了检查时间，同时也节约了理货费用。

（5）节省装卸运输费用

除了前述的节省船舶运输费用外，由于采用统一的货物单元，使换装环节设施的效能大大提高，从而降低了装卸成本。同时，采用集装箱方式，货物运输的安全性明显提高，使保险费用有所下降。英国在大西洋航线上开展集装箱运输后，运输成本仅为普通杂货船的 1/9。

（6）推动包装的标准化

集装箱作为一种大型标准化容器的使用，促使了商品包装的进一步集装化和标准化。目前，中国的包装国家标准已接近 400 个，这些标准大多采用或参照国际标准，并且许多包装标准与集装箱标准箱相适应。

（7）有利于联合运输

由于各种运输工具各自独立地发展，装载容积无统一考虑的依据，因此，传统的运输方式给货物的交换带来了困难。集装箱作为一种标准运输单元的出现，使各种运输工具的运载尺寸向统一的满足集装箱运输需要的方向发展，任何一种运输方式如果对于这种趋势熟视无睹的话，它将很难融入到大的运输系统中去。因此，根据标准化的集装箱设计的各种运输工具将使运输工具之间的换装衔接变得更加便利。

二、分析集装箱的结构

集装箱是指具有一定规格和强度的专为周转使用的大型货箱。这种容器和货物的外包装以及其他容器不同之处在于，除了能装载货物外还需要适应许多特殊要求。国际标准化组织制定了统一规格，力求使集装箱达到标准化。国际标准化不仅对集装箱尺寸、术语、试验方法等，而且还就集装箱的构造、性能等技术特征做了某些规定。

就一般普通的集装箱而言，主要由以下一些部件构成，如图 6-1 和图 6-2 所示。

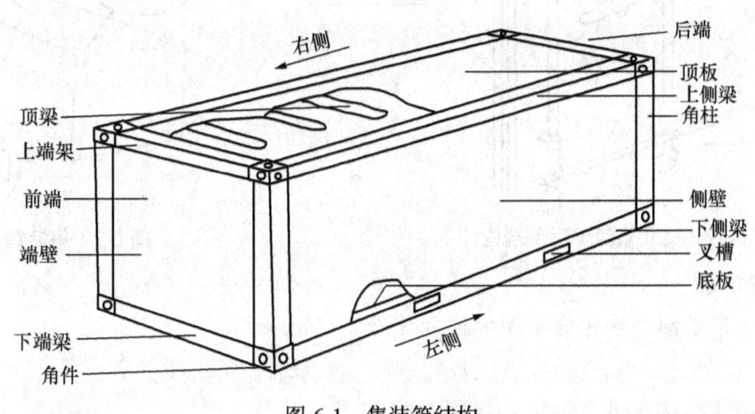

图 6-1 集装箱结构

1. 角配件

角配件位于集装箱 8 个角端部，用于支撑、堆码、装卸和栓固集装箱。角配件在 3 个面上各有一个长孔，孔的尺寸与集装箱装卸设备上的旋锁相匹配，如图 6-3 所示。

2. 角柱

角柱位于集装箱 4 条垂直边，起连接顶部角配件和底部角配件的支柱作用。

3. 上（下）横梁

上（下）横梁位于箱体端部连接顶部（或底部）角配件的横梁。

4. 上（下）侧梁

上（下）侧梁位于箱体侧壁连接顶部（或底部）角配件的纵梁。

5. 顶（底）板

顶（底）板是箱体顶部（底部）的板。

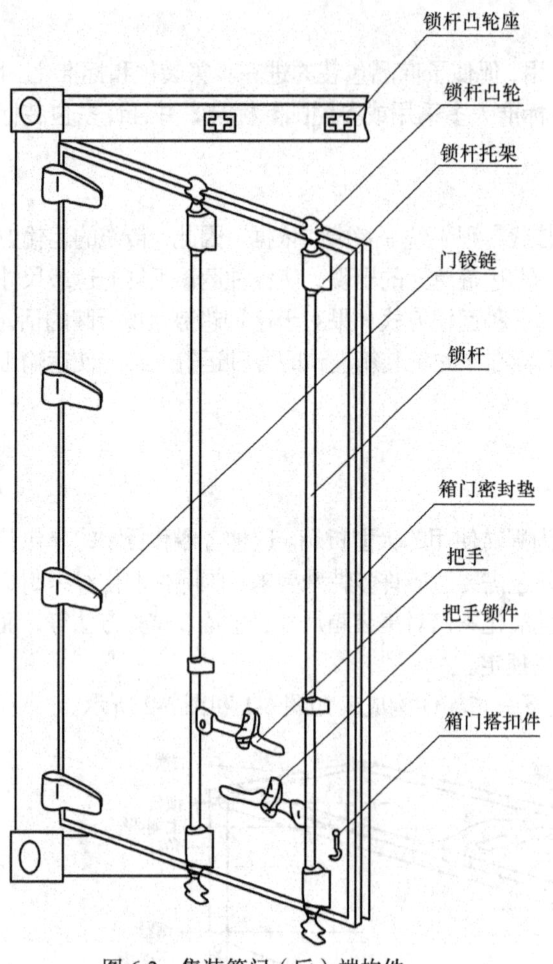

图 6-2　集装箱门（后）端构件

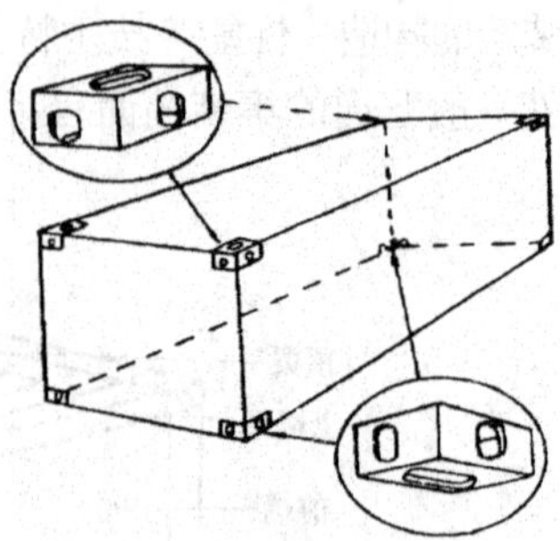

图 6-3　集装箱角配件

6. 顶（底）梁

顶（底）梁是支撑顶板（底板）的横向构件。

7. 叉槽

叉槽贯穿箱体结构，供叉举集装箱用的槽。

8. 侧（端）壁板

侧（端）壁板是与上下侧（端）梁和角结构相连的，形成封闭的板壁。

9. 侧（端）柱

侧（端）柱是垂直支撑和加强侧（端）壁板的构件。

10. 门楣（槛）

门楣（槛）是箱门上（下）方的梁。

11. 端（侧）门

端（侧）门是设在箱端（侧）的门。

12. 门铰链

门铰链是连接箱门与角柱以支承箱门，使箱门能开闭的零件。

13. 门把手

门把手是开闭箱门用的零件，其一端焊接在锁杆上，抓住门把手使锁杆旋转，从而使锁杆凸轮与锁杆凸轮柱啮合，把箱门锁住。

14．锁杆凸轮

锁杆凸轮是门锁装置中的零件之一，与门楣上的锁杆凸轮座相啮合，用以锁住箱门。

15．把手锁件

把手锁件是门锁装置中的零件之一，锁杆中央带有门把手，两端部带有凸轮，依靠门把手旋转锁杆。

16．门锁杆托架

门锁杆托架是门锁装置中的零件之一，焊接在门上用以托住锁杆的装置。

17．箱门搭扣件

箱门搭扣件是保持箱门呈开启状态的零件，它分两个部分：一部分设在箱门下侧端部，另一部分设在侧壁下方相应的位置上。

三、了解集装箱的类型

1．按箱内所装货物分类

（1）通用干货集装箱

通用干货集装箱也称为杂货集装箱，用来运输无需控制温度的杂货。这种集装箱通常为封闭式，在一端或侧面设有箱门，如图 6-4 所示。不受温度变化影响的各类固体散货、颗粒或粉末状的货物都可以用这种集装箱装运。除冷冻货、活的动物、植物外，在尺寸、重量等方面适合集装箱运输的货物，几乎均可使用干货集装箱，如文化用品、化工用品、电子机械、工艺品、医药用品、日用品、纺织品及仪器零件等。通用干货集装箱是平时最常用的集装箱，占集装箱总数的 70%～80%。另外，这种集装箱样式较多，使用时应注意箱子内部容积和最大负荷，特别是在使用 20ft、40ft 集装箱时更应注意这一点。

图 6-4　通用干货集装箱

（2）散货集装箱

散货集装箱是一种密闭式集装箱，有玻璃钢制和钢制的两种。前者由于侧壁强度较大，故一般装载麦芽和化学品等相对密度较大的散货，后者则用于装载相对密度较小的谷物。散货集装箱顶部的装货口应设水密性良好的盖，以防雨水侵入箱内。散货集装箱如图 6-5 所示。散货集装箱主要用于运输啤酒、豆类、谷物、硼砂、树脂等货物。这种集装箱的使用有严格要求：

① 每次掏箱后，要进行清扫，使箱底、两侧保持光洁；
② 为防止汗湿，箱内金属部分应尽可能少外露；
③ 有时需要熏蒸，箱子应具有气密性；
④ 在积载时，除了由箱底主要负重外，还应考虑到将货物重量向两侧分散；
⑤ 箱子的结构易于清洗；
⑥ 主要适用装运重量较大的货物，因此，要求箱子自重应减轻。

图 6-5　散货集装箱

（3）冷藏集装箱

冷藏集装箱是以运输冷冻食品为主，能保持所定温度的保温集装箱，如图 6-6 所示。它专为运输鱼、肉、新鲜水果、蔬菜等食品而特殊设计。目前国际上采用的冷藏集装箱基本上分为两种：一种是集装箱内带有冷冻机的，称为机械式冷藏集装箱；另一种是箱内没有冷冻机而只有隔热结构，即在集装箱端壁上设有进气孔和出气孔，箱子装在船舱中，由船舶的冷冻装置供应冷气，称为离合式冷藏集装箱。

图 6-6　冷藏集装箱

在实际应运过程中，冷藏集装箱的货运事故较多，原因之一是由于箱子本身或箱子在码头堆场存放或装卸时所致；另一原因是发货人在进行装箱工作时，对箱内货物所需要的温度及冷冻装置的操作缺乏足够的谨慎所致。

尽管如此，世界冷藏货运量中，使用冷藏集装箱方式的比重不断上升，近年来已经超过使用冷藏船方式的比重，这也从一个侧面反映了集装箱运输方式取代常规货船运输方式的趋势。

（4）开顶集装箱

开顶集装箱是一种没有刚性箱顶的集装箱，但有由可折叠式或可拆式顶梁支撑的帆布、塑料布或涂塑布制成的顶篷，其他构件与通用集装箱类似，如图 6-7 所示。这种集装箱适于装载大型货物和重货，如钢铁、木材，特别是像玻璃板等易碎的货物，利用吊车从顶部吊入箱内时不易损坏，而且也便于在箱内固定。开顶集装箱在集装箱类中属于需求增长较少的一种，主要原因是货物装卸量上不去，在没有月台、叉车等设备的仓库无法进行装箱，在装载较重的货物时还需使用起重机。目前，开顶集装箱仅限于装运高度较高货物或用于代替尚未得到有关公约批准的集装箱种类。

图 6-7　开顶集装箱

（5）框架集装箱

框架集装箱是以装载超重货物为主的集装箱，省去箱顶和两侧，其特点是可从箱子侧面进行装卸，如图 6-8 所示。在目前使用的集装箱种类中，框架集装箱稍有独到之处，这是因为不仅干货集装箱，即使是散货集装箱、罐式集装箱等，其容积和重量均受到集装箱规格的限制，而框架集装箱则可用于那些形状不一的货物，如废钢铁、卡车、叉车等。除此之外，相当部分的集装箱在集装箱船边直接装运散装货，采用框架集装箱就较方便。

框架集装箱的主要特点如下。

① 自身较重。普通集装箱是采用整体结构的，箱子所受应力可通过箱板扩散，而框架集装箱仅以箱底承受货物的重量，其强度很大。

② 出于同样的原因，这种集装箱的底部较厚，所以相对来说，可供使用的高度较小。

③ 密封程度差。

由于上述原因，该种集装箱在通过海上运输时，必需装在舱内运输，在堆场存放时也应用毡布覆盖。同时，货物本身的包装也应适应这种集装箱。

图 6-8　框架集装箱

（6）平台集装箱

平台集装箱是在框架式集装箱的基础上再简化而只保留底板的一种特殊结构集装箱，如图 6-9 所示。平台的长度与宽度与国际标准集装箱的箱底尺寸相同，可使用与其他集装箱相同的紧固件和起吊装置。这一集装箱的采用打破了过去一直认为集装箱必须具有一定容积的概念。

图 6-9　平台集装箱

（7）牲畜集装箱

牲畜集装箱是一种用于装运鸡、鸭、鹅等活家禽和牛、马、羊等活家畜的集装箱，如图 6-10 所示。为了遮蔽太阳，箱顶采用胶合板覆盖，侧面和端面都有用铝丝网制成的窗，以求有良好的通风。侧壁下方设有清扫口和排水口，并配有上下移动的拉门，可把垃圾清扫出去，此外还装有喂食口。牲畜集装箱在船上一般应装在甲板上，因为甲板上空气流通，便于清扫和照顾。

图 6-10　牲畜集装箱

（8）罐式集装箱

罐式集装箱专门装运各种液体货物，如食品、酒品、药品、化工品等，如图 6-11 所示。货物由液罐顶部的装货孔进入，卸货时，货物由排出孔靠重力作用自行流出，或者由顶部货孔吸出。

图 6-11　罐式集装箱

（9）汽车集装箱

汽车集装箱是一种用于运输小型轿车的专用集装箱，如图 6-12 所示。这种集装箱分单层和双层两种。因为小轿车的高度一般为 1.35～1.45m，如装在 8ft（约 2.438m）的标准集装箱内，其容积要浪费 2/5 以上，因而出现了双层集装箱。其高度有两种：一种为 10.5ft（约 3.2m）。一种为 8.5ft 高的 2 倍，即 17ft（约 5.2m）。因此汽车集装箱一般不是国际标准集装箱。

（10）服装集装箱

服装集装箱的特点是，箱内侧梁上装有许多根横杆，每根横杆上垂下若干条皮带扣、尼龙带扣或绳索，成衣利用衣架上的钩可直接挂在带扣或绳索上，如图 6-13 所示。这种服装装载法属于无包装运输，它不仅节约了包装材料和包装费用，而且减少了人工劳动，提高了服装的运输质量。

图 6-12 汽车集装箱

图 6-13 服装集装箱

2. 按箱体材质分类

（1）钢制集装箱

钢制集装箱的外板用钢板，结构部件也均采用钢材。这种集装箱的最大优点是强度大，结构牢，焊接性和水密性好，而且价格低廉。但其重量大，易腐蚀生锈。由于自重大，降低了装货量，而且每年一般需要进行两次除锈涂漆，因此使用期限较短，一般为 11～12 年。

（2）铝制集装箱

通常说的铝制集装箱并不是由纯铝制成的，而是各主要部件使用了适量的各种轻铝合金（一般采用铝镁合金），故又称铝合金集装箱。铝合金集装箱的最大优点是重量轻，铝合金的相对密度约为钢的 1/3。20ft 的铝集装箱的自重为 1700kg，钢集装箱在 2220kg 左右，比钢集装箱轻 20%～25%，故同一尺寸的铝集装箱可以比钢集装箱装载更多的货物。

铝制集装箱不生锈，外表美观，在大气中自然形成氧化膜，可以防止腐蚀，但遇海水则易腐蚀。若采用纯铝包层，就能对海水起很好的防蚀作用，最适合于海上运输。铝合金集装箱的弹性好，加外力后容易变形，外力除去后一般就能复原，因此最适合于在有箱格结构的全集装箱船上使用。它的使用年限长，一般为 15～16 年。

（3）玻璃钢集装箱

玻璃钢集装箱是用玻璃纤维和合成树脂混合在一起制成薄薄的加强塑料，再用黏合剂贴在胶合板的表面上形成玻璃钢板而制成的集装箱。玻璃钢集装箱的特点是强度大、刚性好。玻璃钢的隔热性、防腐性、耐化学性都比较好，能防止箱内产生结露现象，有利于保护箱内货物不遭受湿损。此外，这种集装箱还有不生锈、容易着色的优点，故外表美观。玻璃钢集装箱的主要缺点是重量较大，与一般钢集装箱相差无几，价格也较高。

（4）不锈钢集装箱

不锈钢是一种新的集装箱材料，其强度大、不生锈、外表美观，在整个使用期内无需进行维修保养，故使用率高，耐蚀性能好。其缺点是价格高、初始投资大、材料少、大量制造有困难。目前一般都用作罐式集装箱。

四、集装箱的标记

集装箱标记内容包括：必备标记和自选标记。

1. 必备标记

（1）箱主代号

集装箱所有者的代码，它由四位拉丁字母表示。前三位由箱主自己规定，并向国家集装箱局登记；第四位为 U，表示海运集装箱代码。如中国远洋运输（集团）公司的箱主代码为 COSU。

（2）顺序号(箱号)

为集装箱编号，按国家标准规定，用 6 位阿拉伯数字表示，不足 6 位，则以 0 补之。

（3）核对号

用于计算机核对箱主号与顺序号记录的正确性。核对号一般位于顺序号之后，用 1 位阿拉伯数字表示，并加方框以醒目。下面为一组集装箱的必备标记：

箱主代号　　　顺序号（箱号）　　核对数字

JBJU　　　　　001436　　　　　　[3]

核对号是由箱主号的四位、顺序号的 6 位数字通过以下方式换算而得。步骤如下：

① 将表示箱主号的 4 位字母转换成相应的数字，字母与数字的对应关系见表 6-2。

表中去掉了 11 及其倍数的数字，这是因为后面的计算将 11 作为模数。

表 6-2　　字母数字对应表

字母	A	B	C	D	E	F	G	H	I	J	K	L	M
数字	10	12	13	14	15	16	17	18	19	20	21	23	24
字母	N	O	P	Q	R	S	T	U	V	W	X	Y	Z
数字	25	26	27	28	29	30	31	32	34	35	36	37	38

② 将前四位字母对应的数字加上后面顺序号的数字，共计 10 位数字。

例：以中国远洋运输公司的某箱为例，箱主号与顺序号为 COSU800121，对应的数字为 13-26-30-32-8-0-0-1-2-1。

③ 采用加权系数进行计算，公式如下：

$$S=\sum_{i=0}^{i=9} C_i \times 2^i$$

C_i为 10 个数字中的第 i 个。

④ 将 S 除以模数 11，再取余数即为核对号，仍以 COSU800121 为例，S=1721，除以 11 后余数为 5，故其核对号为5

（4）最大重量和自重

最大重量又称额定重量，是集装箱的自重与最大允许装货重量之和。自重是指集装箱的空箱重量。

集装箱最大重量和自重的标记要求用公斤（kg）和磅（lb）两种单位同时标出。

（5）空陆水联运集装箱标记

由于该集装箱的强度仅能堆码两层，因而国际标准化组织对该集装箱规定了特殊的标志。该标记为黑色，位于侧壁和端壁的左上角，并规定标记的最小尺寸为：高 127mm，长 355mm，字母标记的字体高度至少为 76mm。

（6）登箱顶触电警告标记

该标记为黄色底色三角形，一般设在罐式集装箱和位于登顶箱顶的扶梯处，以警告登箱者有触电危险。

2. 自选标记

（1）国家代号

用 3 位拉丁字母表示，说明集装箱的登记国，也可用两位字母表示。如 PRC 或 CN 表示中华人民共和国，USA 或 US 表示美国。

（2）尺寸代号

由两位阿拉伯数字组成，用于表示集装箱的尺寸大小。

（3）类型代码

由两位阿拉伯数字组成，说明集装箱的类型，类型代码可查到。

国家代号	尺寸代号	类型代号
CN	20	11

例：COSU001234　2　PRC20　30

依照相关标志规定反映了如下集装箱的情况。

① COSU——箱主代号，表示是中国远洋运输公司。

② 001234——顺序号（箱号）。

③ 2——核对数。

④ PRC——国籍代码，表示中国。

⑤ 20——尺寸代号，表示 20FT 长，8FT 高。

⑥ 30——类型代号，表示冷冻集装箱。

3. 集装箱代号标记位置

代号标记位置分布在集装箱顶部、两侧、门端、封闭端（盲端）等 5 个面上。标记中汉字字体要符合 GB/T14691—1993《技术制图》标准，采用国家正式公布的简体字。

字体要求端正、排列整齐、均匀，汉语拼音字母及拉丁字母采用大写直体字母，数字用阿拉伯直体数字，集装箱重量、尺寸、容积的计量单位采用国际单位制，其字体与计算数字相同。

五、集装箱的装载

1. 集装箱的选定

集装箱的选定必须考虑外界环境和特殊要求。

（1）运输线上的外界环境和特殊要求

① 在国际多式联运中，须满足《国际公路运输海关公约》（TIR 条约）的规定。该条约规定了有关公路上运行的车辆或该车辆上装载的集装箱，在国境上进行换装和通过国境线的货物，必须办理海关手续，其内容之一是要公路上运行的车辆或集装箱，必须有一定的技术条件。

② 在澳大利亚航线上运输的集装箱，由于澳大利亚政府有关部门的规定，集装箱上所使用的木材，如未经防虫处理不得使用。因此选用集装箱时，必须确实掌握该集装箱上所用的木材是否经过防虫处理。

③ 集装箱在横穿大陆或通过个别山区地带时，有时其温湿度相差较大，对于运输某些温湿度十分敏感的货物，要尽量选用绝热性能良好的集装箱，或在箱内铺设具有吸湿性的衬垫材料，或采取其他措施，保证货物不受损坏。

（2）装货作业上的要求

根据货物的特性，必须用木材来固定货物时，应尽量避免选用玻璃钢集装箱和箱底无木制底板的金属底集装箱，以免钉钉子后破坏集装箱的水密性。

（3）装卸机械上的要求

有些重货不使用机械就不能装卸，而在拆箱地点又无装货平台时，就需要使用开顶集装箱利用吊车进行装卸，但必须注意开顶集装箱无水密性。

（4）物流条件

有些航线上由于物流的不平衡，或者来回航向的货种不同，可能会造成某些专用集装箱回空。所以应尽可能选用回程时也能装载另一种货的集装箱，避免集装箱回空运输。

2. 集装箱数量的确定

（1）装载量的确定

为使集装箱能达到最大的装载量，要进行精确计算。装载技术的好坏，会影响到装载件数，也会导致剩下的货物件数不多，却另装一个集装箱，造成集装箱利用率低。

集装箱的装载量是集装箱的最大载货重量（P），是集装箱的总重（R）与集装箱的自重（T）之差，即 $P=R-T$。

集装箱的总重是一个定值，按国际标准除动物集装箱外，20ft 型钢质集装箱的总重为 24000kg，40ft 为 30480kg，见表 6-3 所示。

表 6-3　　集装箱载重量标准

集装箱的种类	自重		最大载货重量		集装箱的种类	自重		最大载货重量	
	kg	lb	kg	lb		kg	lb	kg	lb
20ft 杂货集装箱	2210	4873	21790	48047	20ft 开顶集装箱	2520	5557	21480	47363

续表

集装箱的种类	自重		最大载货重量		集装箱的种类	自重		最大载货重量	
	kg	lb	kg	Lb		kg	lb	kg	lb
40ft 杂货集装箱	3850	8489	27630	60924	40ft 开顶集装箱	2770	6108	21230	46812

（2）货物的密度

货物密度是货物单位容积的重量。

集装箱单位容重=集装箱的最大载货重量/集装箱的容积

要使集装箱的容积重量都能装满，就要求：货物的密度=集装箱的单位容重。

实际上集装箱装货后，箱内容积或多或少会产生空隙。

集装箱内实际利用的有效容积=集装箱容积×箱容利用系数

集装箱的单位容重，如表 6-4 所示。

表 6-4　　集装箱单位容重

集装箱种类	最大载货重量		集装箱容积		箱容积利用率为 100%时的单位容重		箱容积利用率为 80%时的单位容重	
	kg	lb	m^3	ft^3	kg/m^3	lb/ft^3	kg/m^3	lb/ft^3
20ft 型杂货集装箱	21790	48047	33.2	1172	656.3	41.0	820.4	51.3

重货：货物密度大于集装箱的单位容重，先装满集装箱重量。

轻货：货物密度小于集装箱的单位容重，先装满集装箱容积。

（3）集装箱数量的计算

在计算集装箱所需数量之前，先要判定货物是重货还是轻货，再求出一个集装箱的最大装载量和有效容积，就可算出货物所需的集装箱数。

重货：货物总重量/集装箱的最大载货重量=所需集装箱的数量。

轻货：货物总体积/集装箱有效体积=所需集装箱的数量。

若货物密度=箱的单位容重，按重量或容积都一样。

尚不能判定重货还是轻货，先按容积来计算，求出每个集装箱的最大可能装载件数，用件数×每件货物的重量，再与该集装箱的最大载货重量相比较。

如果小于集装箱的最大载货重量，集装箱数=该批装箱货物的总重量/该重量；如果大于集装箱的最大载货重量，集装箱数=该批装箱货物的总重量/集装箱的最大载货重量。

【例 6-1】所装货物为纸板箱包装的电气制品，共 750 箱，总体积为 117.3m^3（4141ft^3），总重量为 20.33t（44825lb），问需要装多少个 20ft 杂货集装箱。

解答：

先求货物密度

①货物密度为 20330kg÷117.3m^3 =173.3kg/m^3；

②查表 6-4 得箱容积利用率为 80%，20ft 杂货集装箱的单位容重为 820.4kg/m^3；

③因货物密度小于箱的单位容重，故所装之电气制品为货；

④集装箱的有效容积为 $33.2\times0.8=26.56\text{m}^3$；

⑤所需集装箱为货物体积/集装箱有效容积为 $117.3\div26.56\approx4.4$。

因此，需要 5 个 20ft 杂货集装箱才能将该批纸箱包装的电气制品装完。

3. 装箱时注意的问题

集装箱货物的装载，通常有三种办法：一是全部用人力装箱；二是由机械设备（如叉车、铲车）搬进箱内再由人力堆装；三是全部用机械装箱如托盘货体用叉车在箱内堆装。这三种方式中，第三种方法最理想，装卸效率最高，发生货损事故最少。但是即使全部采用机械装箱，装载时操作不当等原因也会发生货损事故。装载时应注意以下事项。

（1）重量的配置

在装箱时尽可能使重量均匀地分布于集装箱底盘上。过分的集中负荷或偏心负荷，在装卸集装箱时，有倾斜或翻倒的危险。当货物是重物，难免负荷集中分布，可采用垫衬等方式分散。在使用大型国际集装箱时，要将叉车驶入集装箱内装卸货物，要求底板有一定的强度，其强度大体上满足两吨叉车装卸两吨货物驶入。重量超过上述情况的设备应避免使用。

（2）货物紧固

在可能因运输振动而使货物移动的情况下，要固定货物，称作紧固。紧固的方式有三种，可分别进行也可组合使用。

① 固定材料紧固。用角钢等材料将货物固定在集装箱内的方法。

② 充填材料。在货物和货物之间、货物和集装箱内壁之间用角钢等支柱在水平方向上固定，包括插入阻隔物或垫子以防止货物移动的方式。

③ 捆索。在集装箱侧壁设捆索环，用缆绳或皮带固定货物的方法。

（3）货物的配装

不同货物在同一集装箱中时，要注意货物的性质或重量、包装对其他货物的有害影响，这是在装货地点应考虑的问题。货重在集装箱内应均匀分布，不允许偏载。要按货物标定的“不可倒置”“平放”“竖放”等标志装箱。箱内堆垛时，要采用全自动起升叉车在箱内作业。装拼箱货时，要注意轻压重、包装强度弱的压包强度大的、清洁货压污货、同形状和同包装货放在一起，有异味、潮湿等货物用塑料薄膜包妥后与其他货隔开。有尖角棱刺的货物应另加保护，以免损伤其他货物。

六、集装箱的管理

1. 集装箱管理的内容

集装箱的管理主要有 3 个方面的内容：一是指集装箱船公司或其代理，对于集装箱在运输过程中的调度、分派、分配和使用的跟踪管理；二是指对集装箱的起租、退租、修理、保险、报失以及其他有关集装箱业务的跟踪记录；三是指协调各地区货源箱管理，合理调配货箱以提高集装箱的使用效率，加快周转率，最大限度地降低运输成本，减少或避免集装箱的呆滞、残损和丢失。

只有准确及时地做好以上工作才能为集装箱的正常运输提供最佳服务。对于任何一家全球性的集装箱船公司来说，在集装箱管理上，通常应采用从全球调配和管理（箱管中心）、地区调配和管理（如分为亚太地区、北美地区等）、国家或地区的调配和管理到各个港口的调配和管理的集中统一模式。各级箱管要对上一级箱管负责，及时沟通货源、箱量及增减趋势，并要服从上级箱管的宏观调控，以利于各地区箱货的平衡。

2. **集装箱管理的程序**

港口的基层箱管是从集装箱进港到集装箱出港，分为重箱管理和空箱管理，而又细分为码头调度、跟踪管理、堆场管理和调度协调管理四个部分。

（1）进港前的准备

在集装箱船舶尚未进港前，该船的集装箱情况便由上一级箱管或该船发运港箱管代理用电脑、传真或电传的方式通知卸货港箱管。上面记载了该船所载全部集装箱的箱号、尺寸、箱属（指集装箱的所有人）、空重箱等情况，有的还载明各箱的收货人、货物、数量和重量等内容。卸货港箱管根据上述通知便可及时了解即将到港的集装箱情况，以便做出具体的调度和安排，录入电脑，打印进口设备交接单，并通知各环节的箱管人员，按统一调度做好有关的准备工作。

（2）重箱进港

重箱进港按交接方式可分为整箱交和拆箱交。无论哪种交接方式，收货人均需持提单和必要单证到船公司或其代理的进口调度部门换取，整箱提的收货人要向箱管交纳集装箱押金后才予以开具放箱单和进口设备交接单，然后凭以提箱和提货。各地区根据集装箱的种类和发运方式的不同，规定了不同的押金标准。拼箱交的集装箱由港方在卸船后直接转入指定的后方箱站进行拆箱和放货，拆后的空箱由箱管码头调度安排调回箱管指定的堆场。整提的集装箱又分为汽运整提和火车发运整提，收货人将整箱提到自己的仓库或工厂拆箱。拆后由收货人负责将空箱送回箱管指定的堆场，如超出免费使用天数还应扣除滞箱费才能取回剩余的押金。滞箱费一般按集装箱的种类不同而不同，一般杂货箱的免费期为 10 天，凡超过 10 天免费期以后收取滞箱费。

（3）空箱进港

空箱进港多为上一级箱管作为宏观调配平衡箱量而安排的。一般由箱管码头调度按规定向海关申报，通关后提箱至指定的堆场备用。

（4）堆场管理

无论是整箱、拼箱还是空箱，最终要安排到一个指定的堆场进行堆存。堆场在货箱进出场时都要进行检验，并与还箱人或拆箱人会签设备交接单，以便分析、分清货箱残损责任，以利箱管索赔。集装箱的码放一般按箱属分类，如按排、行、高，进行箱位记录，以便管理和使用。堆场管理应严格服从箱管的统一调度，按照“先进先出”的原则，合理派放货箱，有修箱能力的堆场还要负责集装箱的维修和保养。

（5）空箱使用

发货人或其货运代理人到船公司或其代理处进行订舱委载，分为箱站装箱和自提装箱两种方式。箱管根据各箱站装箱的货量安排好空箱箱量，以备装载货物。箱站装箱后按统一规定将箱货集中。自提箱的发货人需要向箱管交纳集装箱使用押金，由箱管开具提箱单，发货人凭此到指定堆场提取货箱，并自行安排到工厂或仓库装箱后发回堆场或自行集港。重箱出口箱站装的重箱及自装箱按规定集港装船后，港口箱管根据出口舱单，按目的港、箱号、箱型、尺寸、箱属制作“出口单”，发送给上一级箱管或卸货港箱管代理。

（6）空箱出口

箱管根据上一级箱管平衡箱量的安排，将空箱委载，申报通关集港后，装上出口船舶发往指定的港口。

（7）起租和退租

有时上一级箱管为了缓解某地箱源紧张的情况或使箱货平衡，减少货箱不必要的呆滞，降低费用成本，需向租箱公司起租或还租一部分货箱。在取得租箱公司的租约号、放箱号和退租号后，由当地箱管具体安排运力，提箱或还箱，并做好交换手续。

3. 集装箱管理的特点

集装箱管理就是针对集装箱运输中各个环节的集装箱运转动态，及时掌握信息，进行合理调度和调配。由此我们总结出集装箱管理具有如下四个特征。

（1）统一性

集装箱管理需要高度的统一调控，因为只有按照统一的调度安排才能使纷杂的集装箱运程有条不紊，才能做到从大局着眼的箱货平衡，才能有利于加快货箱周转，提高使用效率。

（2）法制性

集装箱管理的纷杂特征决定了它的管理具有法制性，既要对内加强统一调度，又要对外做好各项集装箱的分派、分配和使用的约束，搞好集装箱的交接、检验，分清责任，以避免或减少货箱呆滞、残损和丢失。

（3）合作性

集装箱管理不像揽货那样侧重竞争，它更侧重合作和服务。各船公司、各代理、各地区的箱管为了使货箱安全有序地使用和减少丢失，在当前不能形成更高层次统一网络的情况下，只能加强合作，促进箱管的网络化和协调统一。

（4）信息性

各地区箱管一方面要对货箱动态信息即时掌握；另一方面又要做好本地区箱货平衡，搜集和分析货源箱量增减趋势信息，做好信息分析和研究，及时向上级箱管通报箱货情况，以便做好趋势预测和地区总的箱货平衡。

任务训练

训练背景

物流公司要运输两批货物，一批货物为纸板箱包装的电气制品，共600箱，总体积为130m^3，重量为22.33t；另一批货物为纸板箱包装的新鲜水果，共750箱，总体积110m^3，重量为14.55t。

训练要求

课堂上对下面问题进行思考或者讨论：

按货物的要求，对于两种货物应该选择哪种集装箱？尺寸是多少？一共需要多少个该尺寸的集装箱？在装载的过程中应该注意什么？

任务二　集装箱装箱操作

学习目标

知识目标：

了解各种包装货体装箱时注意的问题。

技能目标：

根据货物包装的不同正确装箱。

重点、难点：

① 了解各种包装货体装箱注意的问题。

② 能根据货物包装的不同进行正确装箱。

知识储备

针对纸箱货、木箱货、货板（托盘）货、捆包货、袋装货及滚动货这几种包装货体，在集装箱装箱分别应注意如下问题。

一、纸箱货的装箱操作

1. 一般注意事项

纸箱是集装箱货物中最常见的一种包装，一般用于包装比较精细和质轻的货物。

① 如集装箱内装的是同一尺寸的大型纸箱，会产生空隙。当空隙为 10cm 左右时，一般不需要对货物进行固定；但当空隙很大时，货物就需要根据具体情况加以固定。

② 如果不同尺寸的纸箱混装，则应将大小纸箱合理搭配，做到紧密堆装。

③ 拼箱的纸箱货应进行隔票。隔票时可使用纸、网、胶合板、垫货板等材料，也可以用粉笔、带子等作记号。

④ 纸箱货不足以装满一个集装箱时，应注意纸箱的堆装高度，以满足使集装箱底面占满的要求。

2. 纸箱的装载和固定

① 装箱时要从箱里往外装，或从两侧往中间装。

② 在横向产生空隙时，可以利用上层货物的重量把下层货物压住，最上层货物一定要塞满或加以固定。

③ 如所装的纸箱很重，在集装箱的中间层需要适当地加以衬垫。

④ 箱门端留有较大的空隙时，需要利用方形木条来固定货物。

⑤ 装载小型纸箱货时，为了防止塌货，可采用纵横交叉的堆装法。

二、市箱货的装箱操作

木箱的种类繁多，尺寸和重量各异。木箱装载和固定时应注意以下问题。

① 装载比较重的小型木箱时，可采用骑缝装载法，使上层的木箱压在下层两个木箱的接缝上，最上一层木箱必须加以固定或塞紧。

② 装载小型木箱时，如箱门端留有较大的空隙，则必须利用木板和木条加以固定或撑紧。

③ 重心较低的重、大木箱只能装一层且不能充分利用箱底面积时，应装在集装箱的中央，底部横向必须用方形木条或木块加以固定。

④ 对于重心高的木箱，仅靠底部固定是不够的，还必须在上面用木条撑紧。

⑤ 装载特别重的大型木箱时，经常会形成集中负荷或偏心负荷，所以必须有专用的固定设施，不让货物与集装箱前后端壁接触。

⑥ 装载框箱时，通常是使用钢带拉紧，或用具有弹性的尼龙带或布带来代替钢带。

三、货板货的装箱操作

货板上通常装载纸箱货和袋装货，纸箱货在上下层之间可用粘贴法固定。袋装的货板货要求袋子的尺寸与货板的尺寸一致，对于比较滑的袋子也要用粘贴法固定。货板在装载和固定时应注意以下问题。

① 货板的尺寸如在集装箱内横向只能装一块时，则货物必须放在集装箱的中央，并用纵向垫木等加以固定。

② 装载两层以上的货板时，无论空隙在横向或纵向，底部都应用挡木固定，而上层货板货还需要用跨挡木条塞紧。

③ 如货板数为奇数时，则应把最后一块货板放在中夹，并用绳索通过系环拉紧。

④ 货板货装载板架集装箱时，必须使集装箱前后、左右的重量平衡。装货后应用带子把货物拉紧，货板货装完后集装箱上应加罩帆布或塑料薄膜。

⑤ 袋装的货板货应根据袋包的尺寸，将不同尺寸的货板搭配起来以充分利用集装箱的容积。

四、捆包货的装箱操作

捆包货包括纸浆、板纸、羊毛、棉花、棉布、棉织品、纺织品、纤维制品以及废旧物料等。其平均每件重量和容积常比纸箱货和小型木箱货大。一般捆包货都用杂货集装箱装载。捆包在装载和固定时应注意以下问题。

① 捆包货一般可横向装载或竖向装载，此时可充分利用集装箱箱容。

② 捆包货装载时一般都要用厚木板等进行衬垫。

③ 用粗布包装的捆包货，一般比较稳定而不需要加以固定。

五、袋装货的装箱操作

袋包装的种类有麻袋、布袋、塑料袋、纸袋等，主要装载的货物有粮食、咖啡、可可、肥料、水泥、粉状化学药品等。通常袋包装材料的抗潮、抗水湿能力较弱，故装箱完毕后，最好在货顶部铺设塑料等防水遮盖物。袋装货在装载和固定时应注意以下问题。

① 袋装货一般容易倒塌和滑动，可用黏合剂粘固，或在袋装货中间插入衬垫板和防滑粗纸。

② 袋包一般在中间呈鼓凸形，常用的堆装方法有砌墙法和交叉法。

③ 为防止袋装货堆装过高而有塌货的危险，所以需要用系绑用具加以固定。

六、滚动货的装箱操作

卷纸、卷钢、钢丝绳、电缆、盘元等卷盘货，塑料薄膜、柏油纸、钢瓶等滚筒货，以及轮胎、瓦管等均属于滚动类货物。滚动货装箱时一定要注意消除其滚动的特性，做到有效、合理地装载。

1. 卷纸类货物的装载和固定

卷纸类货物原则上应竖装，并应保证卷纸两端的截面不受污损。只要把靠近箱门口几个卷纸与内侧的几个卷纸用钢带捆在一起，并用填充物将箱门口处的空隙填满，即可将货物固定。

2. 盘元的装载和固定

盘元是一种只能用机械装载的重货，一般在箱底只能装一层。最好使用井字形的盘元架。大型盘元还可以用直角系板、夹件等在集装箱箱底进行固定。

3. 电缆的装载和固定

电缆是绕在电缆盘上进行运输的，装载电缆盘时也应注意箱底的局部强度问题。大型电缆盘在集装箱内只能装一层，一般使用支架以防其滚动。

4. 卷钢的装载和固定

卷钢虽然也属于集中负荷的货物，但是热轧卷钢一般都比电缆轻。装载卷钢时，一定要使货物之间互相贴紧，并装在集装箱的中央。对于重 3t 左右的卷钢，除用钢丝绳或钢带通过箱内系环将卷钢系紧外，还应在卷钢之间用钢丝绳或钢带连接起来；对于重 5t 左右的卷钢，还应再用方形木条加以固定。固定时通常要使用钢丝绳，而不使用钢带，因为钢带容易断裂。

5. 钢瓶的装载和固定

钢瓶原则上也要求竖装，但应注意不使其翻倒。如集装箱内全部装满，则不需要特别加以固定，只需把箱门附近的几个钢瓶用绳索捆紧。

6. 轮胎的装载和固定

普通卡车用的小型轮胎竖装横装都可以。横装时比较稳定，不需要特别加以固定。大型轮胎一般以竖装为多，应根据轮胎的直径、厚度来研究其装载方法，并加以固定。

任务训练

训练背景

物流公司要运输一批货物，有纸箱包装的矿泉水、木箱包装的瓷器、捆包包装的棉布、袋装包装的大米。

训练要求

课堂上对下面问题进行思考或者讨论：

对于这几种包装货体，我们应该如何装箱？有什么区别？

任务三　集装箱堆场装卸设备的认知与应用

学习目标

知识目标：

① 掌握集装箱吊具的种类。

② 掌握集装箱跨运车和叉车的工作特点。

③ 掌握集装箱龙门起重机、正面吊和岸壁装卸桥的工作特点。

④ 能够设计集装箱装卸方案。

技能目标：

根据场所等情况的不同合理安排集装箱配套设备。

重点、难点：

① 集装箱的配套设备。

② 根据场所等情况的不同合理安排集装箱配套设备。

知识储备

由于集装箱的装卸方式不同，因而所用的集装箱装卸机械设备也有所不同。水路运输中，在码头作业的装卸机械设备主要有集装箱专用吊具、跨运车、集装箱叉车、龙门起重机、正面吊等设备，以及从事码头前沿集装箱落舱作业的设备——岸壁式集装箱装卸桥；在公路运输中，一般运用牵引车、集装箱半挂车、集装箱自装自卸车等；铁路运输中用到的装卸机械主要有轨道式龙门起重机，辅以叉车或正面吊机；航运方面主要以门式起重机、集装箱起重机、抓具等。

一、认知集装箱吊具

集装箱专用吊具是用于起吊集装箱的机械设备，主要有三种类型：固定式、自动式和组合式。

1. 固定式吊具

固定式吊具是一种只能起吊一种集装箱的吊具，其特点是结构简单、自重轻、价格便宜，但是对箱体类型的适应性较差。更换吊具往往要占用较多时间。

2. 自动式吊具

通过伸缩臂，可以改变吊具的臂长，以达到起吊不同尺寸集装箱的要求。其特点是，变换起吊不同集装箱所需时间较少，使用灵活性较强，但是自重较大，一般可达 9～10t。这是目前在集装箱装卸桥上使用最为普遍的一种集装箱专用吊具，如图 6-14 所示。

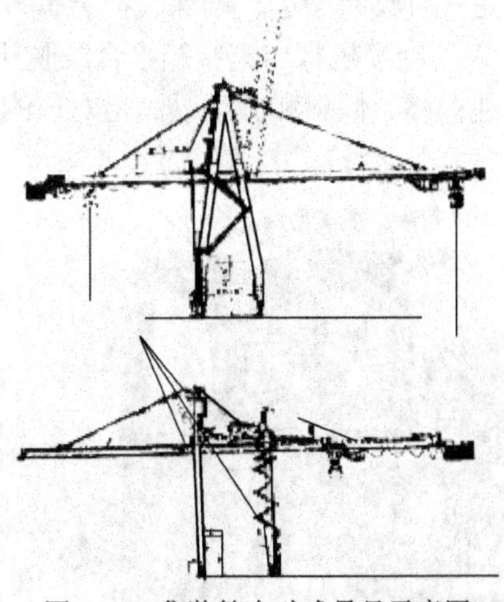

图 6-14　集装箱自动式吊具示意图

3. 组合式吊具

将起吊不同尺寸的集装箱的吊具组合使用的一种集装箱专用吊具。其特点是结构简单、自重较自动式要小（一般为 4～7t）。这种吊具多用于跨运车和正面吊。

二、认识集装箱底盘车

集装箱堆场的底盘车堆存方式是指将集装箱连同起运输集装箱作用的底盘车一起存放在

堆场上，如图 6-15 所示。这种堆存方式的集装箱的机动性最大，随时可以用拖车将集装箱拖离现场，而无需借助其他机械设备。因此，底盘车方式比较适合于“门到门”的运输方式，特别是海运部门承担的是短途运输（如海峡运输等），也是一种装卸效率较高的码头堆场作业方式。但是，采用这种堆存方式，集装箱堆存高度只有一层，而且需要留有较宽的车辆通道，因此需要占用较大的堆场面积，使堆场面积利用率较低。

图 6-15　底盘车

三、认知集装箱装卸车

1. 集装箱跨运车

集装箱跨运车简称跨车，是一种具有搬运、堆垛、换装等多功能的集装箱专用装卸机械，如图 6-16 所示。集装箱跨运车采用旋锁机构与集装箱接合或脱开，吊具能够升降，以适应装卸和堆码集装箱的需要。吊具也能侧移、倾斜和微动以满足对位的需要。

图 6-16　集装箱跨运车

（1）集装箱跨运车主要特点

在集装箱码头上，跨运车可以完成以下的作业：集装箱装卸桥与前方堆场之间的装卸和搬运；前方堆场与后方堆场之间的装卸和搬运；后方堆场与货运站之间的装卸和搬运；对底盘车进行换装。

集装箱跨运车的主要优点有：跨运车自码头前沿载运集装箱后直接运到堆场进行堆垛，中间不需要其他机械的协助，由于不需要换装，可节省换装所占用的场地。

跨运车有专用和通用两种。所谓专用型就是指 20ft 型的跨运车只能装卸 20ft 型的集装箱，40ft 型的跨运车只能装卸 40ft 型的集装箱；所谓通用型是指这种跨运车既能适应 20ft 型的集装箱，同时也能适应 40ft 型集装箱的装卸。一个国际集装箱码头，所装卸的集装箱通常既有 20ft 型的，也有 40ft 型的，如采用专用型的机械，配套台数要比通用型的多一些，而通用型的机械造价比专用型的高。

跨运车种类很多，有的能堆 2 层，有的能堆 3 层。国外甚至有堆 4 层的。选用时要与整个集装箱码头的堆存面积大小结合起来考虑。堆箱层数多，能提高单位面积的堆存量，缩短搬运距离。但层数增多，会增加倒箱率，增加提箱时找箱子的困难。目前采用跨运车方式的集装箱码头堆场，通常只堆 2 层，即要求跨运车能吊着箱子跨越 2 层集装箱。

跨运车一般被认为是一种故障率较高的设备，在有些国家使用时，故障率高达 30%～40%，由此造成维修费用上升，但是随着技术进步，以及操作管理得当，使跨运车在一些码头上使用得相当成功，如日本的集装箱码头有不少便采用跨运车方式。在中国，采用跨运车方式的很少，但是在厦门港却使用得相当成功。

（2）集装箱跨运车的主要技术参数

某型号跨运车的技术参数如表 6-5 所示。

表 6-5　某型号跨运车技术参数

项　目	技术参数
额定起重量	35t
起升高度	4.7m
跨距	4.4m
轮距	6.3m
起升速度	10m/min
大车运行速度	10km/h
最小转弯半径	11m
输出	380v、50hz
最大轮压	＜20t
总宽×总长×总高	6.2m×12.2m×9m

2. 集装箱叉车

集装箱叉车（又称叉式装卸车）是集装箱码头上常用的一种装卸机械。主要用于吞吐量不大的综合性码头上进行集装箱的装卸、堆垛、短距离的搬运和车辆的装卸作业，也有用于大型集装箱码头堆场起辅助作用，是一种多功能机械。其性能应符合下列作业需要。

（1）集装箱叉车的主要特点

集装箱叉车的主要特点为：用于集装箱堆场装卸、堆码和搬运作业，也可用于装卸船和拆装箱作业，通常分为重箱用叉车和空箱堆码用叉车（堆高叉车）。专用空箱堆高用叉车的升降高度较大。在集装箱堆场上，重箱可堆3～4层，空箱可堆5～6层。集装箱叉车是集装箱码头常用的专用机械，根据货叉设置的位置不同，可分为正面和侧面集装箱叉车两种。正面集装箱叉车是指货叉设置在货体正前方的叉车，而侧面集装箱叉车是指货叉和门架位置在车体侧面的叉车。为了便于装卸集装箱，通常配有标准货叉及顶部起吊和侧面起吊的专用吊具。集装箱叉车的叉运方式也可分为两种：一种是从集装箱底部叉槽内举起集装箱，如图6-17所示；另一种是从门架上装吊具，旋锁连接，从顶部起吊集装箱，如图6-18所示。

图6-17　集装箱叉车——叉取式

图6-18　集装箱叉车——吊装式

集装箱叉车主要优点是机动灵活，可一机多用，既可作水平运输，又可用于堆码、搬运及装卸作业，使用方便，性能可靠，相对于集装箱正面吊运机等机械，其机械的购置费用低。但是，使用集装箱叉车占用通道面积大（通过宽度需 14m），集装箱只能两列堆放，影响堆场面积的利用；满载情况下前轴负荷和轮压较大，对码头前沿和堆场通道路面的承载能力要求高；

维护费用较高。该机特别适用于空箱作业，一般只用于集装箱吞吐量不大的综合性码头。集装箱叉车适用于短距离搬运，合理搬运距离为 50m 左右，当搬运距离超过 500m 时使用集装箱叉车搬运是不经济的，通常在这种情况下可采用集装箱牵引车和半挂车配合使用。

（2）集装箱叉车主要技术参数

① 额定起重量。额定起重量是指货物（集装箱）重心至货叉前臂的距离不大于载荷中心距时，允许起升货物的最大质量。重载集装箱叉车的额定起重量要求满足 20ft 和 40ft 集装箱要求，起重量应是集装箱货物总重量和吊具重量之和；空箱堆高专用叉车起重量应满足 20ft 和 40ft 集装箱自重要求，并留有必要的宽裕量，以保证作业时更安全可靠。

② 载荷中心距。载荷中心距指货叉放置标准集装箱或货物时，其重心到货叉垂直段前臂的水平距离。在实际作业时，货叉上货物重心或集装箱重心，与托盘货或成组货的体积、形状以及在托盘上的放置位置等多种因素有关。因此很难保证其重心位置不变，为了选用叉车方便，按不同额定起重量规定了相应的载荷中心距，以此作为基本标准值。

③ 最大起升高度。最大起升高度指在平坦坚实的地面上，满载负荷，轮胎气压正常，门架直立，货物升到最高时货叉水平段的上表面至地面的垂直距离。叉车的最大起升高度，根据装卸的具体要求而定。当采用 2 节门架的叉车，我国标准规定为 3m。增加叉车的最大起升高度，必须增加门架的节数和起升油缸长度，如采用 3 节门架和多级油缸，集装箱用车其最大起升高度可达 6～9m。起升高度增加，不仅使叉车自重增加，外形尺寸加大，而且使稳定性降低，因此当起升高度一定时，应相应减小叉车的允许起重量。

④ 门架倾角。门架倾角是指满载荷的叉车在平坦坚实的地面上，门架相对于垂直位置向前和后倾斜的最大角度。门架前倾角的作用是便于将集装箱或货物叉起和放下。后倾角的作用是当叉车带着集装箱或货物行驶时，防止滑落和增加行驶时的纵向稳定性。

⑤ 最大起升速度。这里通常是指满载时的最大起升速度，它对作业效率有直接的影响。

⑥ 最高行驶速度。叉车主要用于集装箱的装卸和堆码作业。从经济角度来分析，在运距 100～200m 时，叉车能保持有效利用；运距超过 500m，采用叉车是不经济的，过分提高行驶速度，不仅使发动机功率增大，经济性降低，而且由于作业时场地通道狭窄，速度过高也影响其有效利用。

⑦ 最大爬坡度。最大爬坡度指叉车在无载和满载情况下，在正常路面以低档等速行驶时的最大爬坡度。

⑧ 最小转弯半径。叉车在无载低速转弯行驶时，当转向轮处于最大转角，车体最外侧和最内侧到转向中心的最小距离分别称为最小外侧转弯半径和最小内侧转弯半径。叉车的最小转弯半径一般指最小外侧转弯半径，转弯半径大小反映出叉车的机动性能。

⑨ 最小离地间隙。最小离地间隙指车体下部最低点到地面的距离。它是表示叉车通过性的主要参数。

⑩ 外形尺寸。外形尺寸指叉车的总长、总宽和总高。为了使叉车具有较高的机动性，其外形尺寸特别是车长应尽量减小。

四、认知装卸桥

1. 龙门起重机

龙门起重机简称龙门吊，它是一种在集装箱场地上进行集装箱堆垛和车辆装卸的机械。龙门起重机有轮胎式（又称无轨龙门吊）和轨道式（又称有轨龙门吊）两种形式。

（1）轮胎式龙门起重机

① 结构。

轮胎式龙门起重机（如图 6-19 所示）主要特点是机动灵活、通用性强。它不仅能前进、后退，而且还能左右转向 90°，设有转向装置，可从一个堆场转向另一个堆场进行作业。

图 6-19　轮胎式龙门起重机

② 主要参数。

a．起重量：由额定起重量和吊具重量决定。

b．跨距：取决于跨下所需堆码的集装箱列数和底盘车的通道宽度。一般有两种布置方式，分别为 6 列箱 1 条通道布置和 3 列箱 1 条通道布置。多数情况下，按 6 列集装箱和 1 条底盘车考虑，小车行车距离合理、操作视野良好，找箱容易，装卸效率高。这种规格的轮胎式龙门起重机跨距内的集装箱和车道的布置方式有两种，如图 6-20 所示。按图 6-20（a）方式，底盘车通道放在中间，两边各排 3 列集装箱。这种布置方式与图 6-20（b）相比较有许多优点，如小车行走距离较短、操作视线较好、找箱较容易。但是，由于车辆在箱道内行走较困难，容易与集装箱发生碰撞，因此实际使用中往往还是采用图 6-20（b）方式。

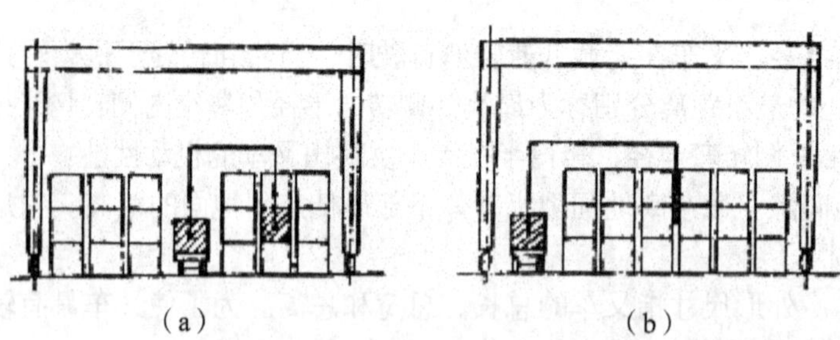

图 6-20　采用轮胎式龙门起重机的两种堆存方式

c．起升高度：指吊具底部至地面的垂直距离，取决于起重机下所堆放的集装箱层数和高度。一般按堆放 4 层，通过 3 层考虑，箱高 2591mm，安全间隙为 500mm，则起升高度为 4×2591+500=10864（mm）。在高箱情况下，起升高度为 4 × 2896+600=12184（mm），因此，轮胎式龙门起重机的起升高度一般取 12m。

（2）轨道式龙门起重机

轨道式龙门起重机，如图 6-21 所示，是集装箱码头堆场上进行装卸、搬运和堆垛作业的一种专用机械。一般比轮胎式龙门起重机跨度大，堆垛层数多。主要用于集装箱铁路转运场和大型集装箱储运场的集装箱装卸、搬运和堆放。

图 6-21　轨道式龙门起重机外形

① 结构。

轨道式集装箱龙门起重机由主梁、刚性和柔性门腿、运行小车、起升机构、大车运行机构、电气系统、操作驾驶室等组成。根据堆场作业工艺，在单门腿方向或双门腿方向，外伸悬臂称为单悬臂或双悬臂机型，不外伸称为无悬臂机型。

② 主要参数。

a. 起重量：起重量的确定方法和轮胎式集装箱门式起重机相同，起吊 40ft 集装箱（1AA 型）其额定起重量为 30.5t。

b. 跨度和悬臂伸距：跨度指起重机行走轨道中心线之间的水平距离。悬臂伸距指两轨道中心线分别至悬臂端吊具中心线的距离。跨度和悬臂伸距与货场作业方式有关，在跨度范围内堆放集装箱列数越多则跨距越大，国际集装箱码头货场使用的轨道式门式起重机的跨度一般在 30～50m 比较合理。

起升高度：起升高度与堆场上需要堆放的集装箱层数有关，通常按堆 5 层设计。

门框通过宽度和基距：门框通过宽度是指集装箱沿起重小车轨道线通过时门框的最小宽度。对于 40ft 集装箱，其门框通过宽度一般取为 14m。基距是指同一侧轨道上两个支撑中心线距离。基距大小对起重机的稳定性有很大影响。工作速度与起重机生产率和装卸方式相适应，以保证集装箱码头的作业系统能有效地进行船舶装卸作业。

轮压：轮压包括工作状态下的最大轮压和非工作状态下的最大轮压，它是基础设计集装单元化技术的依据，轮压越大则对基础要求也越高。轮压的大小除与起升载荷、整机自重和重心位置等因素有关外，还与跨度及起重大小、车轮数目等有关。

2. 集装箱正面吊

集装箱正面吊是一种目前在集装箱码头堆垛得到越来越频繁使用的专用机械，如图 6-22 所示。虽然这种集装箱堆存设备由于运行方向与作业方向垂直而需要占据较宽的通道，但是它的堆箱层数较高，并且可以为多排集装箱作业。设备的灵活性又较强，因此普遍受欢迎。采用正面吊可以堆存 3～4 层重箱，或 7～9 层的空箱。因此，堆箱场地的利用率较高。目前，正面吊主要还是作为集装箱堆场的辅助作业机械，但是确实是一种很有前景的集装箱装卸的专用设备。

图 6-22　集装箱正面吊

（1）集装箱正面吊运机的结构类型

① 单臂架集装箱正面吊运机。单臂架集装箱正面吊运机的起重臂为单箱式结构，用两个变幅油缸支撑吊运倾斜的集装箱时，用吊具与臂架间的摆动进行对位，吊具与臂架是单支点连接，吊运装载重心偏移的集装箱时要通过横移吊具保持平衡。

② 双臂架集装箱正面吊运机。双臂架集装箱正面吊运机采用箱形结构双起重臂。其主要特性：一是用两个小断面的臂架代替一个大断面臂架。两个臂架都可以伸缩，并由两个变幅油缸分别支撑，两个臂架可以分别动作，也可同步动作，其结构和液压控制系统比较复杂；二是臂架与吊具是双支承连接，吊具稳定性较好，即使遇到集装箱装载偏心或路面不平的情况，也不会引起吊具摆动；三是双臂架集装箱正面吊运机受力比较简单，变幅油缸不存在同步问题；四是两臂架中间距离较大，驾驶室可放在中间，并可以适当提高其高度，使驾驶员视野较好；五是为使吊具旋转较大的角度，必须在平衡架下再安装吊具旋转机构，整个吊具高度较大，降低了有效起升高度；六是在吊运倾斜的集装箱时，可使两臂架采用不同的高度而使吊具就位，也可让两臂架伸出不同的长度来使集装箱转动一定的角度。

（2）集装箱正面吊运机的主要技术参数

① 起重量。起重量根据额定起重量和吊具的重量来确定。额定起重量一般按所吊运的集装箱最大总重量确定，其吊具重量约为 10t。

② 起升高度。起升高度即堆码高度，一般为 4 层箱高，起升高度一般为 13m 左右，要求

堆 5 层箱高时，一般为 15m 左右。

③ 工作幅度。集装箱正面吊运机通常能跨箱作业，一般要求在对第一排箱作业时，前轮外沿离集装箱的距离为 700mm 左右，工作幅度最小时吊具的变直中心线应距前轮外沿 2m。在对第二排箱作业时，前轮离第一排集装箱的距离为 500mm 左右，工作幅度最小时距离前轮外沿 4m。

3. 岸壁式集装箱装卸桥

集装箱的标准化和集装箱船的专用化，为港口码头装卸机械高效化提供了良好条件。在现代化的集装箱码头上，目前从事码头前沿集装箱起落舱作业的设备普遍采用的是岸壁式集装箱装卸桥来装卸集装箱船舶，如图 6-23 所示。岸壁式集装箱装卸桥简称集装箱装卸桥或装卸桥。装卸桥是一种体积庞大（高度可达 70m 以上），自重非常重（有 700t 以上），价格昂贵（一千多万到几千万元人民币）的集装箱码头专用设备。

图 6-23　岸壁式集装箱装卸桥

（1）结构

集装箱装卸桥主要由带行走机构的门架，承担臂架重量的拉杆和臂架等几个部分组成。臂架可分为海侧臂架、陆侧臂架和门中臂架三个部分。门中臂架是专门用于连接海侧和陆侧臂架的。臂架的主要作用是用来承受带升降机构的小车重量，而升降机又是用来承受集装箱重量的。每侧臂架一般设计成可以俯仰，以便集装箱装卸桥移动时与船舶的上层建筑不会发生碰撞。

装卸桥作业时，由于集装箱专用船舶的船舱内设有箱格，舱内的集装箱作业对位非常方便，无需人工协助，因此，在作业中没有了像件杂货那样的舱内作业工序。根据世界集装箱码头营运经验，一般情况下，一个集装箱泊位平均可配备装卸桥 1～3 台。

（2）主要参数

① 起重量。起重量指额定起重量与吊具重量之和。即额定起重量不包括吊具重量。起重量的计算公式为 $Q=Q_a+W$。式中，Q 为集装箱岸桥起重量；Q_a 为额定起重量（单位 t）；W 为吊具重量（单位 t）。

集装箱一般为满箱不满载，40ft 集装箱的最大重量为 30.5t，伸缩式吊具重量取 10t，改进后为 8～8.5t，故起重量大多取为 40.5t 和 37.5t。

② 尺寸参数。

a．起升高度：与船舶型深、吃水、潮差、船上集装箱堆装情况有关。一般要求轻载高水位时能装卸三层并能堆高四层集装箱，满载低水位时能取到舱底的集装箱，按 30000t 船型 2m 水位差计，起升高度为轨道面以上 25m，下放深度为 12m。

b．外伸距：海侧轨道中心到吊具垂直中心线的距离。考虑到甲板堆四层集装箱、外倾 3 度能取货，常用外伸距为 35m。

c．内伸距：陆侧轨道中心向内至吊具垂直中心线间的距离。考虑内伸距对卸船集装箱的缓冲作用和承放舱盖板的要求，常取内伸距为 7～11m。

d．轨距：主要考虑起重机稳定性和轮压对轨道的影响及码头前沿的装卸工艺要求。一般要求轨道内能放三列集装箱，并允许跨运车通过，轨道取为 16m，宽轨型取 26m。

e．门架净空高度：取决于门架下通过的流动搬运机械的外形高度，要求能通过跨运车，并留有 0.8～1m 的安全间隙。常取堆码三层或通过两层集装箱跨运车（9m）时，门架净空高自取 10m。

f．基距：同一轨道上两主支承中心线间的距离。应能通过 40ft 集装箱和大型舱盖板，并考虑摆运而留有一定的间隙，多取 16m。

g．工作速度：工作速度的选用应考虑生产率、电动机容量以及货物摇摆的相互关系来定。

五、各种集装箱堆场装卸设备的比较

对于各种集装箱作业方式的特点，可以作以下比较。

表 6-6 反映出几种堆场作业方式的堆场面积利用情况。表中数据是根据一块长 200m，宽 62.5m 的堆场面积按照合理布置要求测定的，并以跨运车堆放一层箱的利用系数 1 为基准。

表 6-7 对集装箱堆场各种作业方式的特点进行了比较。

表 6-6　几种堆场作业方式的堆场面积利用情况

工艺方案		堆存量（TEU）	利用系数
一层	底盘车	396	0.79
	跨运车	500	1.00
	叉车	420	0.84
	龙门吊	704	1.40
二层	跨运车	1000	2.00
	叉车	840	1.68
	龙门吊	1408	2.80
三层	跨运车	1500	3.00
	叉车	1260	2.52
	龙门吊	2112	4.22

表 6-7　　集装箱堆场各种作业方式比较

设备	优点	缺点
底盘车	机动性强，进出场效率高，无需装卸，适用于滚装船作业	单层堆放，场地利用率低，占用大量底盘车
跨运车	适用于水平搬运和堆存作业，灵活性强，翻箱率低，单机造价低，工艺系统简单	故障率高，维修量大，堆层少，使堆场利用率低，对司机操作要求高
叉车	适用于短距离水平搬运和堆存作业，灵活性强，翻箱率低，单机造价低	一般只适用于小型箱的搬运，堆层少，并需留有较宽的通道，使堆场利用率降低
轮胎龙门吊	可堆 3～4 层，堆场利用率较高，可靠性较强，比轨道式使用灵活，是目前主流设备	翻箱率较高，只限于堆场使用，堆场建设投资较大，作业效率比跨运车低
轨道龙门吊	可堆 4～5 层，堆场利用率高，可靠性强，堆存容量大，可同时进行铁路线装卸	翻箱率高，只能沿轨道运行，灵活性差，堆场建设投资大
正面吊	堆存高度高，堆场箱位利用率高，使用灵活，单机造价低，可进行水平搬运	需留有较宽的通道，使堆场用于堆箱的面积减少

六、设计集装箱的装卸方案

1．底盘车装卸方案

岸边集装箱装卸桥将集装箱从船上直接翻到底盘车上，由拖车拖到堆场，集装箱仍留在底盘车上，在场内排列存放。这样存放在堆场上的底盘车可以方便地用牵引车拖走。底盘挂车系统的优点是作业环节少，搬运方便，柔性好，最适合开展“门到门”的运输。其缺点为底盘挂车方式投资大，需要配备与集装箱堆存量相等数量的底盘车，且占用货场面积大，利用率相当低。

2．集装箱跨运车装卸方案

由岸边集装箱装卸桥将集装箱由船上卸到码头前沿，然后跨运车把集装箱搬运到货场堆放。20 世纪 70 年代初，国际上很多集装箱专业码头都采用这种装卸系统。其优点是：跨运车既可以进行水平运输，又可以完成 4～5 层的堆垛作业；当工作量增加而机械装备不足时，可以随时调入调出跨运车，重新调整；投资少，装卸速度快，堆场利用率高。缺点是：结构比较复杂，维修工作量大，因而装卸成本高。

3．集装箱叉车装卸方案

岸边集装箱转运到货场，从货场取货装到外运车辆上均由叉车完成，这要求有大型的叉车与集装箱匹配。

4．轮胎式集装箱龙门起重机装卸方案

由岸边集装箱装卸桥将集装箱从船上卸到拖车上，然后拖到货场，由轮胎式龙门起重机堆存和进行装卸货车作业。装船过程与之相反。其优点是轮胎式集装箱龙门起重机跨距大，堆层高，堆场面积利用率高；轮胎式集装箱龙门起重机可以从一个轨道线转到另一个轨道线上工作，机动性强。缺点是需要水平运输拖车作业。轮胎式集装箱龙门起重机现在已发展成为集装箱专业码头物流系统的主要装备之一，我国集装箱专业码头大部分采用这种工艺方式。

5．轨道式集装箱龙门起重机装卸方案

这种方式可以在船与堆场之间不用拖挂车，轨道式集装箱龙门起重机的悬臂伸到岸边集装箱装卸桥臂下，接力式地直接将集装箱转运到堆场或进行铁路车辆装卸。

6. 集装箱正面吊装卸方案

正面吊是近年来使用日趋普遍的一种集装箱专用装卸机械，在铁路、港口等集装箱货场、堆场得到广泛使用，具有作业机动灵活、适应性好等特点。

其工艺系统主要特点是：堆场布置形式为每4排箱间布置1条集卡行驶车道，正面吊作业和运行需要留有不小于16m宽的通道，同时在作业通道一侧设置一条宽度为h的集卡行驶道路。场地利用率较低，重载作业时轮压大，对场地的承载要求较高。具有机动灵活和一机多用的功能，适用于1CC、1AA等各种箱型的装卸作业。每股装卸线（有效长1050m或850m）一般配6～8台正面吊。作业量大时，可采用群机作业，以减少集装箱班列停留时间，可以实现龙门吊工艺系统无法达到的快速装卸车速度；作业量小时，可单机作业。堆垛最高可达5层，而且可越过第一排箱跨箱堆取第二排箱。作业时吊具下起重量与臂架的伸缩幅度有关，对堆码层数和箱位布置的要求较高。

7. 集装箱滚装装卸方案

滚装船靠泊码头后，将尾跳板放置在码头上，解开集装箱以及底盘车的固定装置，由牵引车拖动装有集装箱的底盘车通过尾跳板离开船舱，停在指定的存放区。在进行出运时，由牵引车拖动装有集装箱的底盘车到装卸作业区，通过尾跳板进入船舱，停放到指定的甲板位置，并进行系固绑扎。装船完毕，收起尾跳板，解缆离开泊位。

国外有关使用部门曾对集装箱码头的以上主要装卸工艺方式的装卸成本（包括土地、机械设备、堆场维护、机械设备维修和人工费等）进行过比较：年装箱量少于5万箱时，轮胎式龙门起重机系统成本最低；年装箱量达10万箱时，轨道式龙门起重机系统成本最低。

任务训练

训练背景

A物流公司成立之初，共有员工24人，现场工人9人，拥有5台集装箱叉车。如今由于业务的扩大，集装箱换装场地由4.3万平方米扩大到9万平方米。

训练要求

课堂上对下面问题进行思考或者讨论：

对于该物流公司业务的扩大，除了场地的扩大以外，还需要引进哪些设备？各自的用途是什么？

任务四　其他集装方式的应用

学习目标

知识目标：

① 掌握集装袋的应用。

② 掌握货捆方式的应用。

③ 掌握框架方式的应用。

技能目标：

根据货物的不同合理选择集装方式。

重点、难点：

① 集装袋、货捆、框架集装方式的应用。

② 能根据货物的不同合理选择集装方式。

知识储备

集装箱和托盘是物流集装化两种最普遍、最主要的形式。根据货物的特性，除集装化、托盘化外，还有多种集装形式，如集装袋、货捆、框架等集装方式。

一、集装袋方式的应用

集装袋，其英文的意思是一种柔性的、可折曲的包装容器，因而也被称之为软容器，如图 6-24 所示。

1. 集装袋的用途

使用集装袋的范围很广，几乎所有的粉状和颗粒状的物资都可以使用集装袋完成流通过程。

按商品分类，集装袋的用途有下述几个方面：

① 盛装食品。可用于面粉、食糖、淀粉、食盐、大米、玉米、豆类等。

② 盛装矿砂。可用于集装白云石烧结块、莹石粉、水泥、黏土、石膏等。

③ 盛装化工原料和产品。可用于盛装硫酸铵、尿素、硝酸铵、化肥、纯碱、芒硝、染料及高分子塑料树脂等。

2. 集装袋的类型

① 按袋形分主要有：圆筒形、方形两种。

② 按吊袋位置和装卸方式分可分为：一是顶部吊袋，指仅袋口灌料口 1 根吊袋；二是底部吊袋，指 4 根吊袋一直到袋子的底部；三是侧面吊袋，指吊袋分布于集装袋两侧，一般有四根；四是其他吊袋，如叉车式（无吊袋）和托盘式集装袋等。

③ 按制造材料分，可分为胶布集装袋、树脂加工布袋和交织布袋等。此外，还有用各种皮革或用复合材料制成的各种集装袋。

④ 按有无卸料口分，可分为有卸料口（见图 6-25）和无卸料口集装袋两种。

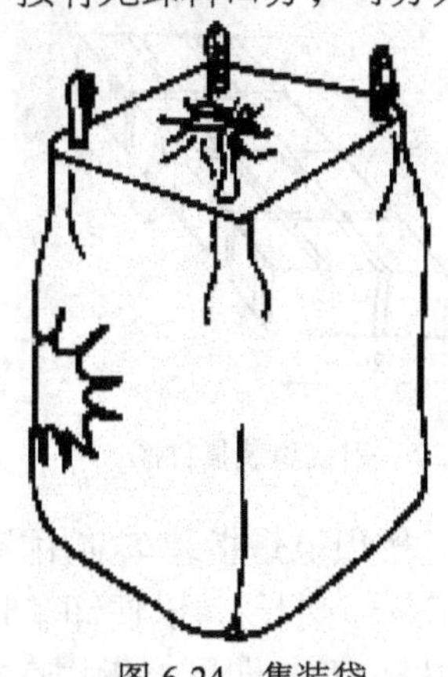

图 6-24　集装袋

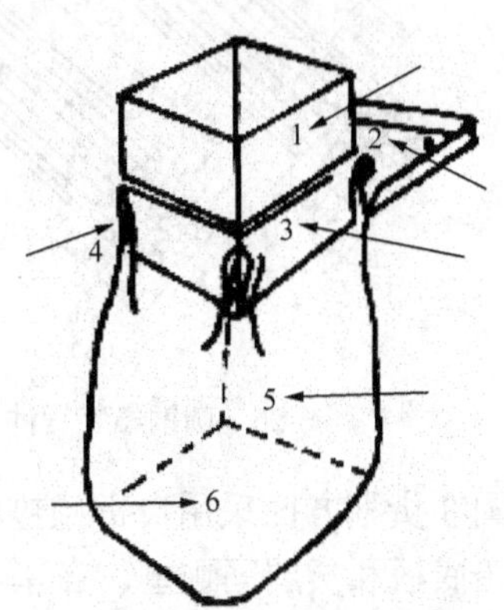

图 6-25　有卸料口的集装袋

其他尚有按使用次数和制作方法的分类等。

3. 集装袋的操作过程

（1）装料

将集装袋口对准灌装料漏斗口，一般采用人工接通，有时用绳子临时扎紧，以免粉尘或颗粒漏出，顺利完成充满集装袋的任务。

（2）运输

根据集装袋的类型和种类，选用吊车、叉车、传动带进行装卸，采用卡车、船舶等车船运输，完成物资的空间转移。

（3）卸料

运输物资到达目的地以后，用吊车或叉车将集装袋吊起，对准料槽的进料口及其他堆放容器的口，打开集装袋底的漏料口的绳索，袋内的物资很快即可卸完。

（4）回收

能多次性反复使用的集装袋卸完货物后，进行空袋回收。

集装袋的出现和使用，是粉粒状物资运输方法的一次革命。采用集装袋代替纸袋、塑料袋及其他粉粒包装物，极大地提高了装卸、运输效率，节约了原材料，降低了包装费用和人工费用。

二、货捆方式的应用

货捆是集装化的一种形式。它是采用各种材料的绳索，将货物进行多种形式的捆扎，使若干件单件货物汇集成一个单元。集装化的货物可以更好地利用运输工具，提高运载能力，更好地利用仓库面积，提高库容利用率。

图 6-26 所示的是长型圆钢捆扎集装货件的情形。当货件小于 6m 时，一般采用双捆方法，即离货件端部 1.5m 处用金属线捆绑两扎。当材料长大于 6m 时，则需采用三根捆绑，捆绑金属线距离一般离货件端部为 0.3～0.5m。对于钢板、带钢等，可采用钢质包皮包装成捆，根据包装后的长度来确定捆绑道数和位置。图 6-27 采用的是两横三竖的方法。金属管材的集装，一般是先把管材码放在钢丝（或其他捆扎物）上后，收紧钢丝，形成端面呈圆形或梯形的集装件。

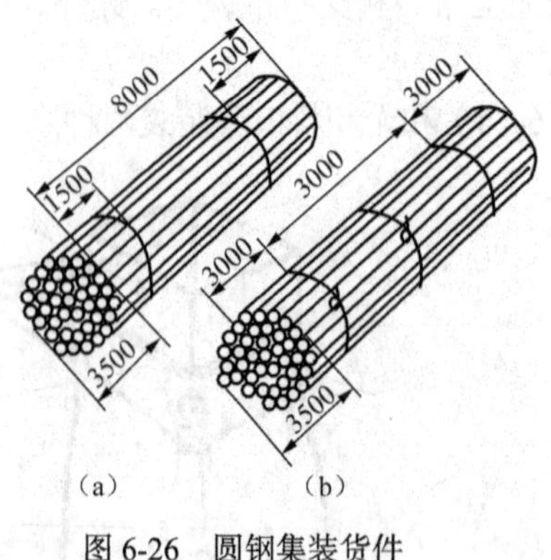

图 6-26　圆钢集装货件

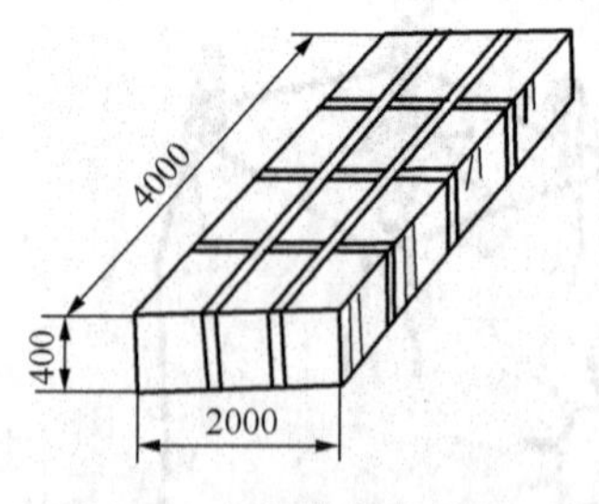

图 6-27　钢板集装货件图

我国在货捆方面采用自货预垫和绳索预垫的简易方法。自货预垫是指装车前用货物本身在车、船底板和货层间预垫，在车、船侧旁预隔（将货物与车帮分割开），以便卸车时套索。绳索预垫是指装车前带套扣的绳索预垫在货物下，卸车时吊钩吊住套扣即可将货物直接吊下。

这两种方法都十分简单，但对提高物流效果却很明显。

三、框架方式的应用

框架是集装化的一种重要手段。这是一种根据物资的外形特征选择或特制各种形式的框架，以适用于物资的集装方法。有些框架对物资的适应性较广，如网字型框架几乎所有的长形材均可使用；而有些框架则专用性很强，只适用于某种形状的物资使用。

图 6-28 所示的是用网字型框架集装钢管的情况。这种网字型框架集装框架是用较小的钢管制作的卡箍和木条构成。如将框架底部使用刚性材料（如钢板），而侧面和顶面贯通使用柔性材料（如金属钢材），则可形成广泛使用，而且不同的码放会形成不同的集装形式。如图 6-29 所示，是用这种框架集装成梯形木材集装件的情况。

对于一些外观特殊的物资要进行框架集装，往往需要专门设计框架，以适应其要求。如：捆扎铜锭的专用框架可设计成由两根槽钢焊成水平梁和槽钢制作的侧柱与水平梁作活动连接，以及在其中一根侧柱上固定的一根链条组成。

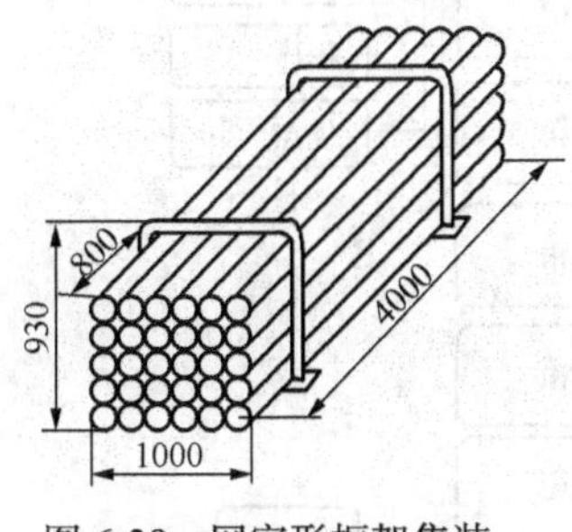

图 6-28　网字形框架集装

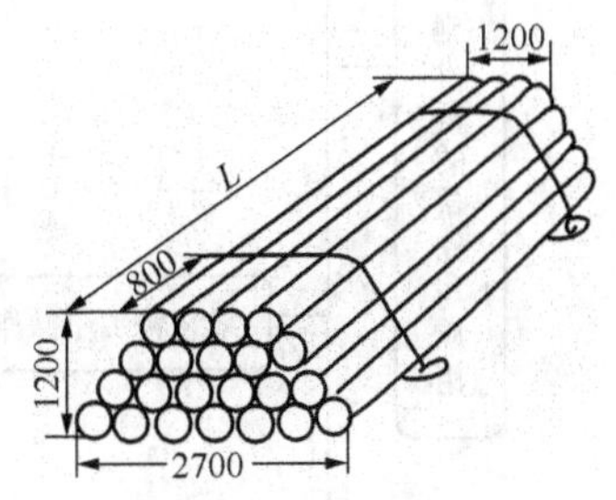

图 6-29　梯形集装

任务训练

训练背景

A 物流公司接到一订单，运输的货物有 0.5t 的面粉、0.6t 的化肥以及钢条、原木 4 种，客户要求紧急。为了提高效率、降低成本，该物流公司选择了集装袋进行集装，在规定时间内完成了任务。

训练要求

课堂上对下面问题进行思考或者讨论：

该物流公司为什么选择集装袋？整个集装的过程是如何操作的？还应采用哪些集装方式？

项目小结

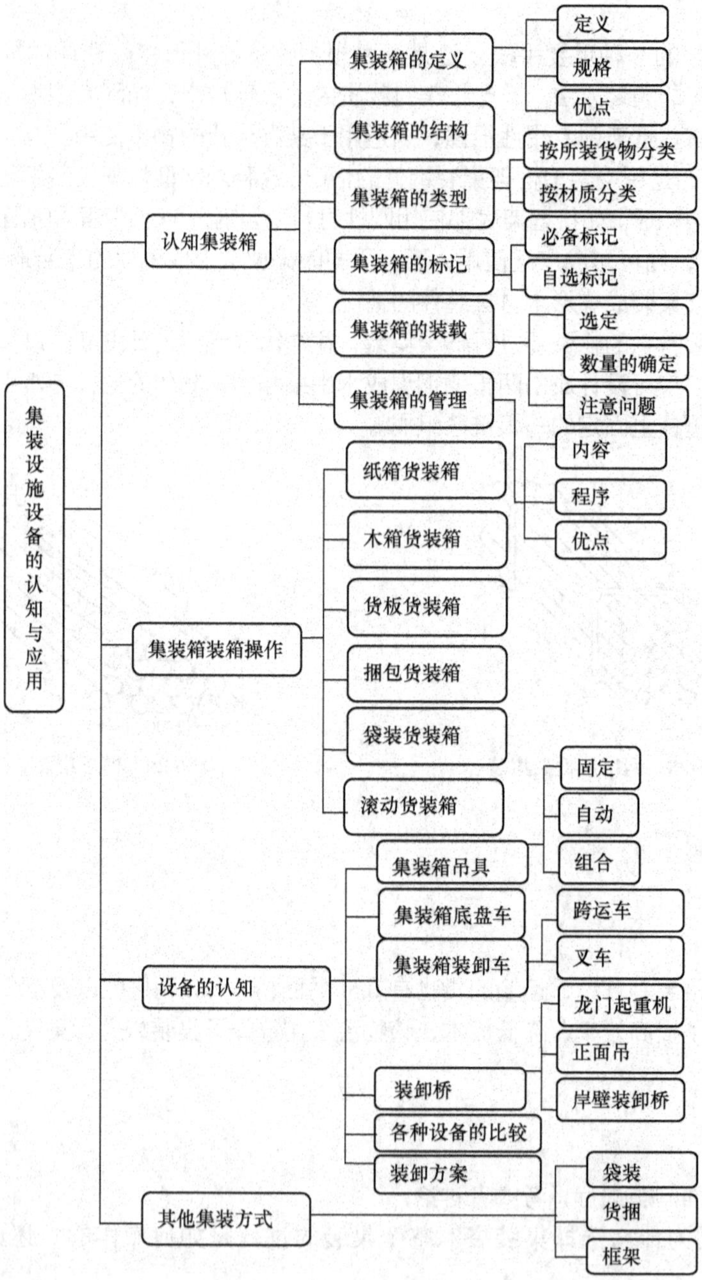

- 集装设施设备的认知与应用
  - 认知集装箱
    - 集装箱的定义
      - 定义
      - 规格
      - 优点
    - 集装箱的结构
    - 集装箱的类型
      - 按所装货物分类
      - 按材质分类
    - 集装箱的标记
      - 必备标记
      - 自选标记
    - 集装箱的装载
      - 选定
      - 数量的确定
      - 注意问题
    - 集装箱的管理
      - 内容
      - 程序
      - 优点
  - 集装箱装箱操作
    - 纸箱货装箱
    - 木箱货装箱
    - 货板货装箱
    - 捆包货装箱
    - 袋装货装箱
    - 滚动货装箱
  - 设备的认知
    - 集装箱吊具
      - 固定
      - 自动
      - 组合
    - 集装箱底盘车
    - 集装箱装卸车
      - 跨运车
      - 叉车
    - 装卸桥
      - 龙门起重机
      - 正面吊
      - 岸壁装卸桥
    - 各种设备的比较
    - 装卸方案
  - 其他集装方式
    - 袋装
    - 货捆
    - 框架

知识练习

一、填空题

① 集装箱标准按使用范围分（　　　）、（　　　）、（　　　）、（　　　）。

② 重货是指当货物密度（　　　）集装箱的单位容重，先装满集装箱（　　　）。

③ 龙门起重机有（　　　）和（　　　）两种形式。

④ 谷物一般用（　　　）集装箱装运，特种化工产品一般用（　　　）集装箱装运。

⑤（　　　）是集装箱码头上常用的一种装卸机械，主要用于吞吐量不大的综合性码头上进行集装箱的装卸、堆垛、短距离的搬运和车辆的装卸作业。

二、简答题

① 国际标准化组织对集装箱的规定是什么？

② 简述集装箱有哪些配套设备。

③ 简述集装箱有哪些类型。

职业技能训练

一、案例分析

1989 年 5 月 16 日成立的多特蒙德集装箱到发场有限责任公司是德国铁路一家私营公司，主要由多特蒙德港口（31.42%股份）、德国铁路货运公司（30%股份）、RehnusGruppe 公司（14.28%股份）、EUrogate 公司（10.72%股份）等公司组成。其中多特蒙德港口提供土地，德国铁路货运公司组织铁路班列。公司的地理位置颇具优势，可通过水运、铁路、公路将比利时、荷兰、卢森堡三国的港口和德国港口连接。

公司成立之初，共有员工 24 人，现场工人 9 人，其中一人是负责技术的组长，另外 8 人分为 2 组，分早、晚班工作。公司设有铁路分配部、运输分配部（包括前期任务分配、仓储、重载汽车分配部）、办公室和营销部。建立初期，公司没有先进的计算机系统支持现场操作，工人使用集装箱桥式门吊要对照很大的草图，经过确认后才能将需换装的集装箱放到集装箱换装场上合理放置，偶尔会发生因辛苦而误换装。如今由于业务的扩大，集装箱换装场地由 4.3 万平方米扩大到 9 万平方米，换装能力也整体提高了 1 倍，同时使用了计算机系统操作，精确率得到很大提高。

公司的主要业务是集装箱的装卸、保管、出售和修理等，同时办理危险货物集装箱、冷藏集装箱、大型平托盘和特种集装箱的运输、换装与保管。德国工人工资比较高，为节省劳动力，公司的人员基本都是一岗多能。现场的工人往往掌握起重机、叉车、重载汽车等多种机械的操作技能。办公室人员一般能够互相补充，工作可以互换，这得益于德国良好的培训方式。

公司没有生产集装箱的能力，但利用集装箱换装场的有利地势出售各种集装箱，根据顾客需要，及时将信息反馈给集装箱经营业务伙伴，通过中间差价获得盈利。公司也没有能力修理集装箱，但将部分场地出租给其他公司，由其他公司代替该公司修理集装箱。这样增加了公司的业务范围，提高了整体竞争能力。

在 1989 年组建之初，公司换装能力为 3 500 个集装箱，1990 年换装能力为 10200 个集装箱，1991 年换装能力为 26000 个集装箱，1994 年换装能力为 36000 个集装箱，2014 年换装能力为 60000 个集装箱。业务的不断增长得益于集装箱换装场的有利位置和该地区集装箱运量的增长，而该公司由于良好的经营和飞速的发展，被称为“多特蒙德港的珍珠”。

公司拥有 9 万平方米集装箱换装场，同时拥有多特蒙德威斯特豪因茨货物转运站的专用线。公司有 4 股到发线，其中 3 股均为 300m 长、1 股为 400m 长。公司同时拥有多特蒙德港口的 400m

长码头，该港口是属于多特蒙德至埃姆运河的一部分。公司的任务是：每周 5 次的从多特蒙德港口到不来梅和汉堡的“信天翁”铁路专列运输，Necoss 公司每周 4 次的铁路集装箱专列运输和每周 3 次的船运集装箱任务。

试分析集装箱对物流的影响？

二、技能训练

【训练目的】

① 掌握装箱的基本流程。

② 掌握装箱时各环节的基本要求。

【训练内容】

分别给学生一定数量的水桶、一定数量的 1.2m × 1.0m 和 1.0m × 1.0m 的塑料托盘、一定数量的油桶，提供手动托盘车和半自动叉车，让学生在 20ft 的集装箱里进行装箱。

【训练方法】

① 进行方案的设计，提高集装箱利用率和合理性。

② 了解设备结构，检查设备完好性。

③ 按操作规程操作。

④ 操作地点：集装区域。

⑤ 操作结束，将货物、设备归位。

项目七

仓储设施设备的认知与应用

职场情境导入

李明所在公司是一家大型物流公司，所以仓储设施设备比较先进，但是尽管这样，李明发现还有很多工作由人工完成，他觉得很困惑。于是他请教王经理：“经理，我们为什么不购买自动分拣系统、自动化立体库等更多的先进仓储设施设备，这样我们就可以提高仓储作业的机械化水平，节省人工费用？”王经理说：“虽然先进的仓储设施设备可以提高仓库作业效率，但是现阶段，由于人工成本还是比购买物流设施设备的成本便宜，所以我们很多工作依然依赖于人工完成。”

李明发现理想和现实还是有很大差距，要学的东西还有很多……

任务一　认知货架

学习目标

知识目标：

① 掌握货架的概念。

② 掌握主要货架的特点。

技能目标：

① 能合理选择不同的货架。

② 能根据储位的不同进行有效管理。

重点、难点：

① 掌握主要货架的特点及选择。

② 能根据储位的不同进行有效管理。

知识储备

一、货架概念与功能认知

1. 货架的概念

货架泛指存放货物的架子。确切地说：货架是以具有一定强度的材料，按一定格式建成用来存放货物的几何构筑体。在仓库设备中，货架是指专门用于存放成件物品的保管设备。仓储货架在物流及仓库中占有非常重要的地位，随着现代工业的迅猛发展，物流量的大幅度增加，为实现仓库的现代化管理，改善仓库的功能，不仅要求仓储货架数量多，而且要求其具有多种功能，并能满足机械化、自动化要求。

2. 仓储货架的功能

① 仓储货架是一种架式结构物，可充分利用仓库空间，提高库容利用率，扩大仓库储存能力。

② 存入仓储货架中的货物，互不挤压，物资损耗小，可完整保证物资本身的功能，减少货物的损失。

③ 仓储货架中的货物，存取方便，便于清点及计量，可做到先进先出或后进后出。

④ 可以采取防潮、防尘、防盗、防破坏等措施，以提高物资存储质量。

⑤ 能配合搬运设备来存取物品，节省人工和时间。

二、了解货架的分类

货架的种类很多，以满足各种不同的物品、储存单位、承载容器及存取方式的需求。

1. 按货架的发展分类

① 传统式货架。包括层架、层格式货架、抽屉式货架、橱柜式货架、U 形架、悬臂架、栅架、鞍架、气罐钢筒架、轮胎专用货架等。

② 新型货架。包括旋转式货架、移动式货架、装配式货架、调节式货架、托盘货架、进车式货架、高层货架、阁楼式货架、重力式货架、屏挂式货架等。

2. 按货架的适用性分类

按货架的适用性分类，可分为通用货架和专用货架等。

3. 按货架的制造材料分类

按货架的制造材料分类，可分为钢货架、钢筋混凝土货架、钢与钢筋混凝土货架、木制货架、钢木合制货架等。

4. 按货架的封闭程度分类

按货架的封闭程度分类，可分为敞开式货架、半封闭式货架、封闭式货架等。

5. 按货架的结构特点分类

按货架的结构特点分类，可分为层架、层搁架、橱架、抽屉架、悬臂架、栅形架等。

6. **按货架的可动性分类**

按货架的可动性分类，可分为固定式货架、移动式货架、旋转式货架、组合货架、可调式货架、流动储存货架等。

7. **按货架的结构分类**

① 整体结构式：货架直接支撑仓库屋顶和围棚。

② 分体结构式：货架与建筑物分为两个独立系统。

8. **按货架的载货方式分类**

按货架的载货方式，可分为悬臂式货架、橱柜式货架、棚板式货架等。

9. **按货架的构造分类**

① 组合可拆卸式货架。

② 固定式货架。其中又分为单元式货架、一般式货架、流动式货架、贯通式货架。

10. **按货架的高度分类**

① 低层货架：高度在 5m 以下。

② 中层货架：高度在 5～15m。

③ 高层货架：高度在 15m 以上。

11. **按加工工艺分类**

① 焊接式货架：这种工艺目前基本上不用了。

② 组合式货架：现在最常见的工艺方式。组合式货架又可以分为横梁式货架、牛腿式货架、搁板式货架、便利式货架、通廊式货架、悬臂式货架、重力式货架等。

三、主要货架的特点及应用

1. **托盘货架**

托盘货架，又称横梁式货架，在国内的仓储货架系统中最为常见。

（1）结构

货架沿仓库的宽度方向分成若干排，其间有一条巷道，供堆垛起重机、叉车或其他搬运机械运行。每排货架沿仓库纵长方向分为若干列，在垂直方向又分成若干层，从而形成大量货格，便于存储货物。托盘货架的总高度通常在 6m 以下，架底撑脚需要装叉车防撞装置，如图 7-1 所示。

图 7-1　托盘货架

（2）特点

每一托盘均能单独存入或移动，不需移动其他托盘，出、入库不受先后顺序的限制；可堆放各种类型的货物，并按货物尺寸要求调整横梁高度；结构简单、安装简易、费用经济；立体存放、库容率较高。

（3）用途

主要适用于整托盘出入库或大件物品的存放，能尽可能地利用仓库的上层空间。

2. 悬臂式货架

悬臂式货架是由在立柱上装设悬臂构成的，悬臂可以是固定的，也可以是移动的。悬臂货架分单面和双面两种，由金属材料制造而成，为了防止损坏所储存材料，常常加上木质衬垫或橡胶衬垫。悬臂货架的尺寸不固定，一般根据所放材料的尺寸大小而定。适用于存放长物料、板材、环形物料、管材及不规则的货物。

（1）结构

悬臂式货架具有结构稳定、载重能力好、空间利用率高等特点。悬臂式货架的高度通常都在 2m 以内（如由叉车存取货则可高达 5m），悬臂长度在 2m 以内，根据承载能力可以分为轻量型、中量型、重量型 3 种，结构如图 7-2 所示。

图 7-2 悬臂式货架

（2）特点

悬臂式货架前伸的悬臂具有结构轻、载重能力强的特点。

（3）用途

悬臂式货架多用于机械制造行业和建材超市等，在悬臂上增加钢制或木制的隔板后，特别适合空间小、高度低的库房，管理方便、视野开阔。

3. 重力式货架

重力式货架又叫自重力货架，属于仓储货架中的托盘类存储货架。

（1）结构

重力式货架是依靠货物自重力在货架滑道（滑轨、辊子或滚轮）上滑行，达到在存储深度方向使货物运动的存储系统。滑道坡度呈 3°，所有储位都具有流动性，结构如图 7-3 所示。

图 7-3　重力式货架

（2）特点

① 货物由高的一端存入，滑至低端，从低端取出。货物在滑动过程中，滑道上设置有阻尼器，控制货物滑行速度保持在安全范围内。滑道出货一端设置有分离器，搬运机械可顺利取出货物。

② 保证货物的先进先出，避免货物的超期存放，符合仓库管理现代化的要求。

③ 存储密度高，且具有柔性配合功能。重力式货架能够大规模密集存放货物，减少了通道数量，可有效节约仓库面积。由普通货架改为重力式货架后，仓库面积可节省近 50%。

（3）用途

重力式货架适用于大量存储和拣选场所，可普遍用于配送中心、商店的拣选配货操作中，也可用于生产线的物料不间断供应线上。

4．阁楼式货架

（1）结构

阁楼式货架是上下两层或多层堆叠制成阁楼布置的货架，如图 7-4 所示。

图 7-4　阁楼式货架

底层货架不仅是保管物料的场所，而且是上层建筑承重梁的支撑。它能使承重梁的跨度大大减小，建筑费用也大大降低。

（2）特点

采用全组合式结构，专用轻钢楼板，造价低、施工快。根据场地情况和使用需要，阁楼式货架可灵活设计成两层或多层形式，以充分利用空间。

（3）用途

适用于场地有限、品种繁多、数量少的情况（如五金、汽配、电子元件的分类存储），也适用于现有旧仓库的技术改造，配合使用升降机操作，可以大大提高仓库的空间利用率。

5. 移动式货架

（1）结构

移动式货架是一种底部带轮且可整体移动的货架。在货架下面装滚轮，在仓库地坪上装有导轨，通过开启控制装置，货架可通过轮子沿导轨移动，如图 7-5 所示。

图 7-5 移动式货架

（2）特点

每组货架只需一条通道，平时相互依靠，密集排列在一起。存取货物时，通过手动或电力驱动装置使货架沿轨道水平移动，形成作业通道，便于人工或机械存取作业。这样可以大幅度减少通道面积，地面利用率可达 80%，而且可直接存放每一种货物，不受先进先出的限制。

用移动式货架，货物存取方便、易于控制、安全性能好。但是，相对来说，其机电装置较多，维护较困难。

（3）用途

移动式货架适用于库存品种多、出入库频率较低的仓库，或库存频率较高但可按巷道顺序出入库的仓库。广泛应用于办公室存放文档、图书馆存放档案文献、金融部门存放票据、工厂车间及仓库存放工具和物料等。

6. 驶入式货架

驶入式货架又称通廊式货架或贯通式货架。驶入式货架采用托盘存取模式，是一种不以通道分隔，具有较高连续性、整体性的存储货架，结构如图 7-6 所示。

图 7-6 驶入式货架

（1）结构

① 在支撑导轨上，托盘按深度方向存放，一个紧接着一个，货物存储通道也是叉车储运通道，这使得高密度存储成为可能。

② 货物存取从货架同一侧进出，先存后取，平衡重心前移式叉车可方便地驶入货架中间存取货物，无须占用多条通道。

（2）特点

品种少而数量多的物品，每一开口一个品种，先入先出或先入后出。

（3）用途

驶入式货架适用于横向尺寸较大、品种较少、数量较多、物品存取模式可预订，并且对货物拣选要求不高的货物存储。它广泛应用于各类仓库及物流中心，冷库中也较为多见。

四、货架的选择

1. 选择货架的原则

现代仓库货架的种类较多、数量大，占用的资金投入比重也较大，因此，选择货架时要慎重，既要满足仓储需要，又要考虑经济条件，还要考虑仓库的发展及设备的寿命。总体而言，应遵循以下原则。

（1）适应性

设备的型号应与仓库的作业量、出入库作业频率相适应。首先应明确仓库的类型、存储商品的性质、数量、储运要求，同时还要考虑仓库的日平均出入库量，配置符合仓库储存商品、储运业务需要的设备，还要注意各个设备之间的配置，以求最大限度地发挥设备的作用。

（2）经济性

仓库设备配置必须从仓库自身的经济条件出发，在满足规模的情况下，以最少的资金投入来配置相对比较全面的设备，实现仓库的最大经济效益。

（3）先进性

随着现代新技术的发展，各类新设备不断出现，这些设备在技术上更先进，性能上更能适应仓储作业的要求，生产能力和效益都显著提高。在配置仓库设备时，要适应现代仓储的需求，尽量配置新技术设备，以提高生产效率。

2. 选择货架时考虑的因素

（1）物品特征

物品的尺寸大小、外形包装等将会影响储存单位的选用。物品的重量直接影响选用货架的强度。

（2）存取性

一般较高的储存密度是以牺牲物品的存取便利性为代价的。在选用货架的形式时，需对各种因素进行统筹考虑。

（3）出入库量

出入库量的高低是选用储放设备形式时应考虑的重点。例如有些货架虽然储存密度高，但出入库量却不高，只适合于低频度的作业。

（4）搬运设备

货架的存取作业是搬运设备完成的。因此，在选用货架时应考虑搬运设备。如货架通道宽度直接影响到堆垛起重机的形式，另外还需考虑提升高度及起升能力。

（5）库房结构

库房的有效高度、梁柱位置会影响货架的配置；地板承重强度、平整度也与货架的设计、安装有关，另外，还要考虑防火和照明设施。

五、货架的储位管理

1. 储位管理的概念

现代仓储管理与传统的仓储管理相比，更加注重仓储的时效性，是一种动态的管理。现代仓储管理重视商品在拣货出库时的数量、位置变化，从而配合其他仓储作业。储位管理就是利用储位来使商品处于“被保管状态”，并且能够明确显示所存储的位置。同时当商品的位置发生变化时能够准确记录，使管理者能够随时掌握商品的数量、位置及去向。

2. 储位管理的对象

储位管理的对象分为保管商品和非保管商品两部分。

（1）保管商品

保管商品是指在仓库的储存区域中保管的商品，由于它对作业、储放搬运、拣货等方面有特殊要求，使得其在保管时会有多种保管形态出现，例如托盘、箱、散货或其他方式，这虽然在保管单位上有很大差异，但都必须用储位管理的方式加以管理。

（2）非保管商品

① 包装材料。包装材料是指标签、包装纸等材料。由于现在商业企业促销、特卖及赠品活动的增加，使得仓库的贴标、重新包装、组合包装等流通加工比例增加，对于包装材料的需求也相应增加。因此需要对这些材料加以管理，如果管理不善，有欠缺情况发生，会影响到整个作业的进行。

② 辅助材料。辅助材料是指托盘、箱、容器等搬运器具。目前由于流通器具的标准化，仓库对这些辅助材料的需求越来越大，依赖性也越来越强。为了不影响商品的搬运，必须对这些辅助材料进行管理，于是制定了专门的管理办法。

③ 回收材料。回收材料是指经补货或拣货作业拆箱后剩下的空纸箱。虽然这些空纸箱都可回收利用，但是这些纸箱形状不同，大小不一，若不保管起来，很容易造成混乱，而影响

其他作业，因此需要划分一些特定储位来对这些回收材料进行管理。

3. 储位管理的范围

仓库的所有作业所用到的保管区域均为储位管理的范围，根据作业方式不同可分为预备储区、保管储区、动管储区，现分别介绍如下。

（1）预备储区

预备储区是商品进出仓库时的暂存区，预备进入下一保管区域。虽然商品在此区域停留的时间不长，但是也不能在管理上疏忽大意，给下一作业程序带来麻烦。

在预备储区，不但要对商品进行必要的保管，还要将商品打上标志、分类，再根据要求归类，摆放整齐。为了在下一作业程序中节省时间，标志与看板的颜色要一致。

对于进货暂存区，在商品进入暂存区前先分类，暂存区域也先行标示区分，并且配合看板上的记录，商品依据分类或入库上架顺序，分配到预先规划好的暂存区储存。

对于出货暂存区，每一车或每一区域路线的配送商品必须排放整齐并且加以分隔，摆放在事先标示好的储位上，再配合看板上的标示，并按照出货单的顺序，进行装车。

（2）保管储区

保管储区是仓库中最大、最主要的保管区域，商品在此的保管时间最长。商品在此区域以比较大的存储单位进行保管，所以是整个仓库的管理重点。为了最大限度地增大储存容量，要考虑合理运用储存空间，提高使用效率。为了对商品的摆放方式、位置及存量进行有效的控制，应考虑储位的分配方式、储存策略等是否合适，并选择合适的储放和搬运设备，以提高作业效率。

（3）动管储区

动管储区是在拣货作业时所使用的区域，此区域的商品大多在短期内即将被拣取出货，其商品在储位上的流动频率很高，所以称为动管储区。由于这个区域的功能是满足拣货的需求，为了让拣货时间及距离缩短，降低拣错率，就必须在拣取时能很方便迅速地找到商品所在位置，因此对于储存的标示与位置指示就非常重要。而要让拣货顺利进行及降低拣错率，就得依赖一些拣货设备来完成，如电脑辅助拣货系统（CAPS）、自动拣货系统等。

针对现在仓库大多是少量多样高频率出货的现状，一般仓库的基本作业方式已经不能满足现实需要，动管储区这一管理方式的出现恰恰符合了这一需求，其效率的评估与提高在仓库作业中已被作为重要的一部分。

4. 储位管理的原则

储位管理与其他管理一样，其管理方法必须遵循一定的原则，具体如下。

（1）储位标志明确

先将储存区域详细划分，并加以编号，让每一种预备存储的商品都有位置可以存放。

此位置必须是很明确的，而且是经过储位编码的，不可以是边界含混不清的位置，例如走道、楼上、角落或某商品旁等。需要指出的是，仓库的过道不能当成储位来使用，虽然这样做短时间内会得到一些方便，但会影响商品的进出，违背了储位管理的基本原则。

（2）商品定位有效

依据商品保管方式的不同，应该为每种商品确定合适的储存单位、储存策略、分配规则，以及其他储存商品要考虑的因素。货品应被有效地配置在先前所规划的储位上，例如冷藏的商品就该放冷藏库，流通速度快的商品就该放置在靠近出口处，香皂就不应该和食品放在一起等。

（3）变动更新及时

当商品被有效地配置在规划好的储位上之后，接下来的工作就是储位的维护，也就是说不管是商品因拣货取出或是商品被淘汰，又或是受其他作业的影响，使得商品的位置或数量发生了改变时，都必须及时记录变动情形，以使记录与实物数量能够完全吻合。

5. 储位管理的方法与步骤

储位管理的基本方法是对储位管理原则的灵活运用，具体方法及步骤如下。

① 先了解储位管理的原则，接着应用这些原则来判别商品的储放需求。

② 对储放空间进行空间规划配置，同时选择储放设备及搬运设备。

③ 对保管区域与设备进行储位编码和商品编号。

④ 储位编码与商品编号完成后，选择用什么分配方式把商品分配到已编码的储位上时，可选择人工分配、计算机辅助分配、计算机全自动分配的方法进行分配。

⑤ 商品分配到储位上后，要对储位进行维护。要做好储位维护的工作，除了使用传统的人工表格登记外，也可应用最有效率、最科学的方法来进行。

任务训练

训练背景

奥地利某肉制品公司为了保证肉和香肠产品对存储保质期的特殊要求，在高架区的上风口安装了空调系统，以保证130多种不同产品的安全存放。库房高27m，其中四个库位位于地下。整个库房设有两个温度区域，分拣区为10～12℃，高架存储区为0～2℃。以满足不同产品的专业存储要求。托盘货物进入存储区后，按照不同产品的不同需要，放置3～270天进行熟化。在业务量不大时，仓库管理系统会对存储进行优化，以保证订单分拣在高峰作业时段的高效率。在优化存储时，第二天需要的托盘从缓存区取出进入活跃存储区，并遵循先入先出原则。

训练要求

课堂上对下面问题进行思考或者讨论：

该肉制品公司在储位管理的哪些方面值得我们借鉴？

任务二　认知自动分拣系统

学习目标

知识目标：

掌握自动分拣系统的工作过程及主要设备。

技能目标：

根据货物的不同合理选择自动分拣系统。

重点、难点：

① 掌握自动分拣系统工作过程。

② 能根据货物的不同合理选择自动分拣系统。

知识储备

一、自动分拣系统认知

世界各国的大型物流中心十分重视发展先进的自动分拣技术和设备。目前国内外的大容量仓库或配送中心几乎都配有自动分拣系统。自动分拣系统具有很高的分拣能力，较高的分拣速度，能处理各种各样的货品。目前主要用于邮政包裹的分拣，以及流通、商业的物流中心和配送中心里的分拣。

1. 自动分拣系统的特点

（1）自动分拣系统能够连续地、大批量地分拣货品

由于采用流水线自动作业方式，自动分拣系统不受气候、时间、人的体力的限制，可以连续运行 100 小时以上。自动分拣机单位时间分拣货品件数多，分拣能力远高于人工分拣的能力。例如，自动分拣系统每小时可以分拣 7000 件包装货品；如用人工分拣则每小时只能分拣约 150 件，而且分拣人员也不可能高强度地连续工作数小时。

（2）分拣误差率极低

分拣误差率是自动分拣系统的重要指标，其大小取决于所输入分拣信息的准确率的大小。采用人工键盘方式输入，虽然设备简单，投资较省，但易出差错，误差率在 3%以上；采用语音识别输入则需配备计算机语音识别系统，并要求环境安静，操纵者的语音标准，否则会产生较大误差率。目前在自动分拣系统中主要采用激光扫描条码输入技术来进行分拣信息输入。激光扫描条码输入的精度非常高，据美国一项调查发现，采用激光扫描条码输入 126.6 万项信息，仅错 4 项，差错率仅为 0.003‰；扫描速度较高，与输送带的传送速度相当，最大可达每小时 7500 件。

（3）分拣基本实现无人化

自动分拣系统作业本身不需要人员直接参与，基本做到无人化，实现了提高效率，减少误差的目的。使用人员工作的地方只限于进货端口的接货和出货端口的集载装车，控制台的值班操作，系统的经营、管理与维护。例如，美国一公司配送中心面积为 10 万平方米左右，每天可分拣近 40 万件商品，仅使用约 400 名员工，自动分拣线上做到了无人化作业。

2. 自动分拣系统的组成

一个完整的自动分拣系统由设定装置、识别控制装置、自动分拣装置、输送装置和分拣道口等组成，它们通过计算机网络连接，在计算机系统的控制下运作。

（1）设定装置

它是在货品的外包装上贴上或打印上标签，标签上的代码表明货品的品种、规格、数量、货位、货主等信息。根据标签上的代码，在货品入库时可表明入库的货位，在输送货品的分叉处可正确引导货品的流向，堆垛起重机可按照代码把货品存入指定的货位。当货品出库时标签可引导货品流向指定的输送机的分支上，以便集中发运。设定装置种类很多，在自动分拣机上可使用条码、光学字符码、无线电射频码、音频码等。其中条码是国际通用码，应用极为广泛。

（2）识别控制装置

识别控制装置的作用是接收、识别和处理分拣信号，根据分拣信号的要求，指示自动分拣装置对货品进行分拣。分拣信号通过磁头识别、光电识别或激光识别等多种方式输入到分拣控

制系统中，分拣控制系统根据这些分拣信号，决定哪一种货品该进入哪一个分拣道口。

（3）自动分拣装置

它根据控制装置传来的指令对货品进行分拣，在指定位置将货品推离主输送带，并输送到预定的输送机分支或倾斜滑道上去，完成货品的分拣输送。

（4）输送装置

输送装置的主要组成部分是输送带或传输机，主要作用是使待分拣货品通过识别控制装置和自动分拣装置。在输送装置的两侧，一般要连接若干分拣道口，使分拣后的货品滑离主输送机，以便完成后续作业。

（5）分拣道口

分拣道口是已分拣货品脱离主输送机（或主传送带）进入集货区域的通道。它一般由钢带、皮带、滚筒等组成滑道，使商品从主输送装置滑向集货站台，工作人员将货品集中，或是入库储存，或是组配装车并进行配送作业。

二、认识自动分拣系统工作过程及主要设备

1. 自动分拣系统工作过程

自动分拣系统的工作过程大致可分为汇流、分拣识别、分拣与分流、分运4个阶段。

（1）汇流段

货品进入自动分拣系统，可用人工搬运方式或机械化、自动化搬运方式，也可通过多条输送线送入自动分拣系统。经过汇流逐步将各条输送线上输入的货品合并于一条汇集输送机上，同时将商品在输送机上的方位进行调整，以适应分拣识别和分拣操作的要求。汇集输送机具有自动停止和启动的功能。如果前端分拣识别装置偶然发生事故，或货品和货品之间连接在一起，或输送机上货品已经满载时，汇集输送机就会自动停止，恢复正常后又能够自动启动，这是一种缓冲保护功能，如图7-7所示。

图7-7　合流输送机

为了达到高速分拣，要求分拣的输送机高速运行。目前的高速分拣机的分拣速度是每分钟200件以上，为了使输送机有更高的速度，在货品进入分拣识别装置前有一个使货品逐渐加速到分拣输送机的速度，以及相邻两个货品间保持的最小固定距离的要求。

（2）分拣识别

在分拣识别阶段，激光扫描器对货品上的条码进行扫描，以获取货品分拣信息，并将其输

入到计算机。激光扫描器的扫描处理速度很快，但受输送机速度和分拣动作的限制，货品之间必须保持一个限定的最小间距。当前计算机和程序控制器已能将这个间距减少到只有几英寸。

（3）分拣与分流

货品离开分拣识别装置后在分拣输送机上移动时，计算机根据不同的货品分拣信号计算出移动时间，当货品行走到指定的分拣道口时，该处的分拣机构自行启动，将货品排离主输送机进入分流滑道排出。

（4）分运

分运是分拣出的货品离开主输送机，再经过滑道到达分拣系统的终端的过程。分运所经过的滑道一般没有动力，靠货品的自重从主输送机上滑下。在各滑道的终端，由作业人员将货品搬进容器或搬上车辆。

2. 自动分拣机

自动分拣系统的主要设备是自动分拣机，如图7-8所示，按分拣货品移出的方式不同主要分为如下类型。

（1）钢带推出式分拣机

它是利用输送钢带作为载运货品的主输送道，并在其上面利用导向挡板推出货品的分拣设备。单机长度随分拣道口的数量而定，日本某公司货运站安装的一台钢带式分拣机长度达155米。沿钢带的一侧每隔一定的距离设一导向挡板，它的对面一侧是分拣道口。被分拣货品首先通过一段分道装置，把货品按分道口的位置分别移送到左侧或右侧。货物到达指定道口时，在分拣信息的控制下挡板推出器按一特殊的曲线轨迹转动，平稳地把货品推到对侧的道口，并快速退回，让后面的货品继续通过。

图7-8 钢带推出式分拣机

有的钢带推出式分拣机是利用传输钢带上的磁记录信息来控制分拣动作的。在计算机发出上货信号时货品即进入分拣机，其前沿挡住货品探测器时探测器发出货到信号，计算机控制紧靠探测器的磁头，首先对钢带上的遗留信息进行消磁，再将该货品的地址代码信息以磁编码的形式记录在紧挨货品前沿的钢带上，成为自带地址信息，从而保持和货品同步运动的关系。在分拣机的每个分拣道口前都设有磁编码信息阅读器，当货品到达分拣道口时阅读器阅读钢带上的编码信息，如果所读的信息就是该分拣道口的代码，计算机立即控制导向挡板动作将货品推出分拣道口，完成该货品的分拣。

钢带推出式分拣机应用范围很广，除易损钢带的包装如木箱或过薄的货物外，其他包装或无包装的货品，重量在1～70kg，长度在0.15～1.5m的都能适用。其分拣能力一般为每小时2000～5000件。它强度高、耐用性好、可靠性高，但由于设备复杂，成本较高，分拣能力有限，占地大，运行费用也较高。

（2）胶带浮出式分拣机

胶带浮出式分拣机的结构与钢带推出式分拣机相比最大的区别是采用胶带代替钢带，因此对货品的质量和包装形式有一定的要求。胶带输送带分段设计，大约3m一段，每段之间设置1～2排可以上下升降，左右转向45°的橡胶斜轮，斜轮前方两侧是分拣道口。平时斜轮轴线与胶带运行方向垂直，斜轮上缘在输送带平面以下，货品可从上面通过；当货品抵达指定的分拣道口时，控制器控制气动装置将斜轮转向一侧，并往上提升（浮出）约 2cm，斜轮的转动将货品斜移到指定一侧的分拣道口，完成分拣动作后，斜轮恢复原始状态。这种浮出装置也可安装在辊道式和链式输送机的运输线上，具有分拣和分道等多种功能，如图 7-9 所示。

图 7-9　胶带浮出式分拣机

胶带浮出式分拣机分拣能力每小时 1500～6000 件，最大可达每小时 8000 件，应用范围较广，除包装底面不平实的货品外，重量在 1～60kg、长度在 0.15～1.2m 的包装和无包装的货品都能适用，它具有占地少、成本低、对货品的冲击较少、维护运行费用省、噪声较小和扩展方便等优点。

（3）滑动导向块分拣机

滑动导向块分拣机的传送机构面由金属板条（管子）上各有一枚能作横向滑动的导向块。导向块靠在输送机一侧的边上，当被分拣货品到达指定道口时，控制器使导向块顺序地向道口方向滑动，将货品推向分拣道口。由于导向块可以朝两侧滑动，因此滑动导向块可在主输送带的两侧设置分拣道口，以节约场地空间。滑块的动作由计算机控制，其动作合理，对货品冲击小，不损货品，适宜于各种形状、体积、重量 1～90kg 的货品。分拣能力最高可达每小时 1.2 万件，准确率达 99.9%，如图 7-10 所示。

图 7-10　滑动导向块分拣机

（4）翻盘式分拣机

翻盘式分拣机的传送装置是一条环状链拖输送系统，是由一系列用链条拖动沿着轨道环行的盘所组成。当翻盘抵达指定的道口时，控制器使电动装置托起翻盘向一侧倾斜，将翻盘上被分拣货品滑入分拣道口。由于翻盘分拣传输线可循环运行，上下左右转向，因此可因地制宜、按货品流程的要求布置成变化多样的空间分拣系统，为直线型分拣机所难及。同时被分拣的货品能在分拣线上任何一个或多个位置，通过一个特殊的三级加速的进货装置迅速、准确地推入高速运行的空盘上，只要增加进货点，分拣能力就能提高，分拣线的两侧都可设分拣道口，其间距是翻盘的节距，方便灵活，如图 7-11 所示。其最大分拣能力可达每小时 2 万件。

翻盘有多种形式（可以做成盘状）和尺寸，它适合于重量在 1～50kg 的小型包裹等货品。翻盘式分拣机技术成熟，广泛应用于邮政系统和其他行业。

图 7-11　翻盘式分拣机

（5）横移皮带式分拣机

横移皮带式分拣机是近年来由翻盘式分拣机发展起来的一种新型的环状分拣机，它用一短段横向（垂直于主运行方向）的皮带输送机作为分拣货品的承载器，用来代替翻盘。当货品传送到指定的道口时，横向皮带机开动，把货品向左（向右）侧送出。它避免了翻盘式分拣机的缺点——货品易滑落、易受损伤，不适合易碎、精密货品，其分拣货品适应性强，运行平稳，能双侧出货。还可把 2～4 台横向皮带合成一组承载器，用于大件货品，灵活机动。其分拣能力一般每小时达 1.8 万件。如果增加进货点以及使用双层承载器，分拣能力最高可达到 4 万件，如图 7-12 所示。

图 7-12　横移皮带式分拣机

三、自动分拣系统的选用

1. 自动分拣系统的选用

自动分拣系统要求使用者必须具有一定的技术经济条件，具体来说有以下两点。

（1）巨大的一次性投资

自动分拣系统本身需要建设短则 40～50m，长则 150～200m 的机械传输线，还有配套的机电一体化控制系统、计算机网络及通信系统等，这一系统不仅占地面积大，动辄 2 万平方米以上，而且一般自动分拣系统都建立在自动立体仓库中，这样就要建 3～4 层楼高的立体仓库，库内需要配备各种自动化的搬运设施，这丝毫不亚于建立一个现代化工厂所需要的硬件投资。这种巨额的先期投入要花 10～20 年才能收回，需要有可靠的货源作保证。

（2）规范的商品外包装

自动分拣机只适合于分拣底部平坦且具有刚性的包装规则的商品。袋装商品，包装底部柔软且凹凸不平的商品，包装易变形、易破损、超长、超薄、超重、超高、不能倾覆的商品不能使用普通的自动分拣机进行分拣。因此为了使大部分商品都能用机械进行自动分拣，可以采取两条措施：一是推行标准化包装，使大部分商品的包装符合国家标准；二是根据所分拣的大部分商品的统一包装特性定制特定的分拣机。但要让所有商品的供应商都执行国家的包装标准是很困难的，定制分拣机又会使硬件成本上升，并且越是特别的其通用性就越差。

2. 自动分拣设备的选用

现代化分拣设备是配送中心的重要生产工具。它的正确选用和合理使用，不仅能提高货物分拣和整个配送系统自动化程度，而且也是实现物流现代化和社会化的重要标志之一。机械、家电、汽车、烟草、邮电、医药、食品及商业各领域，为了扩大仓储能力，减少仓库占用面积，实现计算机自动化管理，提高效率均有引入自动分拣设备的需求。

选用自动分拣设备，要综合考虑配送中心的分拣方式、使用目的、作业条件、货物类别、周围环境等。一般来讲，应遵循以下几个原则：设备的先进性、经济实用性、上机率，设备技术经济性、相容性和匹配性。

任务训练

训练背景

近年来我国邮政行业实现信件分拣自动化，引进自动分拣机代替工人分拣信件，也就是多用设备而少用人工。假设某邮局引进一台自动分拣机，只需一人管理，每日可处理 10 万封信件。如果用人工分拣，处理 10 万封信件需要 40 个工人。在这两种情况下都实现了技术效率。处理 10 万封信件，无论用什么方法，收益是相同的，但成本如何取决于机器与人工的价格。假设一台分拣机为 400 万元，使用寿命 10 年，每年折旧为 40 万元，再假设利率为每年 10%，每年利息为 40 万元，再加分拣机每年维修费与人工费用 5 万元。这样使用分拣机的成本为 85 万元。假设每个工人年工资 2 万元，40 个工人共 80 万元，使用人工分拣成本是 80 万元。在这种情况下，使用自动分拣机实现了技术效率，但没有实现经济效率，而使用人工分拣既实现了技术效率，又实现经济效率。

训练要求

课堂上对下面问题进行思考或者讨论：

在实现技术效率时，是否实现了经济效率就取决于生产要素的价格。如果仅仅从企业利润最大化的角度看，可以只考虑技术效率和经济效率。这两种效率的同时也就是实现了资源配置效率。但是如果从社会角度看问题，使用哪种方法是否需要考虑每种方法对技术进步或就业等问题的影响？

任务三　认知站台技术

学习目标

知识目标：

① 掌握站台的主要形式。

② 掌握根据进货和出货安排站台的位置。

技能目标：

根据进货和出货安排站台的位置。

重点、难点：

① 站台的主要形式。

② 根据进货和出货安排站台的位置。

知识储备

一、认知站台的主要形式

站台也称月台、码头，是线路与仓库的连接点，是仓库进出货的必经之路。站台的作用是车辆停靠处、装卸货物处、暂存处。利用站台能方便地将货物装进车辆中或者从车辆中取出，实现物流网络中线与结点的限界转运。

站台的装卸系统一般为半自动模式，即装卸过程中要辅以必要的人工操作，但操作控制在一个合理的范围之内。

1. 高站台

仓库地面即为站台面，则站台高度与车货箱底部高度在同一个水平面上，如图 7-13 所示，有利于作业车辆进行水平装卸作业，使装卸合理化。目前新建仓库的站台一般建成高站台（又称为高平台）。

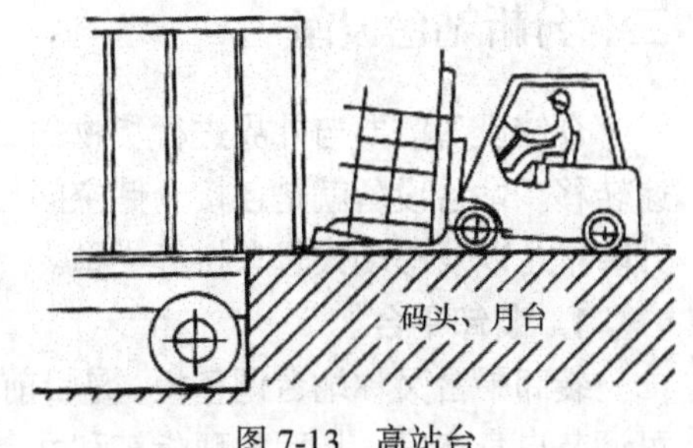

图 7-13　高站台

2. 低站台

站台、地面、仓库地面处于同一高度，以利于站台和仓库之间的搬运，利于叉车作业，利于移动式装卸运输机械设备组成临时运输作业线。但是，低站台与车辆之间的装卸作业不如高站台方便。

3. 站台高度、宽度的确定

为作业安全起见，应尽量克服车辆与站台之间的间距和高度差。出入库站台的高度一般在 1.4～1.6m 之间，其宽度要保证两人带货能相向通行并保证库门打开时不碰到车辆，一般不小于 2.5m，站台作业设备的宽度不要大于 0.8m。由于各种载重汽车车厢底板的高度没有统一标准，对站台高度的要求不同，如表 7-1 所示，所以一般都把出入库站台沿其长度方向修成一定坡度，利用仓库站台高度沿其长度方向的变化来适应不同的车辆。除此之外，也可以装备卡车升降平台或码头升降平台，如图 7-14 所示；车尾附升降平台（装置于车尾部的特殊平台，适用于无站台设施的物流中心或零售点）；可移动式楔块、手动简易“过桥”等来协调仓库站台与载货车装载平面的高差，方便装卸作业。可移动式楔块，如图 7-15 所示，放置于卡车或拖车的车轮旁固定，可以避免装卸货物期间车轮意外滚动而造成危险。

表 7-1　不同车辆适合的站台高度　单位：m

车　型	站台高度
平板车	1.32
长途挂车	1.22
市区卡车	1.17
集装箱拖车	1.40
冷藏车	1.32
作业拖车	0.91
载重车	1.17

图 7-14　码头升降平台

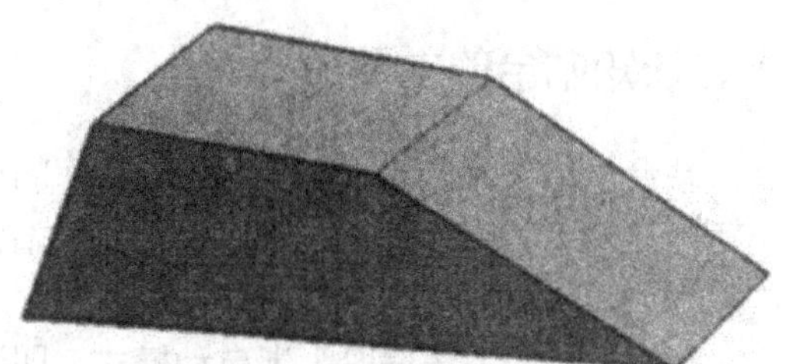

图 7-15　可移动式楔块

二、分析站台设备

仓储设备需要与外界进行货物的交换，因此要搭建起合理的货物交互接口，实现货物的快速转移。站台设备就是连接仓储空间与运输设备的接口设备。主要的站台设备包括装卸平台、升降平台以及移动式登车桥等类型。

1. 装卸平台

装卸平台又称站台调整板，是目前应用最普遍的站台装卸接驳设备。它一般安装在站台上，可调节自身高度，从而实现货车和站台的有效连接。它搭设在车辆和建筑物之间，以调整车辆底部与地面的高度差。图 7-16 为典型的装卸平台。

2. 升降平台

升降平台是比较安全且富有弹性的卸货辅助器，升降平台可分为码头升降平台（图 7-17）、剪式升降平台（图 7-18）和车尾附升降平台（图 7-19）这 3 种。当配送车到达时，可调整码头升降平台高度来配合配送车车底板的高度，以方便装卸货；剪式升降平台一般装在站台前，不使用时与站台齐平，车辆能正常通行，在货车到达时可提升高度到车辆底板高度；对于无站台设施的物流中心或零售点，为方便装卸货，可运用车尾附升降平台将货物装上货车或卸到站台。

图 7-16　装卸平台

图 7-17　码头升降平台

图 7-18　剪式升降平台

图 7-19　车尾附升降平台

三、安排进货和出货站台的位置

为了使物料能顺畅地进、出仓库，进出货站台（或码头）的相对位置很重要。一般来说，进出货站台（或码头）的位置安排有以下几种。

1. 进货及出货共用站台（或码头）

如图 7-20 所示，这种设计可以提高空间利用率和设备利用率，但在进出货的高峰期容易造成进出货相互牵绊，不利于管理。所以，在管理上一般安排进货作业和出货作业错开。

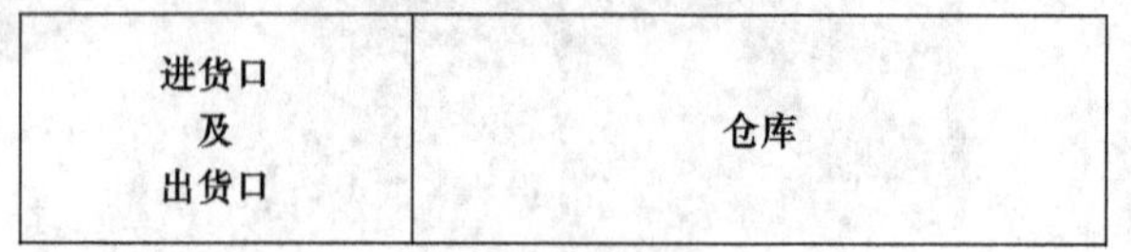

图 7-20　进货口及出货口混合

2. 进货口、出货口独立但相邻

如图 7-21 所示，在这种位置安排下，进货作业和出货作业错开，便于管理，设备仍然可以共用。这种安排方式适用于库房空间适中、进货和出货常易互相干扰的情况。

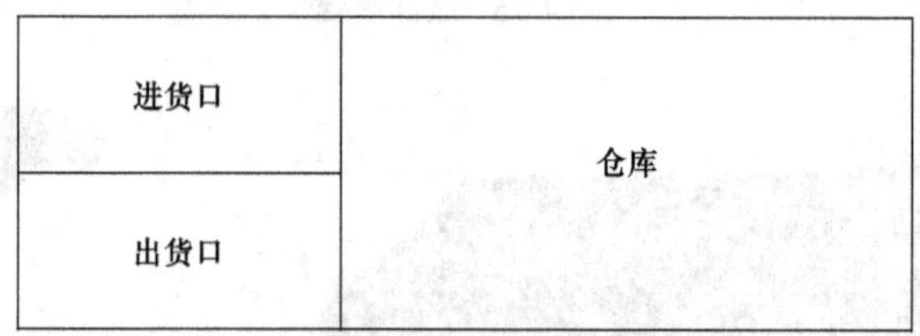

图 7-21　进出货口独立、相邻

3. 进货口及出货口分别使用站台（或码头）

如图 7-22 所示，仓库的进货口和出货口不相邻，进出货作业空间独立，设备也是专用的。这种安排使进货与出货迅速、顺畅，但空间利用率及设备使用率降低。

图 7-22　进出货口不相邻

4. 多个进货口及出货口

若厂房空间足够、货物进出量大且作业频繁，则可规划多个进货口及出货口，以满足需求。

四、设计站台停车方式

车辆的停放方式有 3 种，即平行式、垂直式和斜列式（锯齿形）。具体选用哪一种停放方式，应根据场地的实际情况及车辆的管理、进出车的要求等确定，但应满足一次进出车位的要求，并做到占地面积小、疏散方便、保证安全。

五、设计站台周边的形式

进出货空间的设计除考虑效率及空间的利用外，安全性也是决定因素之一，尤其是车辆与码头之间的连接设计。为了防止大风吹入仓库内部、雨水进入货柜或仓库，以及避免库内空调冷暖气外泄等灾害损失及能源浪费，停车站台的建设形式有以下 3 种选择。

1. 内围式

进出货车辆在围墙内，安全性好，大风和雨水也不容易进入货柜或仓库，也能避免仓库空调冷暖气外泄而造成能源浪费，如图 7-23（a）所示。

2. 平式

站台（或码头、月台）在仓库内，能源浪费的情况能够避免，是目前应用较广泛的一种形式，如图 7-23（b）所示。

3. 开放式

站台（或码头、月台）全部突出于仓库的一种形式，在站台上卸货时不受遮掩，库内冷暖气更容易外泄，如图 7-23（c）所示。

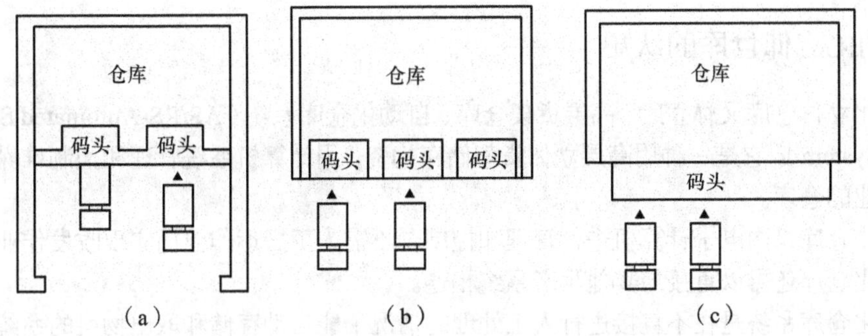

图 7-23 停车站台的内围式、平式、开放式

任务训练

训练背景

富日物流的主要客户包括大型家用电器厂商（小天鹅、伊莱克斯、上海夏普、LG、三洋等）、酒类生产企业（五粮液的若干子品牌、金六福等）、方便食品生产企业（如康师傅、统一等）和其他快递消费品厂商（金光纸业、维达纸业等）。

富日物流的仓库全部采用平面仓库，部分采用托盘和叉车进行库内搬运，少量采用手工搬运。月台设计适合于大型货柜车、平板车、小型厢式配送车的快速装卸作业。

训练要求

课堂上对下面问题进行思考或者讨论：

根据家电、酒类、方便食品的特点，为企业设计合理的站台。

任务四　认知自动化立体仓库

学习目标

知识目标：

掌握自动化立体仓库的设备设施的构成。

技能目标：

能区分不同的自动化立体仓库。

重点、难点：

① 掌握自动化立体仓库的设备设施的构成。

② 能区分不同的自动化立体仓库。

知识储备

一、自动化立体仓库的认知

自动化立体仓库又称立库、高层货架仓库、自动化仓库系统（AS/RS-Automated Storage and Retrieval System）。它是一种用高层立体货架储存物资，用计算机系统管理和控制堆垛运输车进行存取作业的仓库。

自动化仓库是由电子计算机进行管理和控制，不需人工搬运作业而实现收发作业的仓库。有的自动化仓库还可以直接与其他生产系统相连。

自动化仓库系统是在不直接进行人工处理的情况下能自动存储和取出物料的系统。这个定义涵盖了不同复杂程度及规格的极为广泛的多样的系统。

自动化立体仓库一般是指采用几层、十几层乃至几十层的货架来储存单元货物的仓库，由于这类仓库能充分利用空间储存货物，故常形象地将其称为“立体仓库”。自动化立体仓库就是采用高层货架存放货物，以巷道堆垛起重机为主，结合入库与出库周边设备来进行自动化仓储作业的一种仓库。

自动化立体库的功能如下。

1. 大量存储和保管

大量储存。一个自动化立体仓库拥有的货位数可以达到30万个，可储存30万个托盘，以平均每个托盘储存1吨货物计算，则一个自动化立体仓库可同时储存30万吨货物。

自动化立体仓库的货架高度一般在15米左右，最高的可达40多米，可存储数10万个货物单元，即可存储数10万个托盘。按平均每托盘货物重1吨计算，每个自动化立体仓库可同时存储数10万吨货物，这相当于一艘排水量为数10万吨级的巨轮所装载的货物。例如，意大利Benetton公司建造一个30万个货位的自动化立体仓库，就可以承担向全球60多个国家的5000多间连锁店配送物品的任务。自动化立体仓库一般配备较好的设备和设施，可根据存储物品的各自特性来进行分类保管，以保证存储物品的完好性。

2. 自动存取

自动化立体仓库的出入库和库内的搬运作业全部由计算机控制的自动化系统来实现，运行和处理速度快，大幅度提高了劳动生产率，降低了操作人员的劳动强度，同时能高效率地纳入企业的物流系统中。例如，Benetton公司，其30万货位的自动化立体仓库的自动存取系统中，每天只需8个管理人员负责货物存取系统的操作、监控和维护。管理人员通过计算机发出出入库分拣、包装、组配、存储等作业指令，自动存取系统就会调用库内的巷道堆垛机、自动分拣机、自动导向车及其配套的周边设备协同操作，在短时间内自动完成作业。

3. 调节供需

从生产和消费的连续性角度来看，有些产品的生产是均衡的，但消费却有季节性；有些产品的生产是不均衡的，但消费却是均衡不断地进行。而由于这些不均衡而产生的大批物品的存储，无法单独依靠一般的仓库来承担。为使大生产和大消费协调起来，自动化立体仓库依靠其储量大、反应快的特点，起着“大型蓄水池”的作用。

4. 货物运输能力的调节

各种运输工具的运输能力相差悬殊。船舶的运输能力最强，如海运往往是万吨级至10万吨级的，汽车的运输能力最弱，一般每辆货车（轻型以上的货车）运载量在18～30吨，它们两者之间的运输衔接是不平衡的。例如，一艘好望角型干散货船，总载重量在10万吨级以上，其货物至少需要25000辆次的4吨货车来运载，这样的运输衔接要想达到平衡是很困难的。而自动化立体仓库就能很好地对这种相差悬殊的运力进行调节。

自动化立体仓库能够充分利用空间和节省时间，容易实现现代化的控制和管理，较好地适合一般和各种特殊场合的需要。

二、分析自动化立体仓库优缺点

1. 自动化立体仓库的优点

① 由于使用高层货架存储货物，货物存放集中化、立体化、减少占地面积，从而能充分利用仓库的地面和空间，可节省库存占地面积，提高空间利用率。

② 仓库作业的机械化和自动化减轻了工人的劳动强度，节约劳动力，缩短作业时间。

③ 物品出入库迅速、准确，减少了车辆待装待卸时间，能够准确地对各种信息进行存储和管理，可减少货物处理和信息处理中的差错。同时借助于计算机管理还能有效地利用仓库的储存能力，便于清点和盘库，合理减少库存，加快资金周转，节约流动资金，提高仓库的管理水平。

④ 采用计算机控制与管理，减少了货物处理和信息处理过程的差错。有利于压缩库存和加速物品的周转，降低了储存费用，从而降低了产品成本。

⑤ 可以适应特殊环境下的作业，如高温、低温作业，剧毒、放射性和腐蚀性等物资的储存。

⑥ 提高仓库的安全可靠性，便于进行合理储存和科学的养护，提高保管质量，确保仓库安全。

⑦ 采用信息化管理，便于实现系统的整体优化。加快了处理各种业务活动的速度，缩短了交货时间。

总之，由于自动化立体仓库这一新技术的出现，使原来那种固定货位、人工搬运和码放、人工管理、以储存为主的仓储作业，改变为自由选择货位、可按需要实现先进先出的机械化与自动化仓储作业。在储存的同时，可以对货物进行必要的拣选、组配，并根据整个企业生产的需要，有计划地将库存货物按指定的数量和时间要求送到恰当地点，满足均衡生产的需要，可以说，自动化立体仓库的出现使“静态仓库”变成了“动态仓库”。

2. 自动化立体仓库的缺点

① 结构复杂，配套设备多，需要的基建和设备投资高。

② 货架安装精度要求高，施工比较困难，而且施工周期长。

③ 储存货物的品种受到一定限制，对长、大、笨、重货物以及要求特殊保管条件的货物，必须单独设立储存系统。

④ 对仓库管理和技术人员要求较高，必须经过专门培训才能胜任。

⑤ 工艺要求高，包括建库前的工艺设计和投产使用中按工艺设计进行作业。

⑥ 弹性较小，难以应付储存高峰的需求。流通业在实际运作时，常常会有淡旺季或高低峰以及客户紧急的需求，而自动化设备数目固定，运行速度可调整范围不大，因此，其作业弹性不大。而传统设备只要采用人海战术就可以应付这种紧急需求。

⑦ 必须注意设备的保管保养并与设备提供商保持长期联系。自动化仓库的高架吊车、自动控制系统等都是先进的技术性设备，由于维护要求高，必须依赖供应商，以便在系统出现故障时能提供及时的技术支援。

⑧ 自动化仓库要充分发挥其经济效益，就必须与采购管理系统、配送管理系统、销售管理系统等管理咨询系统相结合，但是这些管理咨询系统的建设需要大量投资。

因此，在选择建设自动化立体仓库时，首先必须综合考虑自动化立体仓库在整个企业中的营运策略地位和设置自动化立体仓库的目的，不能为了自动化而自动化。而后再详细斟酌建设自动化立体仓库所带来的正面影响和负面影响。最后，还要考虑相应采取的补救措施。所以，在实际建设中必须进行详细的方案规划，以及综合测评，最终确定建设方案。

三、区分不同的自动化立体仓库

① 按照立体仓库的高度分类可分为低层立体仓库、中层立体仓库和高层立体仓库。低层立体仓库的高度在 5m 以下，中层立体仓库的高度在 5～15m 之间，高层立体仓库的高度在 15m 以上。立体仓库的建筑高度最高可达 45m，常用的立体仓库高度在 7～25m。

② 按照操作对象的不同可分为托盘单元式自动仓库、箱盒单元式自动仓库、拣选式高层货架仓库、单元/拣选式自动仓库、高架叉车仓库等。

③ 按照储存物品的特性可分为常温自动化立体仓库、低温自动化立体仓库、防爆型自动仓库等。

④ 按照货架的构造形式可分为单元货格式、贯通式、水平旋转式和垂直旋转式仓库。

⑤ 按照所起的作用可分为生产性仓库和流通性仓库。

四、自动化立体仓库的设施设备的构成

自动化立体仓库主要由以下三大类设施组成。

1. 土建及公用工程设施

（1）库房

库存容量和货架规格是库房设计的主要依据。

（2）消防系统

自动化仓库大都采用自动消防系统。

由于自动化立体仓库的库房比较大，货物和设备较多且密度大，又由于仓库的管理和工作人员较少，因而其消防系统大都采用自动消防系统。

一个功能完善的火灾自动报警消防系统，由以下两个分支系统组成：

① 自动报警系统，它是对火灾初起的探知和警报；

② 自动消防系统，及时扑灭火灾并对火灾进行有效的防护。

自动报警系统是自动消防系统启动工作的信号源。自动消防系统是自动报警系统的执行单元，是自动报警系统功能的延续和完善。两者紧密配合，组成一个功能完善的自动报警消防系统。

自动消防系统由消防控制室、消防控制设备、自动消防设备等部分组成。消防控制设备安装于消防控制室内，接收来自火灾报警系统的火警信号后，发出联动控制指令，启动安装在火灾现场的自动消防设备，进行灭火和防护。所以消防控制设备是自动消防系统的核心部分。与自动报警系统配合的自动消防系统，又称为同定灭火系统，它分为喷水灭火系统、卤代烷灭火系统、泡沫灭火系统、干粉灭火系统等，此外它还包括排烟风机、排烟口、防火门、防烟门、防烟垂壁等消防设备的联动系统等。

自动喷水灭火系统是按适当的间距和高度，装置一定数量喷头的供水灭火系统。该系统安装在建筑物或工艺设备上，发生火灾时可自动喷水灭火，具有工作性能稳定、灭火效率高、维护简便、使用期长等优点，能用于一切可用水灭火的场所。对于火灾危险性大、发生火灾会造成重大经济损失和人员伤亡、扑救困难的建筑物，均可采用这种系统。

自动喷水灭火系统又可细分为湿式、干式、预作用、雨淋、喷雾、水幕 6 种喷水灭火系统。

① 湿式喷水灭火系统是指不管有无报警信号，报警阀上、下管路始终充满水的灭火系统。

② 干式喷水灭火系统在无报警时在报警阀上部管路中充有压缩空气，收到报警信号后，报警阀自动打开，来自气压水罐中的压力水，先将上部管路中的气体从已打开的喷头处排出，然后才喷水灭火。干式喷水灭火系统比湿式喷水灭火系统作用慢，影响控火速度，管理也较复杂。

我国的《建筑设计防火规范》、《自动喷水灭火系统设计规范》等是消防系统设计的主要依据，除此之外，再根据所储存物品的性质确定具体的消防方案和措施。

（3）照明系统

为了使仓库内的管理操作和维护人员能进行生产活动，在立体库外围的工作区和辅助区必须有一套良好的照明系统，自动化仓库的照明系统由日常照明、维修照明、应急照明三部分组成。但是对于存储感光材料的黑暗库来说，照明系统要特殊考虑。

（4）动力系统

自动化仓库一般需要动力电源，配电系统多采用三相四线供电，中性点可直接接地。动力电压为 380V/220V，50Hz，根据所有设备用电量的总和确定用电容量。配电系统的主要设备有动力配电箱、电力电缆、控制电缆、电缆桥架等。

（5）通风及采暖系统

自动化仓库的通风和采暖要求根据所储存物品的条件而确定。自动化仓库内部的环境温度一般在 5～45℃即可，通常在厂房屋顶上及侧面安装风机、开设通风窗，以满足通风换气的要求；通过在库内安装中央空调、暖气（或制冷设备）等，可以自动控制库内温度；对散发有害气体的仓库，可设离心通风机将有害气体排出室外。

（6）其他设施

其他设施包括给排水设施、避雷接地设施和环境保护设施。

给水设施主要保证消防、工作用水；排水是指工作废水、清洁废水、雨水系统的水的排除。自动化立体仓库建筑可高达 40m，属于高层建筑，应防直击雷。直击雷防护主要是保护建筑物本身不受雷电损害，以及减弱雷击时巨大的雷电流沿着建筑物泄入大地时对建筑物内部空间产生的各种影响。建筑物防直击雷措施可采用避雷针、避雷带、避雷网、引下线、均压环、等电位、接地体等方式，自动化立体仓库设置避雷网防直击雷，其引下线不应少于 2 根，间距不应大于 30m。电气设备不带电的金属外壳及穿线用的钢管、电缆桥架等均应可靠接零；工作零线、保护零线均应与变压器中性点有可靠的连接；为了防止静电积累，所有金属管道应可靠接地。

环境保护方面，根据《中华人民共和国环境保护法》等有关法规，对生产过程中产生的污物、噪声等要采取必要的措施。

2. 机械设备

（1）货架

货架的材料一般选用钢材，钢货架的优点是构件尺寸小，制作方便，安装建设周期短，可提高仓库的库容利用率。自动化立体仓库的货架一般分隔成一个个的单元格，单元格用于存放托盘或直接存放货物。

（2）货箱与托盘

货箱与托盘的基本功能是装小件的货物，以便于叉车和堆垛机的叉取和存放。采用货箱和托盘存放货物可提高货物装卸和存取的效率。

（3）堆垛机

堆垛机是自动化立体仓库中最重要的设备，它是随自动化立体仓库的出现而发展起来的专用起重机，它分为桥式堆垛机、巷道式堆垛机、堆垛叉车以及码垛机器人。

桥式堆垛机主要适用于 12m 以下中等跨度的仓库。巷道的宽度较大，适于笨重和长大件物料的搬运和堆垛。

巷道堆垛机可在高层货架间的巷道内来回运动，其升降平台可做上下运动，平台上的货物存取装置可将货物存入货格或从货格中取出。巷道堆垛机沿货架仓库巷道内的轨道运行，使作业高度提高。它采用货叉伸缩机构，所需巷道宽度变窄，能提高仓库的利用率。它一般采用半自动和自动控制装置，其运行速度和生产效率较高，并且只能在货架巷道内作业，需配备出入库装置。其机架除应满足一般起重机的强度和刚度要求外，还有较高的制造与安装精度要求。它采用特殊形式的取物装置，常用多节伸缩货叉或货板。各机构电气传动调速要求高，且要求启、制动平衡、停车准确，采用安全保护装置，措施齐全。托盘码垛机器人是能将不同外形尺寸的包装货物整齐地、自动地码（拆）在托盘上的机器人。

（4）周边搬运设备

搬运设备一般是由电力来驱动，由自动或手动控制，把货物从一处移到另一处。这类设备包括输送机、自动导向车等，设备形式可以是单机、双轨、地面的、空中的、一维运行（即沿水平直线或垂直直线运行）、二维运行、三维运行等。

其作用是配合巷道机完成货物的输送、转移、分拣等作业。在仓库内的主要搬运系统因故停止工作时，周边设备还可以发挥其作用，使作业继续进行。

3. 电气与电子设备

（1）检测装置

检测装置是用于检测各种作业设备的物理参数和相应的化学参数，通过对检测数据的判断和处理可为系统决策提供最佳依据，以保证系统安全、可靠地运行。

（2）信息识别设备

在自动化立体仓库中信息识别设备必不可少，它用于采集货物的品名、类别、货号、数量、等级、目的地、生产厂、货物地址等物流信息。这类设备通常采用条码、磁条、光学字符和射频等识别技术。

（3）控制装置

自动化立体仓库内所配备的各种存取设备和输送设备必须具有控制装置，以实现自动化运转。这类控制装置包括普通开关、继电器、微处理器、单片机和可编程序控制器。

（4）监控及调度设备

监控及调度设备主要负责协调系统中各部分的运行，是自动化立体仓库的信息枢纽，在整个系统中举足轻重。

（5）计算机管理系统

计算机管理系统用于进行仓库的账目管理和作业管理，并可与企业的管理系统交换信息。

（6）数据通信设备

自动化立体库是一个构造复杂的自动化系统，它由众多子系统组成。各系统、各设备之间需要进行大量的信息交换以完成规定的任务，因此需要大量的数据通信设备作为信息传递的媒介。这类设备包括电缆、远红外光、光纤和电磁波。

（7）大屏幕显示器

这是为了仓库内的工作人员操作方便，便于观察设备情况而设置的。

任务训练

训练背景

长沙某涤纶长丝生产配套项目的立体仓库整体布局，就是利用一台码垛机器人将两条包装线上装箱的涤纶长丝成品准确地码垛到入库空托盘上。为实现对货物的有效管理和相关设备之间的信息交换，每个托盘上均附有条形码，通过条形码阅读器对托盘在库内的位置和载荷状况进行跟踪和管理。自动输送系统将化纤成品的包装生产、仓储与销售融为一体。准确、高效、可靠的智能型码垛机器人、堆垛机、拆/叠盘机极大地提高了仓储作业效率，同时确保了服务质量。

训练要求

课堂上对下面问题进行思考或者讨论：

什么是自动立体仓库？它有什么优缺点？此案例给你什么启示？

项目小结

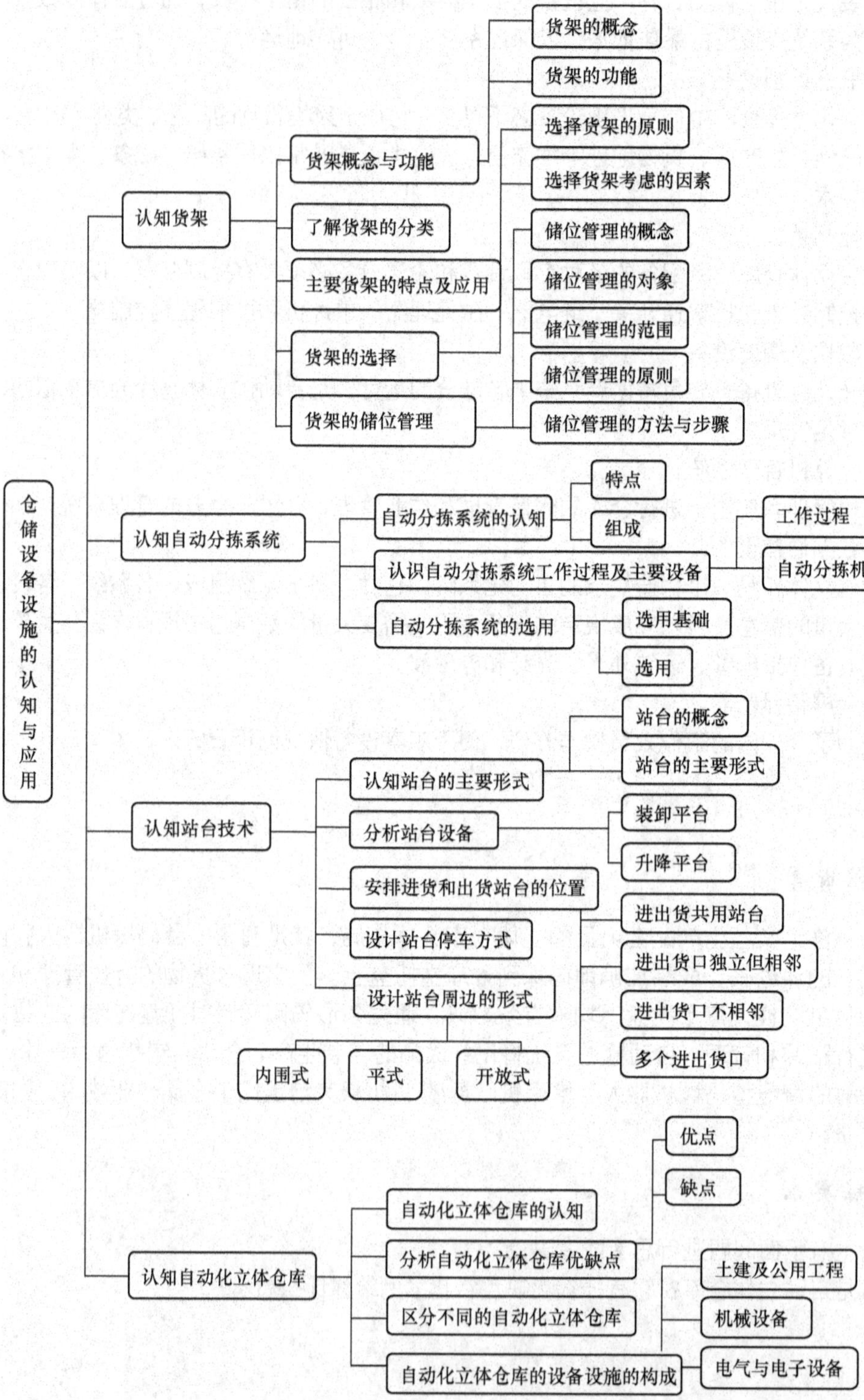

- 仓储设备设施的认知与应用
  - 认知货架
    - 货架概念与功能
      - 货架的概念
      - 货架的功能
    - 了解货架的分类
    - 主要货架的特点及应用
    - 货架的选择
      - 选择货架的原则
      - 选择货架考虑的因素
    - 货架的储位管理
      - 储位管理的概念
      - 储位管理的对象
      - 储位管理的范围
      - 储位管理的原则
      - 储位管理的方法与步骤
  - 认知自动分拣系统
    - 自动分拣系统的认知
      - 特点
      - 组成
    - 认识自动分拣系统工作过程及主要设备
      - 工作过程
      - 自动分拣机
    - 自动分拣系统的选用
      - 选用基础
      - 选用
  - 认知站台技术
    - 认知站台的主要形式
      - 站台的概念
      - 站台的主要形式
    - 分析站台设备
      - 装卸平台
      - 升降平台
    - 安排进货和出货站台的位置
      - 进出货共用站台
      - 进出货口独立但相邻
      - 进出货口不相邻
      - 多个进出货口
    - 设计站台停车方式
    - 设计站台周边的形式
      - 内围式
      - 平式
      - 开放式
  - 认知自动化立体仓库
    - 自动化立体仓库的认知
    - 分析自动化立体仓库优缺点
      - 优点
      - 缺点
    - 区分不同的自动化立体仓库
    - 自动化立体仓库的设备设施的构成
      - 土建及公用工程
      - 机械设备
      - 电气与电子设备

知识练习

一、填空题

① 选择货架的原则：（ ）、经济性、先进性。

② 选择货架时考虑的因素：物品特征、（ ）、（ ）、（ ）、（ ）。

③ 仓库的所有作业所用到的保管区域均为储位管理的范围，根据作业方式不同可分为（ ）、（ ）、动管储区。

④ 铁路信号设备包括铁路信号、（ ）、（ ）。一个完整的自动分拣系统由设定装置、（ ）、自动分拣装置、（ ）和（ ）组成。

⑤ 飞机的装载有以下限制：重量限制、（ ）、（ ）。为了防止大风吹入仓库内部、雨水进入货柜或仓库，以及避免库内空调冷暖气外泄等灾害损失及能源浪费，停车站台的形式有以下三种选择：内围式、（ ）、（ ）。

二、简答题

① 储位管理的方法与步骤有哪些？

② 简述自动分拣系统工作过程。

③ 简述自动化立体库的功能。

职业技能训练

一、案例分析

某物流企业位于深圳市福田保税区内，拥有 28000m^2 的保税仓库。在职员工约 40 名，包括 5 名管理人员，10 名左右的叉车工人和搬运工人，另外还有报关员、报检员、仓库管理员、门卫、设备维修人员等约 20 人。拥有 5 辆燃气动力叉车、15 台电动叉车、两个大型货运电梯，有能同时容纳 10 多个车位的车辆停靠月台。该企业选择进入保税区，占有了得天独厚的地理优势。为吸引客户，公司还提供了装车、卸车、并柜/拼箱，对物品进行贴标、缩膜/打板、换包装、简单加工（如分包、重新组合包装、简单装配）等多种物流增值服务。

该物流企业主要客户包括日本理光国际通运有限公司、华立船务有限公司、伯灵顿国际物流有限公司、华润物流等百家外资、港资物流企业和分布于珠三角地区的制造企业。仓储货物按物品自然特性区分，多为一般货物，此外还有少量的特殊货物（包括化学制剂、危险物品、生鲜货物等）对仓储设备及条件要求较高。

该物流企业的仓库主要是平面仓，有部分库区采用立体货架。仓库内以托盘为基本搬运单元，用叉车（以及地牛）进行进出库搬运和库内搬运。一楼是进仓区，有 5 辆燃气动力的叉车。二楼到十楼为储存区，每层都有一到两台电动叉车。仓库内有两个大型货运电梯上下，车辆停靠的月台能停靠货柜车、厢式车等多种型号的运输车辆，经常能够看到大量货物排队进出库现象，有时会有很多车辆将通道堵得水泄不通，致使整个仓库瘫痪。

问题：该公司具有哪些优势？存在哪些问题？应如何解决？

二、技能训练

【训练目的】

由学生仿效商业企业的分拣人员，按照分拣处理的要求，进行系统的仿真操作演练，以培养物流专业学生对分拣环节的认识和实际工作能力的一种直观性、实践性模仿方式。

【训练内容】

在自动分拣机上完成货物的自动分拣。

【训练方法】

① 将学生分成若干小组，每小组 5 人左右，其中 1 人在电脑前进行分拣信息操作，2 人在自动分拣机前完成分拣，2 人在分运区完成整理分运工作。

② 将分拣单信息输入电脑。

③ 进行分拣，用激光扫描器对货品上的条码进行扫描，以获取货品分拣信息，并将其输入到计算机。

④ 分运区的学生将货物整理好装入运输工具。

项目八

包装与流通加工设施设备的认知与应用

职场情境导入

有一天李明去物流中心，发现有工人在对蔬菜进行分类整理，用保鲜膜进行包装，并贴上标签，感觉很奇怪。他问王经理：“经理，我们物流中心还管包装和简单加工啊？”王经理说：“现代物流中心不再是单纯的货物分拣、储存、配送、运输，还包括流通加工和包装。”李明恍然大悟：纸上得来终觉浅，绝知此事要躬行。

任务一　认知包装设备

学习目标

知识目标：

① 掌握包装的概念。

② 掌握包装的标志。

③ 掌握包装技术。

技能目标：

合理应用包装设施设备。

重点、难点：

① 能区分货物的 3 种标志。

② 能合理应用包装设施设备。

一、认知包装的概念与作用

1. 包装的概念

国家标准《包装通用术语》对包装的定义为："为在流通过程中保护产品、方便储运、促进销售，按一定技术方法而采用的容器、材料及辅助物等的总体名称。包装也指为了达到上述目的而采用容器、材料和辅助物的过程中施加一定技术方法等的操作活动。"

2. 包装的作用

在物流过程中，包装的作用主要有 3 个。

（1）保护产品

由于有的物品表面或其物理化学性质导致该物品不能暴露于空气中，而必须要施加一定的包装保护措施，包装的保护作用可以防止内装物的破损变形。物品包装必须能够承受在装载、运输、保管等环节中的各种冲击、振动、颠簸、压缩、摩擦等外力的作用，形成对内装物的保护，具有一定抗振强度。包装的保护作用可以防止内装物发生化学变化。物品在流通、消费过程中易受潮、发霉变质、生锈而发生化学变化，影响产品的正常使用。这就要求包装能在一定程度上起到阻隔水分、潮气、光线及有害气体的作用，避免外界环境对产品产生不良影响。鼠、虫及其他有害生物对产品有很大的破坏性，这就要求包装能够具有阻隔霉菌、虫、鼠侵入的能力，形成对内装物品的保护作用。

包装的保护作用可以防止异物混入、污物污染、丢失、散失和盗失等作用，防止挥发、渗漏、溶化、玷污、碰撞、挤压、散失以及被盗窃等损失。

（2）方便储运

物品生产过程结束后，必然要进入到流通领域来实现它的使用价值和价值，而为物品能够顺利到达消费者手中保驾护航的工序之一无疑就是包装，为物品安全储藏及运输提供方便是一种合理包装所必需的特征。因此，物品包装的大小、包装的形状、包装材料、包装重量、包装标志等各个要素均应为运输、保管、验收、装卸、计量、销售等各项作业创造方便条件。同时，包装好的物品到达目的地或消费者手中，容易拆装也是对包装的一个特殊的要求，拆装后的包装材料的处理问题也不容忽视，应当选用容易处理的包装材料。

由于物品在运输过程中经常会受到颠簸、振动、货物之间的压力、温差的变化等因素的破坏。因此，物品包装还要有一定的抗击振动的能力，才能保证在运输中的安全。

（3）促进销售

我们都形象地把包装比作是"无声的推销员"，可见包装对商品的销售起到非常重要的作用，优良的包装本身就是很好的广告。外观精美的包装，更可以提升商品的视觉感受，给人以美的享受，很多时候即使不想买这类商品，往往也能被它精美的包装所吸引，从而激发了消费者购买动机和重复购买的欲望。精美的包装在促进销售的同时也给我们的生活带来诸多问题，如包装过度问题，也需要控制，一定要正确认识包装对销售的促进作用。

3. 包装的标志

包装标志即货物包装标志，是为了标明被包装货物的性质和为了物流活动的安全及理货分运的需要而进行的文字和图像的说明。

包装的标志根据作用不同主要可分为以下几类。

（1）包装识别标志

包装识别是表明包装物内商品特征、收发及运输事项的记号。通常在商品的包装物上用文字、数字及特殊符号标明。

① 特征标志。商品特征标志是发货人向收货人说明这些商品的重要特征及内容的标记，如商品名称、品牌、规格、型号、数量、重量、体积等，常用特定的记号加简单的文字说明组成。

② 收发标志。商品收发标志是反映商品生产单位、发运地点、到达地点及到达单位的文字标志，它是商品周转的重要标记。书写时要求清楚地标明收发货单位的全称及具体地址，字迹要端正、清晰、易于辨认。

进出口商品还应按照国际惯例，标明收货国、单位及其代号、商品代码、合同号码、进出口港名等。

收发标志字体规定：中文都用仿宋体字；代号用汉语拼音大写字母；数码用阿拉伯数字；英文用大写的拉丁文字母。

③ 运输标志。商品运输标志一般由承运部门书写，主要标明货组和确定配载顺序的标记，包括运单号码、货物总件数、收发方名称和地址等。

（2）包装储运标志

商品包装上的储运标志是根据商品的性质，在包装的特定位置上以简单醒目的图案和文字显示货物在运输、搬运、装卸、储存、堆码和开启时应注意的事项，引起作业人员的注意，使他们按图示的标志要求进行操作。

我国国家标准《包装储运图示标志》（GB/T191—2008），对标志的名称、图形、尺寸、颜色和使用方法等做了明确规定。

① 包装储运标志的名称和图形共 17 种，如表 8-1 所示，适用于各种货物的运输包装。

② 标志外框为长方形，其中图形符号外框为正方形，尺寸一般分为 4 种，如表 8-2 所示。

③ 包装储运标志的颜色一般为黑色。当包装的颜色使得黑色标志显得不清晰时，应在印刷面上用适当的对比色，最好以白色作为图形标志的底色。除非另有规定，一般应避免采用易于同危险品标志相混淆的颜色，如红色、橙色或黄色。

表 8-1　　包装储运标志的名称和图形

序号	标志名称	标志图形	含义	备注/示例
1	易碎物品		运输包装件内装易碎品，因此搬运时应小心轻放	使用示例：
2	禁用手钩		搬运运输包装件时禁用手钩	

续表

序号	标志名称	标志图形	含义	备注/示例
3	向上		表明运输包装件的正确位置是竖直向上	使用示例： a b c
4	怕晒		表明运输包装件不能直接照晒	
5	怕辐射		包装物品一旦受辐射便会完全变质或损坏	
6	怕雨		包装件怕雨淋	
7	重心		表明一个单元货物的重心	使用示例： 本标志应标在实际的重心位置上
8	禁止翻滚		不能翻滚运输包装	
9	此面禁用手推车		搬运货物时此面禁放手推车	

续表

序号	标志名称	标志图形	含义	备注/示例
10	禁用叉车		不能用升降叉车搬运包装件	
11	由此夹起		表明装运货物时夹钳放置的位置	
12	此处不能卡夹		表明装卸货物时此处不能用夹钳夹持	
13	堆码重量极限	kg$_{max}$	表明该运输包装件所能承受的最大重量极限	
14	堆码层数极限	*n*	相同包装的最大堆放层数，*n* 表示层数极限	
15	禁止堆码		该包装件不能堆码并且其上也不能放置其他负载	
16	由此吊起		起吊货物时挂链条的位置	使用示例： 本标志应标在实际的起吊位置上。
17	温度极限		表明运输包装件应该保持的温度极限	-℃min -℃min a -℃min -℃min b

表 8-2　　图形符号及标志外框尺寸　　单位：mm

序　号	图形符号外框尺寸	标志外框尺寸
1	50×50	50×70
2	100×100	100×140
3	150×150	150×210
4	200×200	200×280

注：如遇特大或特小的运输包装件，标志的尺寸可按规定适当扩大或缩小。

④ 标志的使用方法。标志使用时有如下事项需要考虑。

a．标志的打印。可采用印刷、粘贴、拴挂、钉附及喷涂等方法打印标志。印刷时，外框线及标志名称都要印上，出口货物可省略中文标志名称和外框线；喷涂时，外框线及标志名称可以省略。

b．标志的数目。一个包装件上使用相同标志的数目，应根据包装件的尺寸和形状决定。

c．标志的位置。包装储运标志应标注在显著位置，下列标志应按如下规定标记。

标志“易碎物品”应标在包装件所有的端面和侧面的左上角处。

标志“向上”应标在与标志“易碎物品”相同的位置上，当两个标志同时使用时，标志“向上”应更接近包装箱角。

标志“重心”应可能标在包装件所有 6 个面的重心位置上，否则至少应标在包装件两个侧面和两个端面上。

标志“由此夹起”只能用于可夹持的包装件，标注位置应为可夹持位置的两个相对面上，以确保作业时标志在作业人员视线范围内。

标志“由此吊起”至少应标注在包装件的两个相对面上。

（3）危险货物包装标志

危险货物包装标志是在商品包装上以特定的标记和标签，表明危险货物的类别和性质，以便物流各环节有关人员严格按照作业要求，采取防护措施，保证安全。

我国国家标准《危险货物包装标志》（GB190—2009），对标志的类别、名称、尺寸、图案、颜色和使用方法等做了明确的规定。

① 标志分为标记和标签。标记 4 个，标签 26 个，其图形分别标示各类危险货物的主要特性。

② 标志的尺寸。作为现货的包装标志的尺寸一般分为 4 种，如表 8-3 所示。

表 8-3　　标志的尺寸　　单位：mm

尺寸号别	长	宽
1	50	50
2	100	100
3	150	150
4	250	250

③ 标志的使用方法。使用标志需要注意的地方有。

标志的打印。危险货物包装标志的打印可以采用粘贴、钉附及喷涂等方法。

标志的位置。危险货物包装标志，需要根据包装的类型来确定，一般来说，应该遵循以下原则：

a．箱状包装，位于包装端面或侧面的明显处。

b．袋、捆包装，位于包装明显处。

c．桶形包装，位于桶身或桶盖。

d．集装箱、成组货物，粘贴在四个侧面。

每种危险品包装件应按其类别粘贴相应的标志。但如果某种物质或物品还有属于其他类别的危险性质，包装上除了粘贴主标志外，还应粘贴表明其他危险性的标志作为副标志，副标志图形的下角应标有危险货物的类项号。

储运的各种危险货物性质的区分及应标打的标志，应按我国国家标准《危险货物分类和品名编号》（GB6944—2005）、《危险货物品名表》（GB12268—2005）及有关国家运输主管部门规定的危险货物安全运输管理的具体办法执行，出口货物的标志应按我国加入的有关国际公约（规则）办理。

二、包装操作技术

包装技术的发展是随着商品流通的需求而发展起来的。

1. 包装容器技术

物品流通的效率高低很大程度上取决于它的包装，包装适中会节省很大一笔开支。对于包装上的常见问题有两种：①过度包装，指耗材过多、分量过重、体积过大、成本过高、装潢过于华丽、说辞过于溢美等。目前，对商品进行过度包装的现象日趋严重，不少包装已经背离了其应有的功能，此种包装虽然在产品的安全性上极大程度地保证了产品安全，但是同时也是一种极其浪费的包装方式。②包装不足，此问题虽然在包装材料和用量上的开支极大地减少了，但同时对产品的安全构成了极大的威胁，破损率增加，此方式也不可取。

包装容器按照包装的方式分有：包装袋、包装盒、包装箱、包装瓶、包装罐（筒）等。

（1）包装袋

包装袋是柔性包装中的重要技术，包装袋材料是挠性材料，有较高的韧性、抗拉强度和耐磨性，如图 8-1 所示。一般以纸质和塑料材料较为常见，如平时吃的小食品、厨房用的调味品大多采用包装袋来进行包装。对于礼品、小饰品的包装一般采用纸质包装，包装袋一般是筒管状结构，一端预先用黏合材料封住，再将包装物放入包装后再封装另一端，包装操作一般采用充填操作。包装袋一般分成下面 3 种类型。

图 8-1　包装袋

① 集装袋。这是一种大容积的运输包装袋，盛装重量在 1t 以上。集装袋的顶部一般装有金属吊架或吊环等，便于铲车或起重机的吊装、搬运。卸货时可打开袋底的卸货孔，即行卸货，非常方便。适于装运颗粒状、粉状的货物。集装袋一般多用聚丙烯、聚乙烯等聚酯纤维纺织而成。由

于集装袋装卸、搬运货物都很方便，装卸效率明显提高，所以近年来发展很快。

② 一般运输包装袋。这类包装袋的盛装重量是 0.5～100kg，大部分是由植物纤维或合成树脂纤维纺织而成的织物袋，或者由几层挠性材料构成的多层材料包装袋，如麻袋、草袋、水泥袋等。主要包装粉状、粒状和个体小的货物。

③ 小型包装袋（或称普通包装袋）。这类包装袋盛装重量较少，通常用单层材料或双层材料制成，对某些具有特殊要求的包装袋也有用多层不同材料复合而成的。包装范围较广，液状、粉状、块状和异型物等可采用这种包装。

上述几种包装袋中，集装袋适于运输包装，一般运输包装袋适于外包装及运输包装，小型包装袋适于内装、个装及商业包装。

（2）包装盒

包装盒是介于刚性和柔性包装两者之间的包装技术。包装材料有一定挠性，不易变形，有较高的抗压强度，刚性高于袋装材料。包装结构是规则几何形状的立方体，如图 8-2 所示，也可裁制成其他形状，如圆盒状、尖角状，一般容量较小，有开闭装置。包装操作一般采用码入或装填，然后将开闭装置闭合。包装盒整体强度不大，包装量也不大，不适合做运输包装，适合做商业包装、内包装，适合包装块状及各种异形物品。

（3）包装箱

包装箱是刚性包装技术中的重要一类。包装材料为刚性或半刚性材料，有较高强度且不易变形。包装结构和包装盒相同，只是容积、外形都大于包装盒，两者通常以 10L 为分界。包装操作主要为码放，然后将开闭装置闭合或将一端固定封死。包装箱整体强度较高，抗变形能力强，包装量也较大，适合做运输包装、外包装，包装范围较广，主要用于固体杂货包装。包装箱主要有以下几种。

① 瓦楞纸箱。瓦楞纸箱是用瓦楞纸板制成的箱形容器，如图 8-3 所示。按瓦楞纸箱的外形结构分类有折叠式瓦楞纸箱、固定式瓦楞纸箱和异形瓦楞纸箱三种。按构成瓦楞纸箱体的材料来分类，有瓦楞纸箱和钙塑瓦楞箱。

图 8-2 包装盒

图 8-3 瓦楞纸箱

② 木箱。木箱是流通领域中常用的一种包装容器，其用量仅次于瓦楞纸箱。木箱主要有木板箱、框板箱、框架箱三种。

a. 木板箱。木板箱一般用作小型运输包装容器，能装载多种性质不同的物品，如图 8-4 所示。木板箱作为运输包装容器具有很多优点，如有抗拒碰裂、溃散、戳穿的性能，有较大的耐压强度，能承受较大负荷，制作方便等。但木板箱的箱体较重，体积也较大，其本身没有防水性。

b. 框板箱。框板箱是由条木与人造板材制成的箱框板，再经钉合装配而成。

c. 框架箱。框架箱是由一定截面的条木构成箱体的骨架，根据需要也可在骨架外面加木板覆盖。这类框架箱有两种形式：无木板覆盖的为敞开式框架箱，有木板覆盖的称为覆盖式框架箱。框架箱由于有坚固的骨架结构，因此具有较好的抗震和抗扭力，有较大的耐压能力，而且装载量大。

图 8-4　木箱

③ 塑料箱。一般用作小型运输包装容器，其优点是自重轻，耐蚀性好，可装载多种商品，整体性强，强度和耐用性能满足反复使用的要求，可制成多种色彩以对装载物分类。手握搬运方便，没有木刺，不易伤手，如图 8-5 所示。

图 8-5　塑料箱

④ 集装箱。由钢材或铝材制成的大容积物流装运设备，从包装角度看，也属一种大型包装箱，可归属于运输包装的类别之中，也是大型反复使用的周转型包装，如图 8-6 所示。

图 8-6 集装箱

（4）包装瓶

包装瓶是瓶颈尺寸有较大差别的小型容器，是刚性包装中的一种，包装材料有较高的抗变形能力，刚性、韧性要求一般也较高，个别包装瓶介于刚性与柔性材料之间，如图 8-7 所示。瓶的形状在受外力时虽可发生一定程度变形，外力一旦撤除，仍可恢复原来瓶形。包装瓶结构是瓶颈口径远小于瓶身，且在瓶颈顶部开口。包装操作是填灌操作，然后将瓶口用瓶盖封闭。包装瓶包装量一般不大，适合美化装潢，主要做商业包装、内包装使用，主要包装液体、粉状货。包装瓶按外形可分为圆瓶、方瓶、高瓶、矮瓶、异形瓶等若干种。瓶口与瓶盖的封盖方式有螺纹式、凸耳式、齿冠式、包封式等。

图 8-7 包装瓶

（5）包装罐（筒）

包装罐是罐身各处横截面形状大致相同，罐颈短，罐颈内径比罐身内颈稍小或无罐颈的一种包装容器，是刚性包装的一种，如图 8-8 所示。包装材料强度较高，罐体抗变形能力强。包装操作是装填操作，然后将罐口封闭，可做运输包装、外包装，也可做商业包装、内包装用。

包装罐（筒）主要有 3 种。

① 小型包装罐。这是典型的罐体，可用金属材料或非金属材料制造，容量不大，一般是

做销售包装、内包装，罐体可采用各种方式装潢美化。

② 中型包装罐。外形也是典型罐体，容量较大，一般做化工原材料、土特产的外包装，起运输包装作用。

③ 集装罐。这是一种大型罐体，外形有圆柱形、圆球形、椭球形等，卧式、立式都有。集装罐往往是罐体大而罐颈小，采取灌填式作业，灌填作业和排出作业往往不在同一罐口进行，另设卸货出口。集装罐是典型的运输包装，适合包装液状、粉状及颗粒状货物。

图 8-8 集装罐

2. 包装保护技术

（1）防震保护技术

所谓防震包装也称缓冲包装，是指为减缓内装物受到冲击和震动，保护其免受损坏所采取的一定防护措施的包装，在各种包装方法中占有重要的地位，如图 8-9 所示。产品从生产出来到开始使用要经过一系列的运输、保管、堆码和装卸过程，置于一定的环境之中，在任何环境中都会有力作用在产品之上，并使产品发生机械性损坏。为了防止产品遭受损坏，就要设法减小外力的影响，防震包装方法主要有三种。

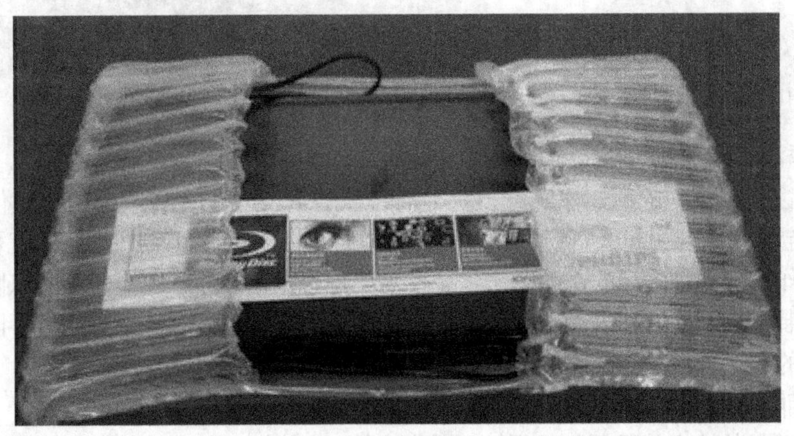

图 8-9　防震保护技术

① 全面防震包装方法。

将内装物和外部包装之间完全用防震材料填满的包装方法。

② 部分防震包装方法。

对于整体性好的产品和有内装容器的产品，仅在产品或内包装的拐角或局部地方使用防震材料进行衬垫即可。所用包装材料主要有泡沫塑料防震垫、充气型塑料薄膜防震垫和橡胶弹簧。

③ 悬浮式防震包装方法。

对于某些贵重易损的物品，为了有效地保证在流通过程中不被损坏，外包装容器一般要比较坚固，然后用绳、带、弹簧等将被装物悬吊在包装容器内。在物流中，无论是什么操作环节，内装物都被稳定悬吊而不与包装容器发生碰撞，从而减少损坏。

（2）防破损保护技术

缓冲包装有较强的防破损能力，因而是防破损包装技术中有效的一类，如图 8-10 所示。

此外还可以采取以下几种防破损保护技术。

① 捆扎及裹紧技术。捆扎及裹紧技术使杂货、散货形成一个牢固整体，以增加整体性，便于处理及防止散堆来减少破损。

② 集装技术。利用集装，减少与货体的接触，从而防止破损。

③ 选择高强保护材料。通过外包装材料的高强度来防止内装物受外力作用破损。

（3）防锈包装技术（如图 8-11 所示）

图 8-10　防破损保护技术

图 8-11　防锈包装技术

① 防锈油、防锈蚀包装技术。

大气锈蚀是空气中的氧、水蒸气及其他有害气体等作用于金属表面引起电化学作用的结果。如果使金属表面与引起大气锈蚀的各种因素隔绝（将金属表面保护起来），就可以达到防止金属因大气作用而锈蚀的目的。防锈油包装技术就是根据这一原理将金属涂封以防止锈蚀的。用防锈油封装金属制品，要求油层有一定厚度，油层的连续性好，涂层完整。不同类型的防锈油采用不同的方法进行涂封。

② 气相防锈包装技术。

气相防锈包装技术就是用气相缓蚀剂（挥发性缓蚀剂），在密封包装容器中对金属制品进行防锈处理的技术。气相缓蚀剂是一种能减慢或完全停止金属在侵蚀性介质中的破坏过程的物质，它在常温下即具有挥发性，它在密封包装容器中，在很短的时间内挥发或升华出的缓蚀气体就能充满整个包装容器内的每个角落和缝隙，同时吸附在金属制品的表面上，从而起到抑制大气对金属的锈蚀作用。

（4）防霉腐包装技术

在运输包装内装运食品和其他有机碳水化合物货物时，货物表面可能生长霉菌，在流通过程中如遇潮湿，霉菌生长繁殖极快，甚至伸延至货物内部，使其腐烂、发霉、变质，因此要采取特别防护措施，如图 8-12 所示。包装防霉烂变质的措施，通常是采用冷冻包装、真空包装或高温灭菌方法。冷冻包装的原理是减慢细菌活动和化学变化的过程，以延长储存期，但不能完全消除食品的变质。

图 8-12 防霉腐包装技术

高温杀菌法可消灭引起食品腐烂的微生物，可在包装过程中用高温处理防霉。有些经干燥处理的食品包装，应防止水汽浸入以防霉腐，可选择防水汽和气密性好的包装材料，采取真空和充气包装。真空包装法也称减压包装法或排气包装法。这种包装可阻挡外界的水汽进入包装容器内，也可防止在密闭的防潮包装内部存有潮湿空气，在气温下降时结露。采用真空包装法，要注意避免过高的真空度，以防损伤包装材料。防止运输包装内货物发霉，还可使用防霉剂。防霉剂的种类甚多，用于食品的必须选用无毒防霉剂。机电产品的大型封闭箱可酌情开设通风孔或通风窗等相应的防霉措施。

（5）防虫包装技术

防虫包装技术，常用的是驱虫剂，即在包装中放入有一定毒性和臭味的药物，利用药物在包装中挥发气体杀灭和驱除各种害虫，如图 8-13 所示。常用驱虫剂有萘、对位二氯化苯、樟脑精等。也可采用真空包装、充气包装、脱氧包装等技术，使害虫无生存环境，从而防止虫害。

（6）危险品包装技术

危险品有上千种，按其危险性质、交通运输及公安消防部门分为十大类，即爆炸性物品、氧化剂、压缩气体和液化气体、自燃物品、遇水燃烧物品、易燃液体、易燃固体、毒害品、腐蚀性物品、放射性物品等，有些物品同时具有两种以上危险性能，如图 8-14 所示。

对有毒物品的包装要明显地标明有毒的标志。防毒的主要措施是包装严密不漏、不透气。例如，重铬酸钾（红矾钾）和重铬酸钠（红矾钠）为红色透明结晶，有毒，应用坚固附桶包装，桶口要严密不漏，制桶的铁板厚度不能小于 1.2mm。对有机农药一类的商品，应装入沥青麻袋，缝口严密不漏。如用塑料袋或沥青纸袋包装的，外面应再用麻袋或布袋包装。用作杀鼠剂的磷化锌有剧毒，应用塑料袋严封后再装入木箱中，箱内用两层牛皮纸、防潮纸或塑料薄膜衬垫，使其与外界隔绝。

图 8-13　防虫包装技术

图 8-14　危险品包装技术

对有腐蚀性的商品，要注意商品和包装容器的材质发生化学变化。金属类的包装容器要在容器壁涂上涂料，防止腐蚀性商品对容器的腐蚀。如包装合成脂肪酸的铁桶内壁要涂有耐酸保护层，防止铁桶被商品腐蚀，从而商品也随之变质。再如氢氟酸是无机酸性腐蚀物品，有剧毒，能腐蚀玻璃，不能用玻璃瓶作包装容器，应装入金属桶或塑料桶，然而再装入木箱。甲酸易挥发，其气体有腐蚀性，应装入良好的耐酸坛、玻璃瓶或塑料桶中，严密封口，再装入坚固的木箱或金属桶中。

对黄磷等易自燃商品的包装，宜将其装入壁厚不少于 1mm 的铁桶中，桶内壁须涂耐酸保护层，桶内盛水，并使水面浸没商品，桶口严密封闭，每桶净重不超过 50kg。再如遇水引起燃烧的物品如碳化钙，遇水即分解并产生易燃乙炔气，对其应用坚固的铁桶包装，桶内充入氮气。如果桶内不充氮气，则应装置放气活塞。

对于易燃、易爆商品，如有强烈氧化性的，遇有微量不纯物或受热即急剧分解引起爆炸的产品。防爆炸包装的有效方法是采用塑料桶包装，然后将塑料桶装人铁桶或木箱中，每件净重不超过 50kg，并应有自动放气的安全阀，当桶内达到一定气体压力时，能自动放气。

（7）特种包装技术（如图 8-15 所示）

① 充气包装。

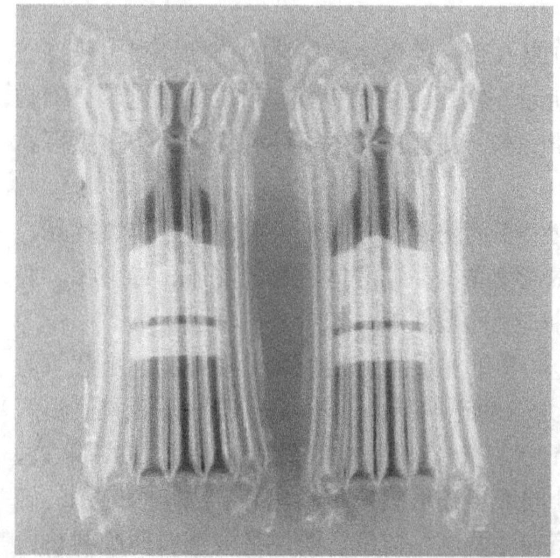
图 8-15　特种包装技术

充气包装是采用二氧化碳气体或氮气等不活泼气体置换包装容器中空气的一种包装技术方法，因此也称为气体置换包装。这种包装方法是根据好氧性微生物需氧代谢的特性，在密封的包装容器中改变气体的组成成分，降低氧气的浓度，抑制微生物的生理活动、酶的活性和鲜活商品的呼吸强度，达到防霉、防腐和保鲜的目的。

② 真空包装。

真空包装是将物品装入气密性容器后，在容器封口之前抽真空，使密封后的容器内基本没有空气的一种包装方法。一般的肉类商品、谷物加工商品以及某些容易氧化变质的商品都可以采用真空包装。真空包装不但可以避免或减少脂肪氧化，而且抑制了某些霉菌和细菌的生长。在对其进行加热杀菌时，由于容器内部气体已排除，因此加速了热量的传导，提高了高温杀菌效率，也避免了加热杀菌时由于气体膨胀导致包装容器破裂。

③ 收缩包装。

收缩包装就是用收缩薄膜裹包物品（或内包装件），然后对薄膜进行适当加热处理，使薄膜收缩而紧贴于物品（或内包装件）的包装技术方法。收缩薄膜是一种经过特殊拉伸和冷却处理的聚乙烯薄膜，由于薄膜在定向拉伸时产生残余收缩应力，这种应力受到一定热量后便会消除，从而使其横向和纵向均发生急剧收缩，同时使薄膜的厚度增加，收缩率通常为30%～70%，收缩力在冷却阶段达到最大值，并能长期保持。

④ 拉伸包装。

拉伸包装是20世纪70年代开始采用的一种新包装技术，它是由收缩包装发展而来的。拉伸包装是依靠机械装置在常温下将弹性薄膜围绕被包装件拉伸、紧裹，并在其末端进行封合的一种包装方法。由于拉伸包装不需进行加热，所以消耗的能源只有收缩包装的1/20。拉伸包装可以捆包单件物品，也可用于托盘包装之类的集合包装。

⑤脱氧包装。

脱氧包装是继真空包装和充气包装之后出现的一种新型除氧包装方法。脱氧包装是在密封的包装容器中，使用能与氧气起化学作用的脱氧剂与之反应，从而除去包装容器中的氧气，以达到保护内装物的目的。脱氧包装方法适用于某些对氧气特别敏感的物品，适用于那些即使有微量氧气也会促使品质变坏的食品包装中。

三、分析包装设备的类型

包装设备是指完成全部或部分包装过程的机器设备。它是为商品进入市场提供保护、方便流通、促进销售及提高附加值而完成生产过程的技术装备。包装过程包括充填、裹包、封口等主要包装工序，以及与其相关的前后工序，如清洗、干燥、杀菌、贴标、计量等辅助工序。包装机械是使产品包装实现机械化、自动化的根本保证。运用包装机械进行包装作业，能提高包装劳动生产率，降低包装劳动强度，改善劳动条件，降低包装成本，确保包装质量。常用的包装机械设备有：打包机、捆扎机、纸箱成型机、开箱机、贴标机、贴标签机、套袋包装机、收缩机、封箱机、胶带封箱机、缠绕机、裹包机、堆码机、码垛机、装箱机、装盒机、输送线、输送配置、真空包装机等。

下面具体介绍几种常用机械。

1. 充填机械

充填机械是将待包装品以精确的数量装入不同的容器中。按其计量方式的不同可分为容积式充填机（如图8-16所示）、称重式充填机（间歇称重式和连续称重式，如图8-17所示）、计数式充填机（单件计数式和多件计数式）。充填机一般采用光电控制，采用量杯容积方式计量。自动填充，是大剂量颗粒状物品包装的理想设备，另外一种较常用的充填机为自动定量充填机，比较适于粉剂充填。

计数式充填机是将产品通过计数定量后充入包装器的一种充填机械，结构较复杂，计量速度较高。计数式充填机在形状规则物品的包装中应用广泛，适用于条状、块状、片状、颗粒状等规则物品包装的计量充填，也适用于包装件的二次包装，如装盒、装箱等，如图8-18所示。表8-4为充填机械的分类及特点。

图 8-16　容积式充填机

图 8-17　称重式充填机

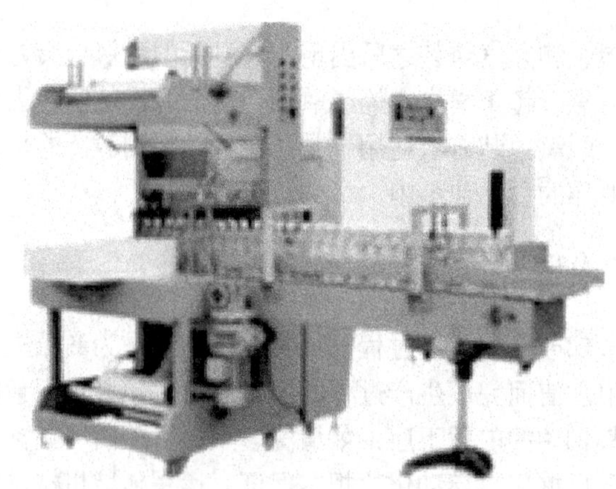

图 8-18　计数式充填机

表 8-4　充填机械的分类及特点

类别	工作原理	特点
容积式充填机	将产品按预定容量充填到包装容器内	结构简单，体积较小，计量速度高，计量精度低
称重式充填机	将产品按预定质量充填到包装容器内	结构复杂，体积较大，计量速度低，计量精度高
计数式充填机	将产品按预定数量充填到包装容器内	结构复杂，计量速度快

2. 裹包机械

裹包机械是用一层或多层柔性材料全部或局部裹包产品或包装设备。按裹包方式可分为全裹式裹包机、半裹式裹包机、缠绕式裹包机、拉伸式裹包机、收缩包装机等，如图 8-19 所示。

3. 封口机械

封口机械是将容器的开口部分封闭起来的机械。按照封口方式此种机械可分为无封口材料的封口机和有辅助封口材料的封口机，常见于奶茶、豆浆一类的饮品封口，如图 8-20 所示。

制袋、充填、封口包装机械的发展趋势将朝着模块式结构、多列、高速、高稳定性、自动控制方向发展。

图 8-19　裹包机械

图 8-20　封口机械

4. 捆扎机械

捆扎机械用于捆扎或结扎封闭包装容器，捆扎带材料有绳、钢带、塑料带等，如图 8-21 所示。

图 8-21　捆扎机械

5．罐装机械

罐装机械是将液体产品按预定的量充填到包装容器内的机器。按灌装原理可分为重力灌装机、负压力灌装机、等压灌装机、真空灌装机和机械压力法灌装机，如图 8-22 所示。

图 8-22 罐装机械

6．贴标机械

贴标机械是将事先印制好的标签粘贴到包装容器特定部位的机器，其工艺过程包括取标签、送标签、涂胶、贴标签、整平等。贴标签基本上由供标装置、取标装置、打印装置、涂胶装置及连锁装置几部分构成。贴标机械按自动化程度可分为半自动贴标机和全自动贴标机；按容器的运行方向可分为立式贴标机和卧式贴标机；按贴标部件的特征可分为压标式贴标机、滚压式贴标机、龙门式贴标机、真空转鼓式贴标机、多标包转鼓式贴标机等，如图 8-23 所示。

图 8-23 贴标机械

7．真空包装机

真空包装机是将产品装入包装容器后，抽去容器内部的空气，以达到预期的真空度的机器。充气包装机是将产品装人包装容器后，再将氧气、二氧化碳等气体置换到容器内，并完成封口的机器。绝大多数真空包装机都具有充气的功能，通常把具有真空和充气两种包装功能的机械统称为真空包装机。真空包装机广泛应用于食品、金属制品、化工原料、精密仪器仪表、纺织品等的包装，固体、散粒体、半流体或液体均适用。真空包装机按结构可分为室式真空包装机、输送带式真空包装机、热成型真空包装机、插管式真空包装机和旋转式真空包装机，如图 8-24 所示。

图 8-24　真空包装机

中国目前能以真空包装机械作为主导产品的企业为数不多，不少企业以组装为主。主要品种以半自动操作为主，全自动连续式、大真空室及适合液体包装的真空包装机较少。

8. 泡罩包装机

泡罩包装机是将透明塑料薄膜或薄片制成泡罩，用热压封合、黏合等方法将产品封合在泡罩与底板之间的机器，它广泛应用于轻工、医药和化工行业，尤其是药品包装作业。泡罩包装具有直观性好、容易辨认商品品质、密封性好、防潮防变质等优点。根据包装方法不同，泡罩包装机可分为辊筒式泡罩包装机、辊板式泡罩包装机和平板式泡罩包装机三种，如图 8-25 所示。

图 8-25　泡罩包装机

9. 清洗机械

清洗机械是清洗包装材料、包装件等，使其达到预期清洗标准的机器。清洗机械按清洗方式不同可分为机械式、电解式、化学式、干式、湿式、超声波式、静电式；按使用的清洗剂不同，分为干式清洗机、湿式清洗机、机械式清洗机、电解式清洗机、电离式清洗机，如图 8-26 所示。

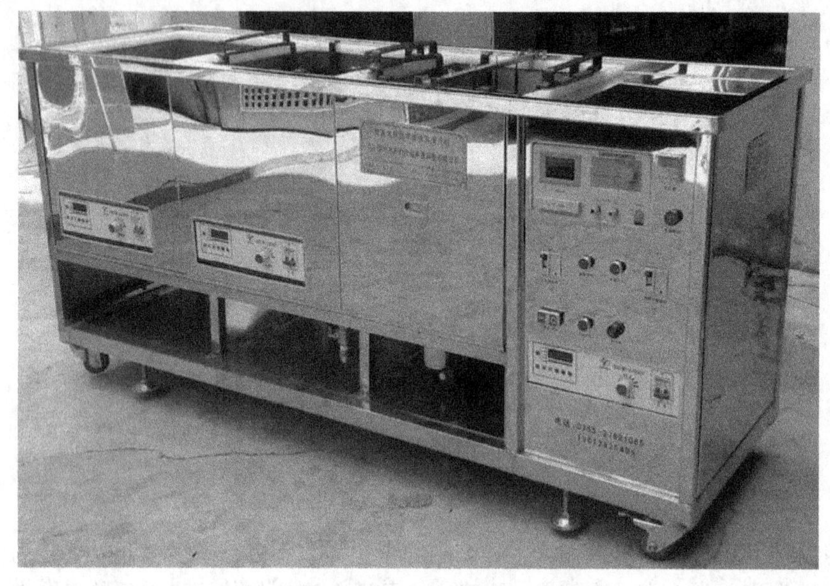

图 8-26　清洗机械

10. 干燥机械

干燥机械是在包装中减少包装材料、包装件的水分，使其达到预期干燥程度的机器。干燥机械按干燥方式可分为机械式干燥机、加热式干燥机、化学式干燥机，如图 8-27 所示。

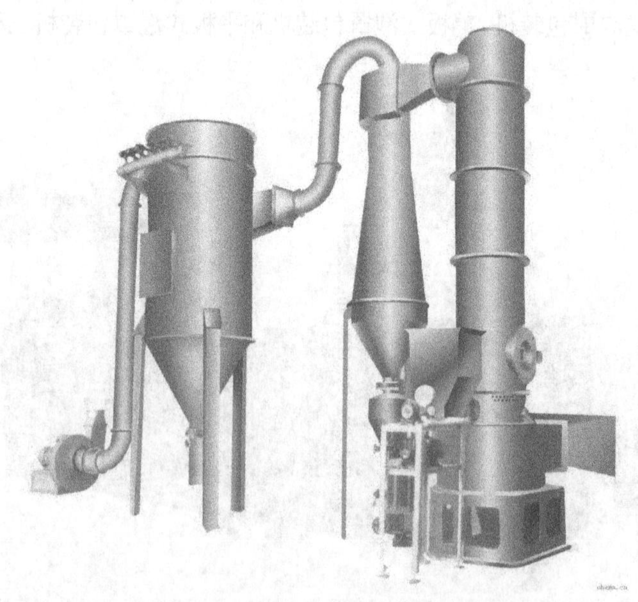

图 8-27　干燥机械

11. 杀菌机械

杀菌机械是清除或杀死包装材料、产品或包装上的微生物，使其降到允许范围内的机器。

杀菌机械按杀菌方法可分为热杀菌法、冷杀菌法；按操作性质不同分为间歇式杀菌机、连续式杀菌机；按操作原理特征不同可分为静止式、回转式、摇动式、水封式、静水压式、热流层式、喷淋式；按结构特征不同可分为隧道式、滚筒刮面式、螺旋泵式、板式和管式，如图 8-28 所示。

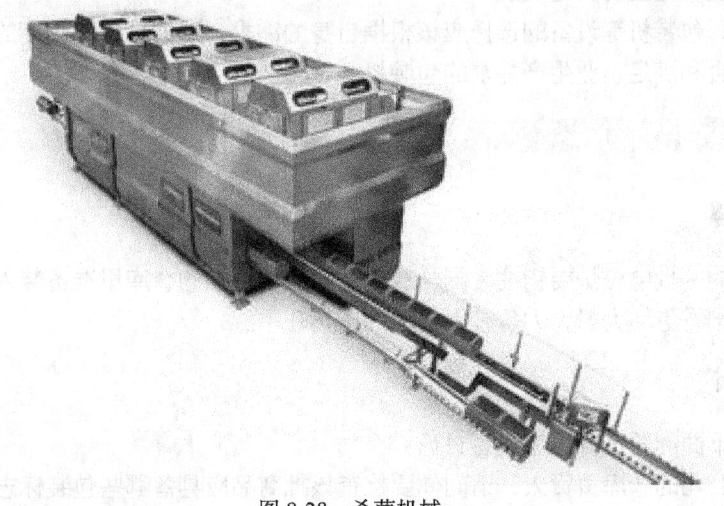

图 8-28　杀菌机械

四、包装设施设备的合理应用

当今市场上，包装设备各式各样，如何才能正确挑选到适合的包装设备呢？

① 首先要确定自己将购买的包装机要包装哪一些产品。包装设备市场上，设备的功能越来越丰富，从过去的手动包装机到半自动包装机又到现在的全自动包装机和包装生产线，功能越来越强大，所以客户应该根据自身的需求选择适合自己的包装机，而不是盲目地去选择那些贵的、不适用的包装机。

有的包装机械厂家产品品种很多，在购买包装机时，希望一台设备能够包装自己的所有品种。其实往往专用机比兼容机的包装效果要好。一台包装机包装的品种最好不要超过 3～5 个品种。还有，外形尺寸差距比较大的产品尽可能分开机器包装。

② 高性价比是第一原则。目前国内生产的包装机质量比以前有了很大的提高，特别是枕式包装机，出口比重已经超出进口很多，所以以国产机的价格完全可以购买到进口机的质量。

在品质有所保证的前提下，挑选价格在自己承受范围内的才是正确的。包装机、喷码机的价格按市场走向波动，大部分产品的售价是上市时间越长售价越低。如果是新上市的包装机，即便性能不高其售价也同样偏高，性价比就相对较高。即便是名牌产品上市时间长了售价也会有相应的下调。要记住一点是，大品牌也有低价位的低端产品，普通品牌也有精心设计的高端产品。所以别只注重价格，产品的性价比才是关键。

③ 尽可能选择历史悠久的名牌包装机企业，同行信赖的包装机可以优先考虑，质量上有保障。选择技术成熟、质量稳定的机型，使包装更快更稳，低耗能、低手工、低废品率。包装机是消耗材料的机器，如果购进低质机器，特别是现在包装材料的上涨的情况下，在

今后的日常生产中日积月累浪费的包装膜，绝不是个小数目。

④ 如有实地考察的，要注重大的方面，更要注意小细节，往往细节决定整机的品质。尽可能带样品试机。

⑤ 在售后服务方面，选择业内有良好口碑的企业。售后服务及时，随叫随到，特别对食品加工企业尤其重要。一定要选择售后服务好的厂家。

⑥ 尽可能选购操作维护简单、配件完备、全自动连续供料机构，这能提高包装效率和降低人工成本，适合企业的长远发展。

综上所述，包装机等设备的选择应该根据自身的需求，选购性价比最高的包装机械产品，才能购买到适合和满足企业生产需求的包装机。

任务训练

训练背景

美的公司的一批电磁炉要销往法国马赛，目前在该公司的仓库里准备装入集装箱运往广东顺德港，到我国香港转大船，力争赶上当地的销售旺季。

训练要求

课堂上对下面问题进行思考或者讨论：

若你为该公司的仓库负责人，请问你要检查该批商品应具备哪些包装标志？

任务二 认知流通加工设备

学习目标

知识目标：

① 掌握流通加工的概念。

② 掌握流通加工的种类。

③ 掌握根据流通加工的对象分类的流通加工设施设备。

技能目标：

能合理应用流通加工设施设备。

重点、难点：

① 能区别流通加工与生产加工。

② 能合理应用流通加工设施设备。

知识储备

一、认知流通加工概念与作用

1. 流通加工概念

流通加工是为了提高物流速度和物品的利用率，在物品进入流通领域后，按照客户的要求进行的加工活动，即在物品从生产者向消费者流动的过程中，为了促进销售、维护商品质量和提高物流效率，对物品进行一定程度的再加工，以满足消费者的多样化需求和提高商品的附加值。流通加工通过改变或完善流通对象的形态来实现“桥梁和纽带”的作用，因此流通加工是流通过程中的一种特殊运作形式。

2. 流通加工与生产加工的区别

（1）加工对象不同

流通加工的对象是进入流通过程的商品，具有商品的属性，并不是多环节生产加工中的一环。而生产加工的对象实质上不能算是最终产品，而是原材料、零部件或半成品。

（2）加工程度不同

流通加工是简单加工，而不是复杂加工。流通加工对生产加工来说只是一种辅助和补充，绝不是对生产加工的否定或代替。生产加工是复杂加工，商品的加工大部分过程由生产加工完成。

（3）加工组织者不同

流通加工的组织者是从事流通工作的人员，他们能根据并结合客户的需求进行加工活动。从加工的承接单位看，流通加工由商业或物资流通企业完成，而生产加工由生产企业完成。

（4）加工目的不同

流通加工有时候是以自身的流通为目的的，纯粹是为流通创造条件，这种专门为流通所进行的加工与直接为消费所进行的加工在目的上有着显著的差别。

生产加工的目的在于创造价值和使用价值，而流通加工的目的则在于完善商品的使用价值并提高其附加值。

两者的区别如表 8-5 所示。

表 8-5　　流通加工和生产加工的区别

项目	生产加工	流通加工
加工对象	原材料、零配件、半成品	进入流通过程的产品
所处环节	生产过程	流通过程
加工程度	复杂的、完成大部分加工	简单的、辅助性、补充加工
附加价值	创造价值和使用价值	完善其使用价值并提高价值
加工单位	生产企业	流通企业
加工目的	为交换、为消费	为消费、为流通

3. 流通加工的作用

（1）提高原材料利用率

利用流通加工环节进行集中下料，是将生产厂直接运来的简单规格产品，按使用部门的要求进行下料。例如，将钢板进行剪板、切裁，钢筋或圆钢裁制成毛坯，木材加工成各种长度及大小的板、方等。集中下料可以优材优用、小材大用、合理套裁，有很好的技术经济效果。

（2）进行初级加工，方便用户

用量小或临时需要的使用单位，缺乏进行高效率初级加工的能力，依靠流通加工可使使用单位省去进行初级加工的投资、设备及人力，从而搞活供应，方便了用户。

目前发展较快的初级加工有：将水泥加工成混凝土、将原木或板方材加工成门窗、冷拉钢筋及冲制异型零件、钢板预处理、整形、打孔等加工。

（3）提高加工效率

由于建立集中加工点，可以采用效率高、技术先进、加工量大的专门机具和设备。这样做不仅提高了加工质量和对设备的利用率，也提高了加工效率，最终实现降低加工费用及原材料成本的目的。例如，一般的使用部门在钢板下料时，采用气割的方法留出较大的加工余量，不但出材率低，而且由于热加工容易改变钢的组织，加工质量也不好。集中加工后可设置高效率的剪裁设备，在一定程度上克服了上述缺点。

（4）充分发挥各种输送手段的最高效率

流通加工环节将实物的流通分成两个阶段。一般说来由于流通加工环节设置在消费地，因此，从生产厂到流通加工的第一阶段输送距离长，而从流通加工到消费环节的第二阶段距离短。第一阶段是在数量有限的生产厂与流通加工点之间进行定点、直达、大批量地远距离输送，因此，可以采用船舶、火车等大量输送的手段。第二阶段则是利用汽车和其他小型车辆来输送经过流通加工后的多规格、小批量、多用户的产品。这样可以充分发挥各种输送手段的最高效率，加快输送速度，节省运力运费。

（5）改变功能，提高收益

在流通过程中进行一些改变产品某些功能的简单加工，其目的除上述几点外，对厂家企业最终目的还在于提高产品销售的经济效益。例如，内地的许多制成品（如洋娃娃玩具、时装、轻工—纺织产品、工艺美术品等）在深圳进行简单的包装加工，就可以大大改变产品外观功能。仅此一项就可使产品售价提高 20%以上。

所以，在物流领域中，流通加工可以成为高附加值的活动。这种高附加值的形成主要着眼于满足用户的需要、提高服务功能，是贯彻物流战略思想的表现，是一种低投入、高产出的加工形式。

二、分析流通加工的种类

1. 满足需求多样化的服务性加工

有许多产品是按规模化和标准化生产的，用户需求却是多样化和变化的，这就需要进行服务性加工。例如，钢铁厂总是按标准规定的规格生产，以使产品有较强的通用性，以及生产的高效，到用户处后再按用户的要求进行下料、剪板、裁切；伐木场为便利运输，往往只将树木加工到原木，至多加工成板或方材的程度，而满足具体需求的下料、裁切、处理等则由流通加工完成，如图 8-29 所示。

2. 为提高物流效率，方便物流的加工

有一些产品因其本身的形态而难以进行物流操作，如鲜鱼的装卸、储存操作困难，过大的设备搬运、装卸困难，气体运输、装卸困难等。对这些产品进行流通加工，可以使物流各环节易于操作，如鲜鱼冷冻、过大设备解体、气体液化等。这种加工往往会改变“物”的物理状态，但并不改变其化学特性，并最终仍能使其恢复到原物理状态，如图 8-30 所示。

图 8-29　木材流通加工

图 8-30　鱼类流通加工

3. 对产品的保护性加工

在物流过程中，直到用户使用前都存在对产品的保护问题，需要防止产品在运输、储存、装卸、搬运、包装等过程中遭到损失，使其使用价值能顺利实现。对产品的保护性加工并不改变进入流通领域的“物”的外形及性质，它主要采取稳围、改装、冷冻、保鲜、涂油等方式，如图 8-31 所示。

4. 提高原材料利用率的加工

流通加工利用其综合性强、用户多的特点，可以实行合理规划、合理套裁、集中下料的办法，这就能有效提高原材料的利用率，减少损失浪费，如图 8-32 所示。

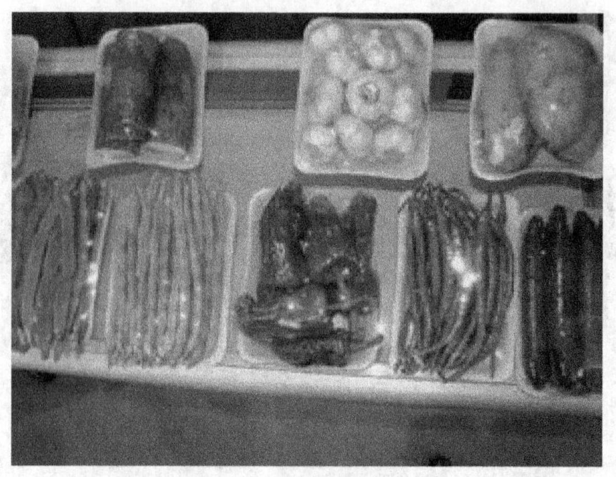

图 8-31　蔬菜流通加工

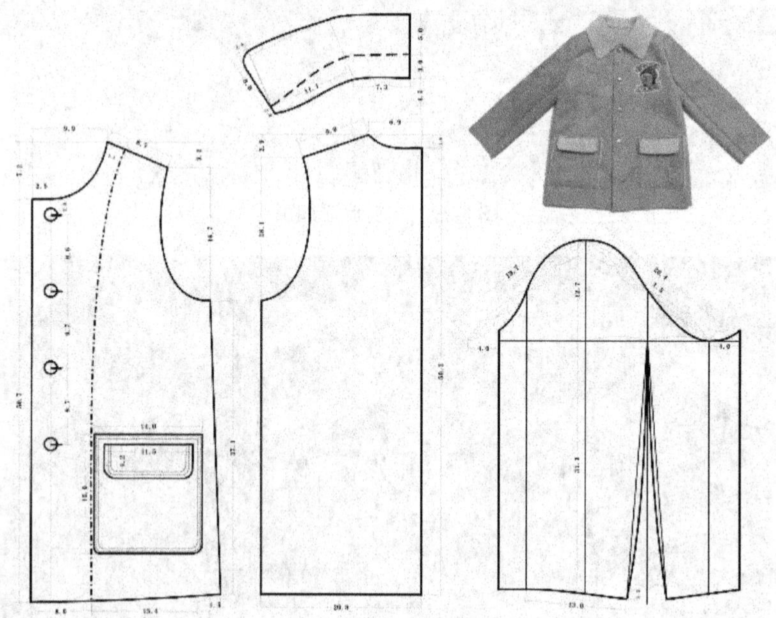

图 8-32　服装流通加工

5．组织物流合理化的加工

在干线运输及支线运输的结点设置流通加工环节，可以有效解决大批量、低成本的长距离干线运输与多品种、少批量、多批次末端运输之间的衔接问题。在流通加工点与大生产企业间形成大批量、定点运输的渠道，又以流通加工中心为核心，组织对多用户的配送；也可在流通加工点将运输包装转换为销售包装，从而有效衔接不同目的地运输方式，如图 8-33 所示。

6．促销增值性加工

流通加工可以从若干方面起到促进销售的作用。如将过大包装或散装物分装成适合一次销售的小包装的分装加工；将原以保护产品为主的运输包装改换成以促进销售为主的装潢性包装，以起到吸引消费者、指导消费的作用；将零配件组装成用具、车辆以便于直接销售；将蔬菜、肉类洗净切块以满足消费者要求等。这种流通加工可能并不改变“物”的本体，只进行简单改装的加工，也有许多是组装、分块等加工，如图 8-34 所示。

图 8-33　运输流通加工

图 8-34　销售流通加工

三、分析流通加工设备

流通加工设备是指在流通加工活动中所使用的各种机械设备和工具。流通加工机械设备的加工对象是进入流通过程的商品。

1. 按流通加工形式分类

按照流通加工形式，流通加工设备可分为剪切加工设备、集中开木下料设备、配煤加工设备、冷冻加工设备、分选加工设备、精制加工设备、分装加工设备、组装加工设备等。

（1）剪切加工设备

剪切加工设备是进行下料加工或将大规格的钢板裁小或裁成毛坯的设备。例如，用剪板机进行下料加工，用切割设备将大规格的钢板裁小或裁成毛坯等。

（2）集中开木下料设备

集中开木下料设备是在流通加工中将原木材锯裁成各种锯材，同时将碎木、碎屑集中起来加工成各种规格的板材，还可以进行打眼、凿孔等初级加工的设备。

（3）配煤加工设备

配煤加工设备是将各种煤及一些其他发热物质，按不同的配方进行掺配加工，生产出各种不同发热量燃料的设备。

（4）冷冻加工设备

冷冻加工设备是为了解决鲜肉、鲜鱼或药品等在流通过程中保鲜及搬运装卸问题而采用低温冷冻方法的加工设备。

（5）分选加工设备

分选加工设备是根据农副产品的规格、质量离散较大的情况，为了获得一定规格的产品而采取的分选加工的设备。

（6）精制加工设备

精制加工设备是主要用于农牧副渔等产品的切分、洗净、分装等简单加工的设备。

（7）分装加工设备

分装加工设备是为了便于销售，在销售地按照所要求的销售包装进行新包装、大包装改小、散装改小包装、运输包装改销售包装等加工的设备。

（8）组装加工设备

组装加工设备是采用半成品包装出厂，在消费地由流通部门所设置的流通加工点进行拆箱组装的加工设备。

2. 根据流通加工的对象分类

根据流通加工对象的不同，流通加工设备可分为金属加工设备、水泥加工设备、玻璃加工设备、木材加工设备、煤炭加工设备、食品加工设备、组装产品的流通加工设备、生产延续的流通加工设备、通用加工设备等。

（1）金属加工设备

某些金属材料的长度、规格不完全适用于用户，若采用单独剪板下料方式，设备闲置时间长、人力消耗大，而采用集中剪板下料方式，可以避免单独剪板下料的一些弱点，提高材料利用率。

在流通中进行加工的金属材料主要有钢铁、钢材、铝材、合金等。金属加工设备是对上述金属进行剪切、折弯、下料、切削加工的机械，它主要分为成型设备和切割加工设备。其中成型设备又包括锻压机械、液压机、冲压设备、剪折弯设备、专用设备；切割加工设备包括数控机床（加工中心、铣床、磨床、车床）、电火花成型机、线切割机床、激光成型机、雕刻机、钻床、铣床、剪板机、组台机床等。此外，用于金属流通加工的还有金属切削机床、金属焊接设备、机械手、工业机器人等。

利用金属加工设备进行流通加工，可以提高加工精度，减少边角废料，减少消耗，也能提高加工效益；可以增加加工批量，提高加工效率，降低成本；可以简化生产环节，提高生产水平，并有利于进行高质量的流通加工。

（2）水泥加工设备

水泥加工设备主要包括混凝土搅拌机械、混凝土搅拌站、混凝土输送车、混凝土输送泵、车泵等。混凝土搅拌机械是水泥加工中常用的设备之一，它是制备混凝土，将水泥、骨料、砂和水均匀搅拌的专用机械。

集中搅拌混凝土有诸多优点。

① 这种流通加工方式，把水泥的使用从小规模的分散形态改变为大规模的集中加工形态，可以充分应用现代管理科学技术组织现代化的大生产，发挥现代化设备和管理方法的优势，大幅度地提高生产效率和混凝土质量。集中搅拌，可以采取正确的计量手段和选择最佳的工艺；可以综合考虑外加剂及混合材料的影响，根据不同需要大量使用混合材料拌制不同性能的混凝

土；可以有效控制骨料质量和混凝土的离散程度，在提高混凝土质量、节约水泥、提高生产率等方面获益，它几乎具有大生产的一切优点。例如，制造每立方米混凝土的水泥使用量，采用集中搅拌比分散搅拌一般能减少水泥 20～30kg。

② 与分散搅拌相比，相等的生产能力，集中搅拌的设备在吨位、设备投资、管理费用、人力及电力消耗等方面，都能大幅度降低。由于生产量大，可以采取措施回收使用废水，防止各分散搅拌点排放洗机废水造成的污染，有利于环境保护。由于设备固定不动，还可以避免因经常拆建所造成的设备损坏，延长设备的寿命。

③ 采用集中搅拌的流通加工方式，可以使水泥的物流更加合理。这是因为在搅拌站（厂）与水泥厂（或水泥库）之间可以形成固定的供应渠道，这些渠道的数目大大少于分散使用水泥的渠道数目，在这些有限的供应渠道之间，容易采用高效率、大批量的输送形态，有利于提高水泥的散装率。在集中搅拌场所内还可以附设熟料粉碎设备，直接使用熟料实现熟料粉碎和拌制混凝土两种流通加工形式的结合。

另外，采用集中搅拌混凝土的方式，也有利于新技术的推广应用，大大简化了工地材料的管理，节约施工用地等。

（3）玻璃加工设备

在流通中，玻璃加工设备主要是指对玻璃进行切割等加工的专用机械，包括各种各样的切割机。在流通中对玻璃进行精加工还需清洗机、磨边机、雕刻机、烤花机、钻花机、钢化和夹层装备、拉丝机、拉管机、分选机、堆垛机、瓶罐检验包装设备、玻璃技工工具、金刚石砂轮等。

例如，玻璃切割机有可以使平板玻璃“集中套裁、开片供应”的优点。

① 平板玻璃的利用率可由不实行套裁时的 62%～65%提高到 90%以上。

② 从工厂向套裁中心运输平板玻璃，可搞大规模集装。如果形成固定渠道，可以节约大量包装用木材，而且可以防止流通中玻璃的大量破损。

③ 套裁中心按用户需要裁制，有利于玻璃生产厂简化规格，搞单品种大规模生产，而且可简化工厂切裁、包装等工序。

④ 集中套裁，废料数量少且相对集中易于处理。

⑤ 可用专用设备进行特型裁制、美术加工等深加工，增加附加值。

（4）木材加工设备

木材是容重轻的物资，在运输时占有相当大的容积，往往使车船满装却不能满载，同时装车、捆扎也比较困难，需要利用机械设备对木材进行磨制、压缩、锯裁等加工。这类设备主要有两类：

① 磨制、压缩木屑机械。从林区外送的原木中有相当一部分是造纸树，美国采取在林木生产地就地将原木磨成木屑，然后采取压缩的方法使之成为容重较大、容易装运的形状，运至靠近消费地的造纸厂，取得了较好的效果。根据美国的经验，采取这种办法比直接运送原木节约一半的运费。

② 集中开木下料机械。在流通加工点利用木锯机等机械可将原木锯裁成各种规格的锯材，将碎木、碎屑集中加工成各种规格的板材，还可根据需要进行打眼、凿孔等初级加工。过去用户直接使用原木不但加工复杂、加工场地大、加工设备多，更严重的是资源浪费大，木材平均利用率不到 50%，平均出材率不到 40%。实行集中下料按用户要求供应规格料，可以使原木利用率提高到 95%，出材率提高到 72%左右，有相当大的经济效益。

四、流通加工设施设备的合理应用

1. 一些不合理的流通加工

（1）流通加工地点设置的不合理

流通加工地点设置即布局状况是使整个流通加工能否有效的重要因素。一般而言，为衔接单品种大批量生产与多样化需求的流通加工，加工地设置在需求地区，才能实现大批量的干线运输与多品种末端配送的物流优势。

假如将流通加工地设置在生产地区，其不合理之处在于：第一，多样化需求要求的产品多品种、小批量由生产地向需求地的长距离运输会出现不合理；第二，在生产地增加了一个加工环节，同时增加了近距离运输、装卸、储存等一系列物流活动。所以，在这种情况下，不如由原生产单位完成这种加工而无须设置专门的流通加工环节。

一般而言，为方便物流的流通加工环节应设在产出地，设置在进入社会物流之前。假如将其设置在物流之后，即设置在消费地，则不但不能解决物流问题，又在流通中增加了一个中转环节，因而也是不合理的。

即使产地或需求地设置流通加工的选择是正确的，还有流通加工在小地域范围的正确选址问题，假如处理不善，仍然会出现不合理。这种不合理主要表现在交通不便，流通加工与生产企业或用户之间距离较远，流通加工点的投资过高（如受选址的地价影响），加工点四周的社会、环境条件不良等。

（2）流通加工方式选择不当

流通加工方式包括流通加工对象、流通加工工艺、流通加工技术、流通加工程度等。流通加工方式的确定实际上是对生产加工的合理分工。分工不合理，本来应由生产加工完成的，却错误地由流通加工完成，本来应由流通加工完成的，却错误地由生产加工完成，都会造成不合理。

流通加工不是对生产加工的代替，而是一种补充和完善。所以，一般而言，假如工艺复杂、技术装备要求较高，或加工可以由生产过程延续或轻易解决者都不宜再设置流通加工，尤其不宜与生产过程争夺技术要求较高、效益较高的最终生产环节，更不宜利用一个时期市场的压迫力使生产者变成初级加工或前期加工，而流通企业完成装配或最终形成产品的加工。假如流通加工方式选择不当，就会出现与生产夺利的恶果。

（3）流通加工作用不大，形成多余环节

有的流通加工过于简单，或对生产及消费者作用都不大，甚至有时流通加工的盲目性，同样未能解决品种、规格、质量、包装等问题，反而增加了环节，这也是流通加工不合理的重要形式。

（4）流通加工成本过高，效益不好

流通加工之所以能够有生命力，重要优势之一是有较大的产出投入比，因而有效起着补充完善的作用。假如流通加工成本过高，则不能实现以较低投入实现更高使用价值的目的，除了一些必需的、服从政策要求即使亏损也应进行的加工外，都应看成是不合理的。

2. 要实现流通加工合理的几个方面的考虑

（1）加工和配送结合

就是将流通加工设置在配送点中。一方面按配送的需要进行加工，另一方面加工又是配送作业流程中分货、拣货、配货的重要一环，加工后的产品直接投入到配货作业，这就无需单独设置一个加工的中间环节，而使流通加工与中转流通巧妙地结合在一起。同时，由于配送之前有必要的加工，可以使配送服务水平大大提高，这是当前对流通加工做合理选择的重要形式，在煤炭、水泥等产品的流通中已经表现出较大的优势。

（2）加工和配套结合

"配套"是指对使用上有联系的用品集合成套地供应给用户使用。例如，方便食品的配套。当然，配套的主体来自各个生产企业，如方便食品中的方便面，就是由其生产企业配套生产的。但是，有的配套不能由某个生产企业全部完成，如方便食品中的盘菜、汤料等。这样，在物流企业进行适当的流通加工，可以有效地促成配套，大大提高流通作为供需桥梁与纽带的能力。

（3）加工和合理运输结合

流通加工能有效衔接干线运输和支线运输，促进两种运输形式的合理化。利用流通加工，在支线运输转干线运输或干线运输转支线运输等这些必须停顿的环节，不进行一般的支转干或干转支，而是按干线或支线运输合理的要求进行适当加工，从而大大提高运输及运输转载水平。

（4）加工和合理商流结合

流通加工也能起到促进销售的作用，从而使商流合理化，这也是流通加工合理化的方向之一。加工和配送相结合，通过流通加工，提高了配送水平，促进了销售，使加工与商流合理结合。此外，通过简单地改变包装加工形成方便的购买量，通过组装加工解除用户使用前进行组装、调试的难处，都是有效促进商流的很好例证。

（5）加工和节约结合

节约能源、节约设备、节约人力、减少耗费是流通加工合理化重要的考虑因素，也是目前我国设置流通加工并考虑其合理化的较普遍形式。

对于流通加工合理化的最终判断，是看其是否能实现社会的和企业本身的两个效益，而且是否取得了最优效益。流通企业更应该树立社会效益第一的观念，以实现产品生产的最终利益为原则，只有在生产流通过程中以不断补充、完善为己任的前提下才有生存的价值。如果只是追求企业的局部效益，不适当地进行加工，甚至与生产企业争利，这就有违于流通加工的初衷，或者其本身已不属于流通加工的范畴。

任务训练

训练背景

某钢材仓库占地 220 亩，拥有四条铁路专用线、10～30t 起重龙门吊车十台，年吞吐钢材近 1000000t。过去钢卷进出仓库运输都要用一种专用钢架固定，以防钢卷滚动。因此，客户在购买钢卷时，必须租用钢架，这样既要支付钢架租金，又要支付返还钢架的运费。

尽管后来一些钢厂开始使用不需返还的草支垫加固运输，但过大的钢卷（如 35t 一卷）使有些客户无法一次购买使用，如果建议这些客户购买钢厂成品平板，其成本又会增加很多。

因为钢厂成品平板一般以 2m 倍尺交货，即长度分别为 2m、4m、6m 等规格，而一些客户使用的板面长度要求为非标准尺寸，如 3.15m、4.65m，甚至 9.8m，而且有的工艺要求不能焊接，这样的平板不是长度不够就是边角余料大。

训练要求

课堂上对下面问题进行思考或者讨论：

你能为这家钢材仓库及其客户想个两全其美的办法吗？

项目小结

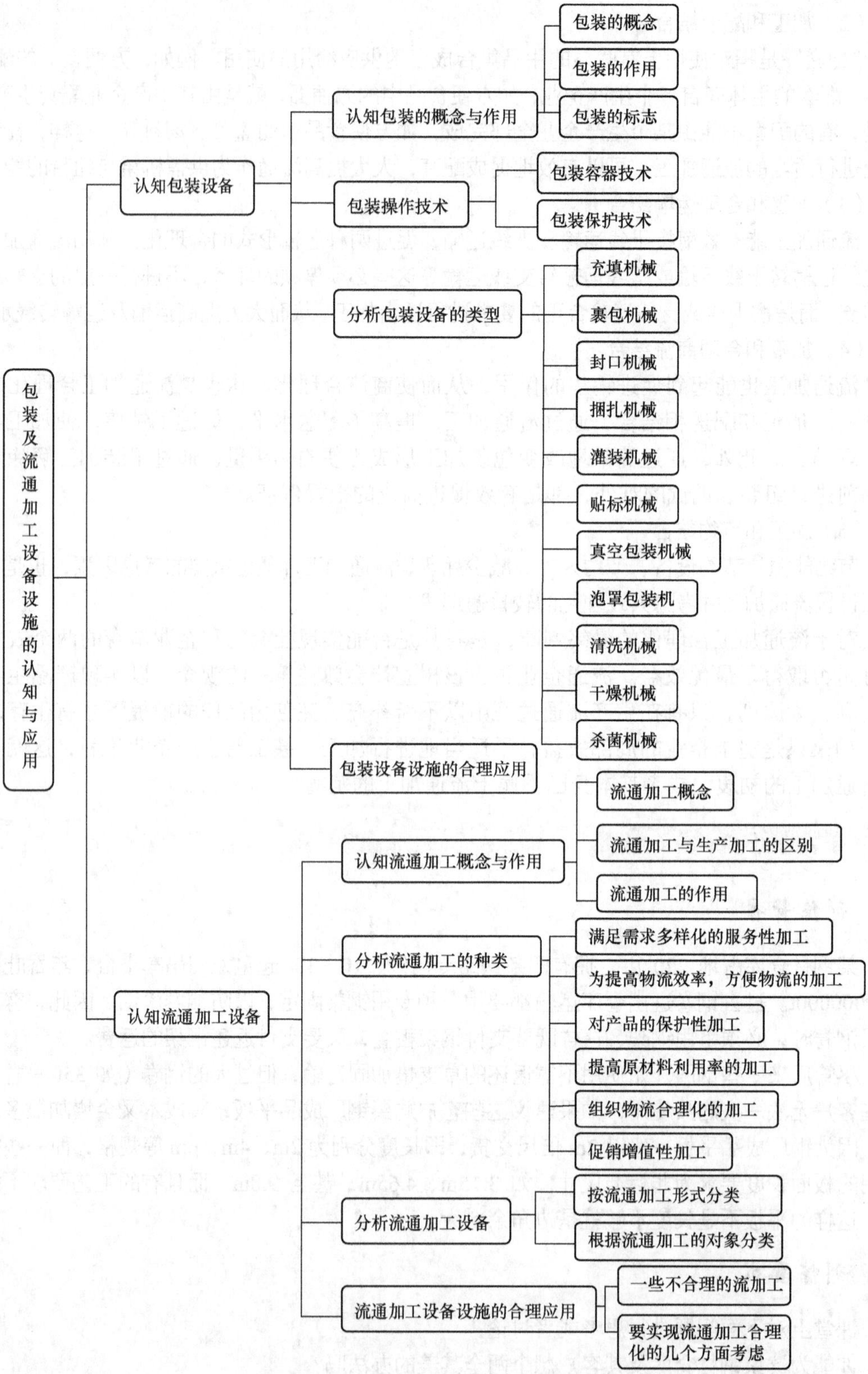

- 包装及流通加工设备设施的认知与应用
  - 认知包装设备
    - 认知包装的概念与作用
      - 包装的概念
      - 包装的作用
      - 包装的标志
    - 包装操作技术
      - 包装容器技术
      - 包装保护技术
    - 分析包装设备的类型
      - 充填机械
      - 裹包机械
      - 封口机械
      - 捆扎机械
      - 灌装机械
      - 贴标机械
      - 真空包装机械
      - 泡罩包装机
      - 清洗机械
      - 干燥机械
      - 杀菌机械
    - 包装设备设施的合理应用
  - 认知流通加工设备
    - 认知流通加工概念与作用
      - 流通加工概念
      - 流通加工与生产加工的区别
      - 流通加工的作用
    - 分析流通加工的种类
      - 满足需求多样化的服务性加工
      - 为提高物流效率，方便物流的加工
      - 对产品的保护性加工
      - 提高原材料利用率的加工
      - 组织物流合理化的加工
      - 促销增值性加工
    - 分析流通加工设备
      - 按流通加工形式分类
      - 根据流通加工的对象分类
    - 流通加工设备设施的合理应用
      - 一些不合理的流加工
      - 要实现流通加工合理化的几个方面考虑

知识练习

一、填空题

① 包装的作用主要有 3 个：保护产品、方便储运、(　　　)。

② 包装标志主要可分为以下几类：包装识别标志、(　　　)、(　　　)。

③ 防震包装方法主要有 3 种：全面防震包装方法、部分防震包装方法、(　　　)。

④ 流通加工与生产加工的区别：(　　　)、加工程度不同、(　　　)、(　　　)。

⑤ 流通加工机械设备的加工对象是进入(　　　)。

二、简答题

① 包装保护技术有哪些？

② 流通加工的种类有哪些？

③ 如何实现流通加工的合理化？

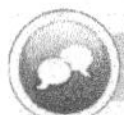

职业技能训练

一、案例分析

阿迪达斯公司在美国有一家超级市场，设立了组合式鞋店，摆放着不是做好了的鞋，而是做鞋用的半成品，款式花色多样，有 6 种鞋跟、8 种鞋底，均为塑料制造的，鞋面的颜色以黑、白为主，搭带的颜色有 80 种，款式百余种，顾客进来可任意挑选自己所喜欢的各个部位，交给职员当场进行组合。

只要 10 分钟，一双崭新的鞋便唾手可得。这家鞋店昼夜营业，职员技术熟练，鞋子的售价与成批制造的价格差不多，有的还稍便宜。所以顾客络绎不绝，销售额比邻近的鞋店要多 10 倍。

该案例体现了流通加工作业的哪些作用？

二、技能训练

【训练目的】完成包装贴标签过程

由学生仿效商业企业的包装人员，按照包装贴标签的要求，进行操作演练，确保包装标签正确使用。

【训练内容】

包装标签的领用、发放、销毁

【训练方法】

① 将学生分成若干小组，每小组 5 人左右，分别是计划员、仓管员、标签管理员、打标员、贴标员。

② 标签管理员接到计划员下达的生产计划，到仓管员处领取相关的产品标签，检查标签是否符合要求并做好领用记录

③ 打标员按照生产计划日期加盖生产日期及生产班组相关信息，打印完毕后检查是否有

漏盖、错盖。

④ 标签必须专柜存放，人员离开时必须上锁保管。

⑤ 贴标员从打标员处领取印好的标签，必须现场核对，确认无误后，签字确认领出标签。

⑥ 贴标员在张贴标签时，必须认真仔细在张贴过程中检查出未盖日期及内容不完整标签。

⑦ 贴标员在确认计划完成后，将多余包装标签进行回库处理。

⑧ 过期或因印刷不合格的标签，经与品控员确认后由品控部销毁并填写相关销毁记录。

项目九

物流信息技术设施设备的认知与应用

职场情境导入

王经理对李明说：“由于运输能力所限，咱们公司的一部分物流运输业务通过外包协作的方式完成。但是外包的长途货运车辆的跟踪联系主要依赖于和司机的手机联系，一旦司机手机关机或信号不好或者驾驶中不能及时接听电话，就会给跟踪定位带来困难，也会带来一些运输的安全隐患，公司一直想改进该问题。李明你有什么好建议？”李明说：“我听说安装 GPS 可以全球定位，另外车辆还可以安装 GIS，帮助司机选择合适的路线，也可以降低运输成本。”王经理：“你的建议很好，你写个可行性报告交上来，我们仔细研究一下。”

任务一　认知条码技术设备

学习目标

知识目标：

① 掌握条码的概念。

② 了解条码的识读设备。

③ 了解条码的采集设备。

技能目标：

① 能根据采集信息的不同合理选择条码识读设备。

② 能根据采集信息的不同合理选择条码采集设备。

重点、难点：

条码的识别原理。

知识储备

对物流信息进行实时、准确采集，是物流信息自动化管理的要求。实现自动识别及数据自动录入，就是对商品在入库、出库、分拣、运输等过程中的各种信息进行及时捕捉，以解决数据录入和数据采集的“瓶颈”问题。

条码识别具有快速、准确、易于操作的特点，被广泛应用于物流领域的出库、入库、上架、分拣、运输、仓储管理等过程。

一、分析条码设备系统

1. 条码的含义

条形码作为一种信息载体，是由宽度不同、反射率不同的条和空，按照一定的编码规则（码制）编制成的。常见的条形码是由反射率相差较大的黑条（简称条）和白条（简称空）排成的平行图案。目前，条形码技术在物流领域得到广泛应用和推广，因此，市场上出现了品种繁多的、适用于各种应用场合的条形码识别设备和数据采集器。

2. 条码识别系统

条码识别系统由扫描系统、信号整形、译码三部分组成，扫描系统由光学系统及探测器（即光电转换器）组成，信号整形部分由信号放大、滤波和波形整形组成，译码部分则由译码器及通信部分组成。如图 9-1 所示。

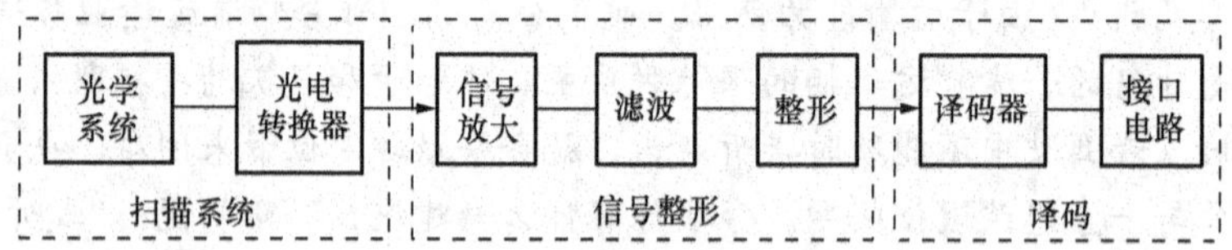

图 9-1　条形码识别系统

3. 条码的识别原理

扫描系统由光学系统和光电转换器组成，其功能是依靠对条形码符号的光学扫描，通过光电转换器，将获得的条形码符号的光信号转换成为模拟电信号。

信号整形部分由信号放大、滤波和整形部分组成，其功能是将扫描系统获得的模拟电信号处理成为标准电位的矩形波信号，即标准的数字脉冲信号，其高低电平的宽度与条形码符号的条空尺寸相对应。

译码部分一般由译码器和接口电路组成，译码器的功能是对获得的条形码脉冲数字信号进行译码，译码的结果通过接口电路输出到条形码应用系统中的数据终端。

二、认知条码识读设备

1. 条码识读设备的含义

条码识读设备是指具有条码符号识读功能的设备。条码识读设备一般都配有专用的光源，光线经发射返回到光电转换器上，转变为电信号，并经过编码器最终转变为人可以识读的数字信息。

2. 条形码识读设备分类

按照条形码识别设备能够识别码制的能力和识别原理，可分为光笔与卡槽式、激光式、CCD图像式三类条形码扫描器。光笔与卡槽式条形码扫描器只能识别一维条形码。激光式条形码扫描器只能识别一维条形码和行排式二维码（如 PDF417 码）。图像式条形码扫描器不仅可以识别一维条形码，而且还能识别行排式和矩阵式二维条形码。

3. 常用的条形码识读设备

（1）光笔

光笔是最先出现的一种手持接触式条形码阅读器，也是最为经济的一种条形码阅读器。使用时，将光笔接触到条形码表面，通过光笔的镜头发出一个很小的光点，当这个光点从左到右划过条形码时，在“空”部分，光线反射，“条”部分，光线将被吸收，因此在光笔内部产生一个变化的电压，这个电压通过信号放大、整形后用于译码。光笔扫描过程如图 9-2 所示。

光笔的优点主要是：与条码接触阅读，能够明确哪一个是被阅读的条码；阅读条码的长度可以不受限制；与其他的阅读器相比成本较低；内部没有移动部件，比较坚固；体积小，重量轻。缺点：使用光笔会受到各种限制，如在有一些场合不适合接触阅读条码；另外只有在比较平坦的表面上阅读指定密度的、打印质量较好的条码时，光笔才能发挥它的作用；而且操作人员需要经过一定的训练才能使用，如阅读速度、阅读角度以及使用的压力不当都会影响它的阅读性能；最后，因为它必须接触阅读，当条码在因保存不当而产生损坏，或者上面有一层保护膜时，光笔都不能使用；光笔的首读成功率低及误码率较高。

（2）CCD 阅读器

CCD 为电子耦合器件（Charge-coupled Device），比较适合近距离和接触阅读，它的价格没有激光阅读器贵，而且内部没有移动部件。

CCD 阅读器使用一个或多个 LED，发出的光线能够覆盖整个条码，条码的图像被传到一排光上，被每个单独的光电二极管采样，由邻近的探测结果为“黑”或“白”区分每一个条或空，从而确定条码的字符。换言之，CCD 阅读器不是注意地阅读每一个“条”或“空”，而是条码的整个部分，并转换成可以译码的电信号，如图 9-3 所示。

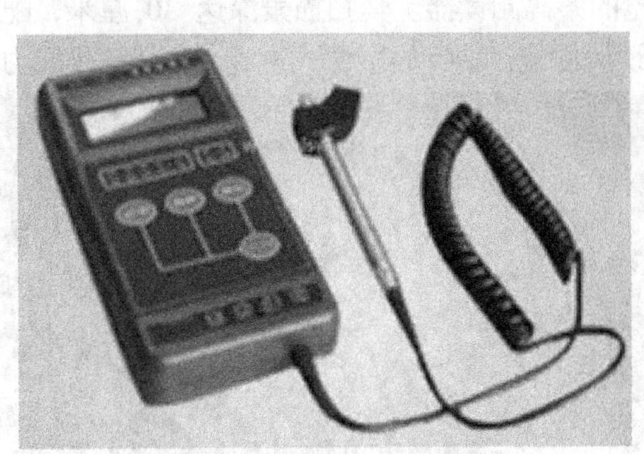

图 9-2　光笔条形码阅读器

图 9-3　CCD 阅读器

优点：与其他阅读器相比，CCD 阅读器的价格较便宜，但同样有阅读条码的广泛密度、容易使用。它的重量比激光阅读器轻，而且不像光笔那样只能接触阅读。

缺点：CCD 阅读器的局限在于它的阅读景深和阅读宽度，在需要阅读印在弧型表面的条码（如饮料罐）时候会有困难；在一些需要远距离阅读的场合，如仓库领域，也不是很适合；CCD 的防摔性能较差，因此产生的故障率较高；在所要阅读的条码比较宽时，CCD 也不是很好的选择，信息很长或密度很低的条码很容易超出扫描头的阅读范围，导致条码不可读；而且某些采取多个 LED 的条码阅读器中，任意一个的 LED 故障都会导致不能阅读；大部分 CCD 阅读器的首读成功率较低且误码概率高。

（3）激光扫描仪

图 9-4　激光扫描仪

激光扫描仪是各种扫描器中价格相对较高的，但它所能提供的各项功能指标最高，因此在各个行业中都被广泛采用。

激光扫描仪的基本工作原理为：手持式激光扫描仪通过一个激光二极管发出一束光线，照射到一个旋转的棱镜或来回摆动的镜子上，反射后的光线穿过阅读窗照射到条码表面，光线经过条或空的反射后返回阅读器，由一个镜子进行采集、聚焦，通过光电转换器转换成电信号，该信号将通过扫描器或终端上的译码软件进行译码，如图 9-4 所示。

激光扫描仪分为手持与固定两种形式：手持激光枪连接方便简单、使用灵活，固定式激光扫描仪适用于阅读量较大、条码较小的场合，有效解放双手工作。

优点：激光扫描仪可以很杰出地用于非接触扫描，通常情况下，在阅读距离超过 30cm 时激光阅读器是唯一的选择；激光阅读条码密度范围广，并可以阅读不规则的条码表面或透过玻璃或透明胶纸阅读，因为是非接触阅读，因此不会损坏条码标签；因为有较先进的阅读及解码系统，首读识别成功率高、识别速度相对光笔及 CCD 更快，而且对印刷质量不好或模糊的条码识别效果好；误码率极低（仅约为三百万分之一）；激光阅读器的防震防摔性能好，如 SymbolLS4000 系列的扫描仪，可在 1.5 米高时水泥地防摔。

缺点：激光扫描仪的唯一的缺点是它的价格相对较高，但如果从购买费用与使用费用的总和计算，与 CCD 阅读器并没有太大的区别。

（4）影像型红光条码阅读器

影像型红光条码阅读器是一款可替代激光枪的条码阅读器。其扫描景深达 30 厘米，配合其高达 300 次/秒的扫描速度，使其具有优异的读码性能。独特的影像式设计，令其解码能力极强，一般扫描器无法识读的条码，而影像红光仍可轻松识读。通过智能接口，只需更换电缆就可实现键盘、RS232 串口、USB 等接口的转换，同时还可直接连接笔记本电脑。对于掌上电脑等特殊设备，某些型号可内置电池直接供电，解决了掌上电脑供电能力不足的困扰。还可通过软件对其进行设置和软件升级。其丰富的数据编辑功能可使影像型红光扫描器与用户现有软件充分配合，如图 9-5 所示。

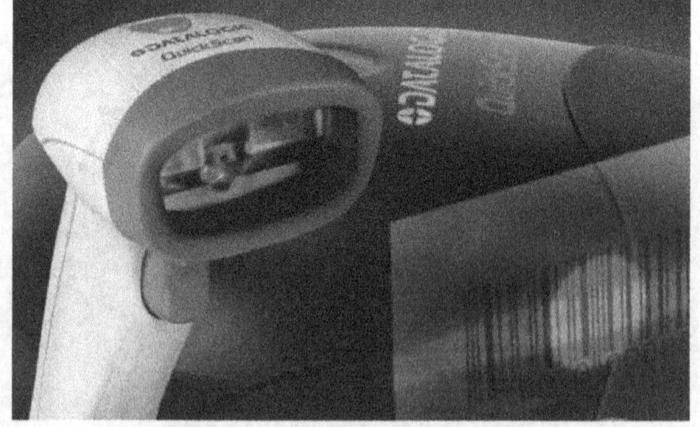

图 9-5　影像型红光条码阅读器

三、认知条码数据采集设备

数据采集器也称为数据终端，它是手持式扫描器与掌上电脑（手持式终端）的功能组合为一体的设备单元。数据采集器与扫描器相比多了自动处理、自动传输功能。条形码扫描器扫描条形码后，经过接口电路直接将数据传送给 PC 机，而数据采集器扫描条形码后，先将条形码数据存储起来，根据需要再将数据以不同的传输方式送给 PC 机，根据实际需要，采集的数据可以实时传送，也可以批处理传送。另外，数据采集器作为一种终端设备，还可以直接利用终端的应用软件对数据进行处理。

1．数据采集器的分类

根据数据传输的方式，数据采集器可分为便携式数据采集器（批处理方式）和无线数据采集器（实时处理方式）两大类。

（1）便携式数据采集器

便携式数据采集终端（portable data terminal，PDT），也称便携式数据采集器或手持式终端（hand-hold terminal，HT）。便携式数据采集器是集条形码扫描、汉字显示、数据处理、数据通信等功能于一体的高科技产品，是电脑技术与条形码技术的完美结合，如图 9-6 所示。

便携式数据采集器硬件上具有计算机设备的基本配置：CPU、内存、电池、各种外设接口等；软件上具有计算机运行的基本程序：操作系统、可以编程的开发平台、独立的应用程序。它可以将计算机网络的部分程序和数据下载至手持终端，并可以脱离计算机网络系统独立进行某项工作。手持终端作为电脑网络系统的功能延伸，满足了日常工作中人们对各种信息移动采集、处理的任务要求。

便携式数据采集器根据其功能特点又可分为数据采集型和数据管理型两种类型。数据采集型的产品主要应用于供应链管理的各个环节，快速采集物流条形码数据，在采集器上只作简单的数据存储、计算等处理，而后通过通信座将数据传输给计算机系统。这类采集器操作系统通常是 DOS 系统。数据管理型的产品主要用于数据采集量相对较小、数据处理的要求较高（通常情况下包含数据库的各种功能）的场合，此类设备的功能主要考虑对采集的条形码数据进行全面的分析，并得出各种分析、统计结果。为达到上述功能，通常采用 WinCE/Palm 环境的操作系统，可以内置小型数据库。

（2）无线数据采集器

无线数据采集器具有便携式数据采集器的所有功能，它与计算机的通信是通过无线电波来实现的，可以把现场采集到的数据实时传输给计算机网络系统，如图 9-7 所示。

无线数据采集器之所以称为无线，就是因为它可以直接通过无线网络和计算机、服务器进行实时数据通信。要使用无线数据采集器就必须先建立无线网络接入点（access point，AP），它是无线网络中一个不可缺少的设备，相当于一个连接有线局域网和无线网络的网桥，它通过双绞线或同轴电缆接入有线网络，无线数据采集器则通过与 AP 的无线通信和局域网的服务器或计算机进行数据交换。

2．数据采集器的应用

由于条码的识别具有快速、准确、易于操作等特点，因此各个物流环节都引入条码，而采用应用计算机系统与数据采集器的结合方式能方便、准确地完成商品流通的相关管理。

（1）仓储管理

利用条码数据采集器可以提高仓库管理的自动化水平，如在入库作业中利用条码扫描器可

图 9-6 便携式数据采集器

图 9-7 无线数据采集器

以直接读取入库单以及货物的条码信息，进行验证，以保证货物的正确性，并可以将到货的数量、名称、规格、保质期等信息直接录入，并传输给库存管理系统。在货架货物的存取作业中可以利用条码数据采集器直接读取货架、货物信息，进行验证，防止错误操作产生。使用条码数据采集器依次扫描仓库货架以及货架上的商品条码还可以直接完成盘点操作。采用条码数据采集器可以大大地提高作业效率，减轻劳动强度，提高准确性。

（2）拣选作业

在拣选作业中可以直接使用条码数据采集器进行拣选操作，根据识别的货箱号可以通过条码数据采集器的显示装置直接获取需要拣选的货物种类和数量，并由拣选人员进行相应的拣选操作，改变了过去纸质的拣选单勾挑作业模式，大大地降低了错误率。

任务训练

训练背景

如果一个危重病人急需输血，但不知其血型，往往耽误了最佳治疗时间。现在一些医院出台一种“生命健康卡”，每一个人都有一个条码，记录了公民的详细情况。为确保条码的唯一性及通用性，设定用身份证号码为条码的基础。

去医院就诊时，只需出示健康卡，通过计算机网络，病人的所有信息都可以显示。

训练要求

课堂上对下面问题进行思考或者讨论：

除了案例中的手术输血时可以使用条码，在医院挂号、就诊、计价、取药等环节也可以使用条码，那么条码技术在医院管理中会带来哪些好处？

任务二 无线射频识别设备的应用

学习目标

知识目标：

① 掌握 RFID 的概念。

② 掌握无线射频识别设备选型的技术参数。

技能目标：

① 合理选择无线射频识别设备。

② 会应用无线射频识别设备。

重点、难点：

① 了解 RFID 系统的组成。

② 会合理选择无线射频识别设备。

知识储备

一、无线射频识别设备的组成

1. 无线射频概述

（1）射频的概念

射频（Radio Frequency，RF），是指可传播的电磁波，每秒变化小 1000 次的交流电为低频电流，大于 10000 次的称为高频电流，而射频就是这样一种高频电流。医学上把频率为 0.5～8MHz 的交流高频电流称为射频电波。

（2）RFID 的概念

无线射频识别技术（Radio Frequency Idenfication，RFID）是一种非接触的自动识别技术，其基本原理是利用射频信号和空间耦合（电感或电磁耦合）或雷达反射的传输特性，实现对被识别物体的自动识别。

2. RFID系统的组成

RFID 系统一般由信号发射机（射频标签）、信号接收机（阅读器）、发射接收天线等部分组成，如图 9-8 所示。

（1）信号发射机

在射频识别系统中，信号发射机为了不同的应用目的，以不同的形式存在，典型的最常用的形式是标签（Tag）。标签相当于条码技术中的条码符号，用来存储需要识别的传输信息，但与条码不同的是，标签必须能够自动或在外力的作用下，把存储的信息主动发射出去。标签一般带有线圈、天线、存储器与控制系统的低电压集成电路。

（2）电子标签分类

① 根据电子标签供电方式的不同，电子标签可以分为有源电子标签（Active Tag）、无源电子标签（Passive Tag）和半无源电子标签（Semi-passive Tag）。有源电子标签内装有电池，无源电子标签没有内装电池，半无源电子标签部分依靠电池工作。

② 根据标签的数据传送方式分为主动式、被动式和半主动式，主动式标签信号传输距离远，使用时受到能量限制：被动式标签具有永久的使用期，识别距离近；半主动式标签只对标签自身内部供电，只有被激活时才传送数据。

③ 根据标签的工作频率（阅读器发送的电磁波所使用的频率）不同可分为低频、高频、超高频和微波。目前主要分为 4 个范围：低频（30～300KHz）、高频（3～30MHz）、超高频（300MHz～3GHz）以及微波（2.45GHz 以上）。常见的工作频率为 13.56MHz、915MHz。

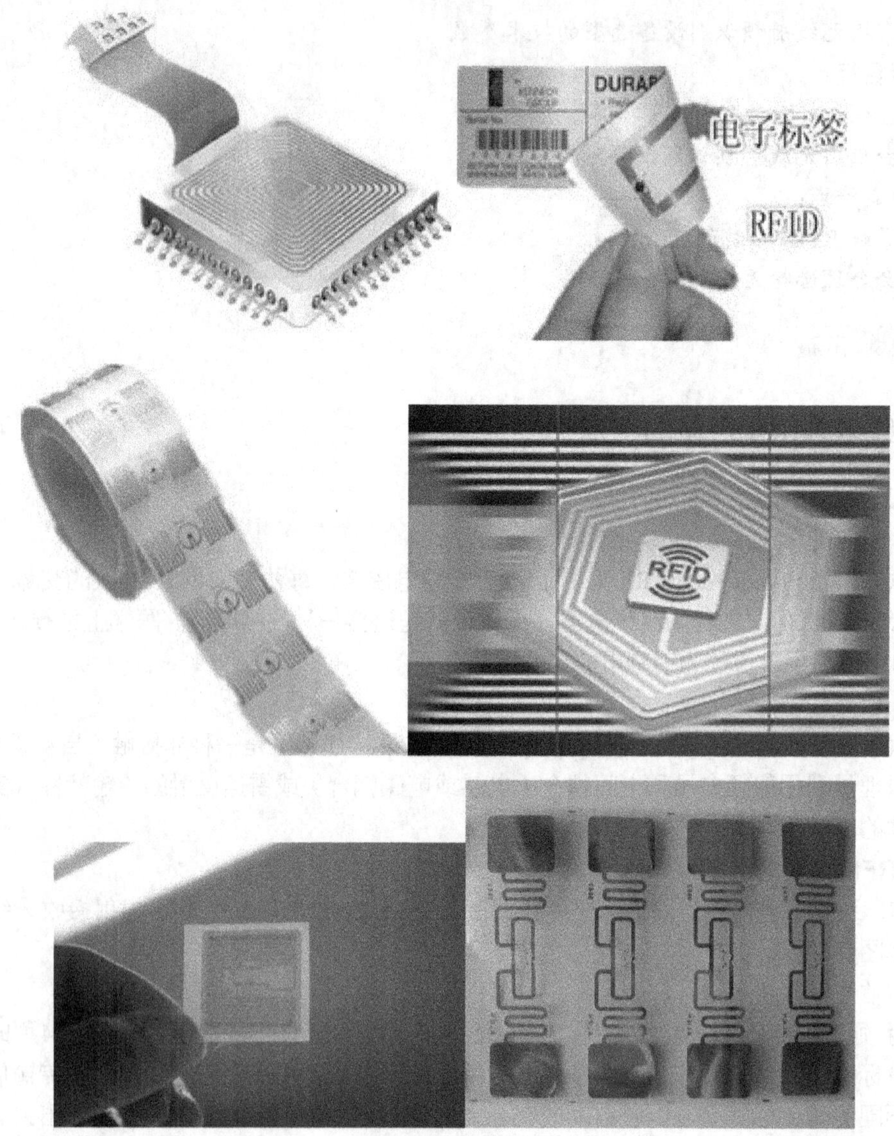

图 9-8　电子标签

④ 根据标签的可读写性分为只读、读写和一次性写入多次读出卡，可根据具体需要来选取电子标签。

⑤ 根据分装形式的不同可分为信用卡标签、线形标签、纸状标签、玻璃管标签、圆形标签及特殊用途的异形标签。

（3）信号接收机（阅读器，也称识读器或读写器）

RFID 阅读器（Reader）的主要任务是控制射频模块向标签发射读取信号，并接收标签的应答，对标签的对象标志信息进行解码，将对象标志信息连带标签上其他相关信息传输到主机以供处理。根据应用不同，阅读器可以是手持式或固定式。当前阅读器成本较高，而且大多只能在单一频率点工作。未来阅读器的价格将大幅降低，并且支持多个频率点，能自动识别不同频率的标签信息。

阅读器的接收范围受到很多因素的影响，如电波频率、标签的尺寸形状、阅读器的能量、金属物体的干扰，以及其他射频装置等。总的来说，低频被动标签的接收距离在 1ft（1ft≈0.30m）以内，高频被动标签的接收距离在 3ft 左右，超高频标签的接收距离在 10～20ft；对于使用电池的半主动和主动标签，阅读器可以接收到 300ft 甚至更远的信号；对于低频和高频，如果标签和阅读器天线的尺寸一样，接收距离可以用天线的直径乘以 1.4 来计算，直径在 30cm 以内的，这条规律都适用。

（4）天线（Antenna）

天线（Antenna）是标签与阅读器之间传输数据的发射、接收装置。在实际应用中除了系统功率，天线的形状和相对位置也会影响数据的发射和接收，需要专业人员对系统的天线进行设计。

二、无线射频识别设备的选型

无线射频设备在选型时应该重点考虑以下技术参数。

1. 识别距离

物流管理中识别距离越大使用越方便，如车辆的运输管理，在无线射频系统中可以通过选配天线增加识别距离。

2. 存储容量

识别标签的存储容量越大，可存储的货物的信息就越多，越方便进行管理。

3. 通信性能

无线射频识别的实质是数据的传递，因此必须保证通信的可靠性，要选择合理的通信模式，以保证一定的数据传输速度，满足实际使用需要。

4. 最大识别数量

最大识别数量是指一次可以最多识别的标签数量，最大识别数量直接影响识别的效率。

5. 能量供应模式

无线射频设备按照能源形式分类可以分为有源系统、无源系统以及半有源系统。有源系统由内部电池供电，系统识别距离长，但体积大、成本高；而无源识别系统体积小、重量轻、寿命长、成本低廉，但是识别距离短；半有源系统标签带有电池，但是只限于标签内部电路使用，并不用于标签发射识别信号。

6. 标准化

目前使用的射频识别设备还没有统一的标准，因此无法实现系统一体化，特别是设备使用的频率等，因此在选用的时候应尽量地选用同一标准，便于系统集成。

7. 系统性

射频识别设备的应用必须考虑整个系统的情况，是否能够和物流系统中的其他环节相结合，否则系统无法形成一个有机的整体，如库存管理中的自动化系统必须考虑和机械设备、信息管理系统的配合。

8. 经济性

射频技术目前没有被大量地采用，其中主要的原因就是成本过高。高于条码 10 倍以上，因此在使用过程中必须综合考虑经济性、效率等方面的因素，才能确定最优的方案。

三、无线射频识别技术的应用

RFID 的应用范围及应用情况如表 9-1 所示。

表 9-1　　RFID 的应用范围及应用情况

应用范围	应用情况
商用	利用无线射频技术，可以为零售业带来包括降低劳动成本、商品的可视度提高、降低因商品断货造成的损失、减少商品被偷窃现象等好处，可应用的过程包括商品的销售数据实时统计、补货、防盗等
交通运输	无线射频识别卡具有交易便捷、快速通过、可靠性高的特点，高速不停车缴费，也可以实现公交车枢纽管理、铁路机车识别等
仓储管理	利用带有自动射频技术识别功能的读取器获得射频标签的数据，并可把数据暂时存放或者直接传送给信息管理系统，用此项技术可以实现仓库的高效管理，有效地解决货物的动态信息管理问题，用于实现自动化的存取货物和库存盘点，增强作业的准确性和快捷性，提高管理质量，降低劳动强度
定位跟踪	射频标签可以存储信息，可以实现商品的信息化管理，对于危险品或者集装箱等通过自动识别可以跟踪记录其运输过程以及使用情况，便于管理
身份识别	无线射频技术由于天生的快速读取与难以伪造，被广泛地应用于个人的身份识别证件。如世界各国开展的电子护照、第二代身份证、银行卡等
图书管理	书店、图书馆、出版社等应用，可以大大减少书籍的盘点和管理时间，可以实现自动租、借、还书等功能
资产管理	无线射频技术可以应用于各类资产（贵重的或数量大相似性高的或危险品等）管理

训练背景

我国的 RFID 标准化工作一直在持续有效地推进，国家层面与地方层面的标准意识都逐渐增强，我国实质性参与国际标准化活动的能力也在不断提升。据悉，我国已承担 45 个 ISO/IEC 技术机构秘书处工作，担任 24 个 ISO/IEC 技术机构主席或副主席职务。前不久，中国的 RFID 标准工作又取得一个重大突破：一项新的集装箱标准——《ISO/PAS18186：集装箱-RFID 货运标签系统》正式成为国际标准化组织（ISO）认可的国际公共规范，这个规范是在物流和物联网领域第一项由我国提出并积极推动制定，由 ISO 正式发布的可公开提供的规范，采用有源 RFID 技术来实现集装箱相关物流数据的自动识别。

训练要求

课堂上对下面问题进行思考或者讨论：

① 你了解 RFID 吗？它有什么作用？

②《ISO/PAS18186：集装箱-RFID 货运标签系统》正式成为国际标准化组织（ISO）认可的国际公共规范，对中国来说有何重大意义？

任务三　认知 GPS 与 GIS 设施设备

知识目标：

① 掌握 GPS 的概念。

② 掌握 GIS 的概念。

③ 掌握 GPS 的组成。

④ 掌握 GIS 的组成。

技能目标：

① 能合理应用 GPS 系统。

② 能合理应用 GIS 系统。

重点、难点：

① 了解 GIS 的功能。

② 能合理应用 GPS、GIS 系统。

知识储备

一、认知GPS设施与设备

1. GPS概述

（1）GPS 概念

GPS（Global Positioning System）即全球定位系统，它是利用卫星星座（通信卫星）、地面控制部分和信号接收机对对象进行动态定位的系统。由于 GPS 能对静态、动态对象进行动态空间信息的获取，能快速、精度均匀、不受天气和时间的限制反馈空间信息。因此，GPS 广泛用于船舶和飞机导航、对地面目标的精确定时和精密定位、地面及空中交通管制、空间与地面灾害监测等。

（2）GPS 功能

① 跟踪车辆、船舶。为了随时掌握车辆和船舶的动态，可以通过地面计算机终端，实时显示出车辆、船舶的实际位置。

② 信息传递和查询。利用 GPS，一方面管理中心可以向车辆、船舶提供相关的气象、交通、指挥等信息；另一方面，也可以将运行中的车辆、船舶的信息传递给管理中心，实现信息的双向交流。

③ 及时报警。利用 GPS，及时掌握运输设备的异常情况，接收求助信息和报警信息，迅速传递到管理中心，从而实施紧急救援。

④ 支持管理。通过 GPS 提供的信息，可以实施运输指挥、实施监控、规划和选择路线，向用户发出到货预报等，有效地支持大跨度物流系统管理。

2. GPS组成

GPS 系统包括三大部分：GPS 卫星（空间部分）、地面支撑系统（地面监控部分）、GPS 接收机（用户部分），如图 9-9 所示。

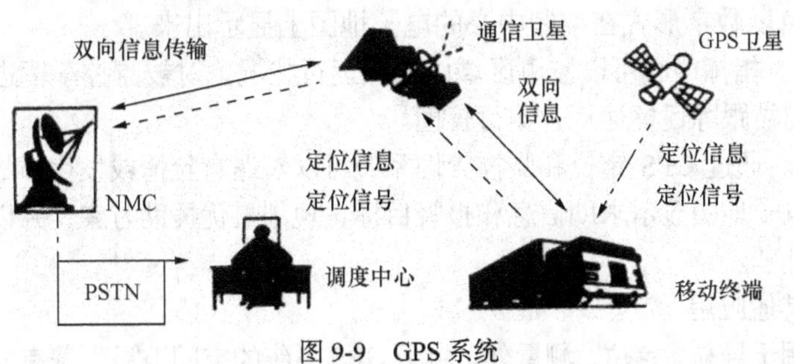

图 9-9 GPS 系统

3. GPS应用

GPS 技术已发展成多领域（陆地、海洋、航空航天）、多模式（GPS、DGPS、LADGPS、WADGPS 等）、多用途（在途导航、精密定位、精确定时、卫星定轨、灾害监测、资源调查、工程建设、市政规划、海洋开发、交通管制等）、多机型（测地型、定时型、手持型、集成型、车载式、船载式、机载式、星载式、弹载式等）的高新技术国际性产业。GPS 的应用领域，上至航空航天器，下至捕鱼、导游和农业生产，已经无所不在，正如人们所说的“今后 GPS 的应用，将只受人类想象力的制约。”

（1）GPS 在道路工程中的应用

GPS在道路工程中的应用，目前主要是用于建立各种道路工程控制网及测定航测外控点等。随着高等级公路的迅速发展，对勘测技术提出了更高的要求，由于线路长、已知点少，因此，用常规测量手段不仅布网困难，而且难以满足高精度的要求。目前，国内已逐步采用 GPS 技术建立线路首级高精度控制网，然后用常规方法布设导线加密。实践证明，在几十公里范围内的点位误差只有 2 厘米左右，达到了常规方法难以实现的精度，同时也大大提前了工期。GPS 技术也同样应用于特大桥梁的控制测量中。由于无需透视，可构成较强的网形，提高点位精度，同时对检测常规测量的支点也非常有效。

（2）GPS 在汽车导航和交通管理中的应用

三维导航是 GPS 的首要功能，飞机、轮船、地面车辆以及步行者都可以利用 GPS 导航器进行导航。汽车导航系统是在全球定位系统 GPS 基础上发展起来的一门新型技术，汽车导航系统由 GPS 导航、自律导航、微处理机、车速传感器、陀螺传感器、CD-ROM 驱动器、LCD 显示器组成。GPS 导航系统与电子地图、无线电通信网络、计算机车辆管理信息系统相结合，可以实现车辆跟踪和交通管理等许多功能。

① 车辆跟踪。利用 GPS 和电子地图可以实时显示出车辆的实际位置，并可任意放大、缩小、还原、换图；可以随目标移动，使目标始终保持在屏幕上；还可以实现多窗口、多车辆、多屏幕同时跟踪。利用该功能可对重要车辆和货物进行跟踪运输。

② 提出出行路线规划和导航。提供出行路线规划是汽车导航系统的一项重要的辅助功能，它包括自动线路规划和人工线路设计。自动线路规划是由驾驶者确定起点和目的地，由计算机软件按要求自动设计最佳行驶线路，包括最快的路线、最简单的路线、通过高速公路路段次数最少的路线的计算。人工线路设计是由驾驶员根据自己的目的地设计起点、终点和途径点等，自动建立路线库。线路规划完毕后，显示器能够在电子地图上显示设计路线，并同时显示汽车运行路径和运行方法。

③ 信息查询。为用户提供主要物标，如旅游景点、宾馆、医院等数据库，用户能够在电子地图上显示其位置，同时。监测中心可以利用监测控制台对区域内的任意目标所在位置进行查询，车辆信息以数字形式在控制中心的电子地图上显示出来。

④ 话务指挥。指挥中心可以监测区域内车辆运行状况，对被监控车辆进行合理调度。指挥中心也可随时与被跟踪目标通话，实行管理。

⑤ 紧急救助。通过 GPS 定位和监控管理系统可以对遇有险情或发生事故的车辆进行紧急援助。监控台的电子地图显示求助信息和报警目标，规划最优援助方案，并以报警声光提醒值班人员进行应急处理。

（3）GPS 的其他应用

GPS 除了应用于导航、定位、测量外，由于 GPS 系统的空间卫星上载有的精确时钟可以发布时间和频率信息，因此，以空间卫星上的精确时钟为基础，在地面监测站的监控下，传送精确时间和频率是 GPS 的另一重要应用，应用该功能可进行精确时间或频率的控制，可为许多工程实验服务。此外，还可利用 GPS 获得气象数据，为某些实验和工程应用。

二、分析GIS的组成要素

1. GIS概述

（1）GIS 概念

GIS（Geographic Informatuon System）即地理信息系统，它是以空间地理数据为基础，采用地理模型分析方法，适时地提供多种空间的和动态的地理信息，是一种为地理研究和地理决策服务的计算机技术系统。其主要特征是存储、管理、分析和位置有关的信息。

（2）GIS 功能

一个 GIS 软件系统应具备五项基本功能，即数据输入、数据编辑、数据存储与管理、空间查询与分析、可视化表达与输出，如图 9-10 所示。

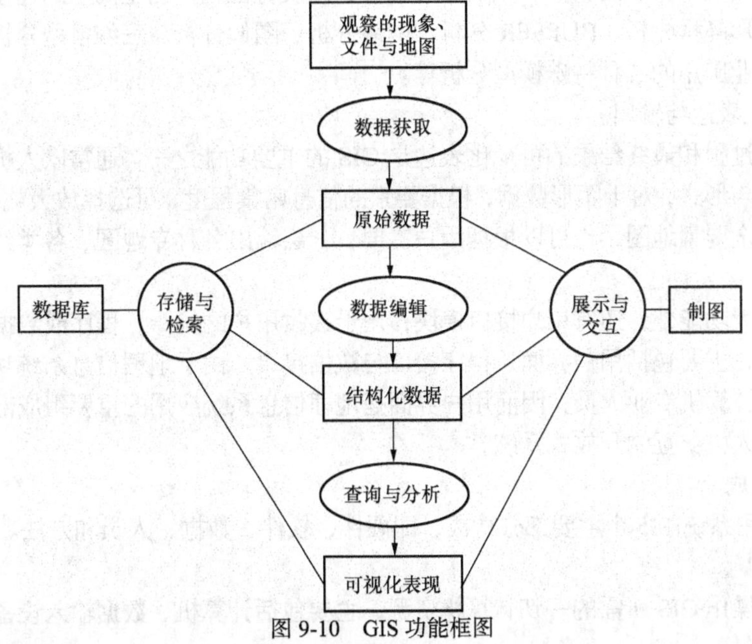

图 9-10　GIS 功能框图

① 数据输入。

数据输入是建立地理数据库必需的过程。数据输入功能指将地图数据、物化遥感数据、统计数据和文字报告等输入、转换成计算机可处理的数字形式的各种功能。对多种形式、多种来源的信息，可实现多种方式的数据输入，如图形数据输入、栅格数据输入、GPS 测量数据输入、属性数据输入等。用于地理信息系统空间数据采集的主要技术有两类，即使用数字化仪的手扶跟踪数字化技术和使用扫描仪的扫描技术。手扶跟踪数字化曾在相当长的时间内是空间数据采集的主要方式。扫描数据的自动化编辑与处理是空间数据采集技术研究的重点，随着扫描仪技术性能的提高及扫描处理软件的完善，扫描数字化技术的使用越来越普遍。

② 数据编辑。

数据编辑主要包括图形编辑和属性编辑。属性编辑主要与数据库管理结合在一起完成，图形编辑主要包括拓扑关系建立、图形编辑、图形整饰、图幅拼接、图形变换、投影变换、误差校正等功能。

③ 数据的存储与管理。

数据的有效组织与管理，是 GIS 系统应用成功与否的关键。主要提供空间与非空间数据的存储、查询检索、修改和更新的能力。矢量数据结构、光栅数据结构、矢栅一体化数据结构是存储 GIS 的主要数据结构。数据结构的选择在相当程度上决定了系统所能执行的功能。数据结构确定后，在空间数据的存储与管理中，关键是确定应用系统空间与属性数据库的结构以及空间与属性数据的连接。目前广泛使用的 GIS 软件大多数采用空间分区、专题分层的数据组织方法，用 GIS 管理空间数据，用关系数据库管理属性数据。

④ 空间查询与分析。

空间查询与分析是 GIS 的核心，是 GIS 最重要的和最具有魅力的功能，也是 GIS 有别于其他信息系统的本质特征。地理信息系统的空间分析可分为三个层次的内容。空间检索：包括从空间位置检索空间物体及其属性、从属性条件检索空间物体；空间拓扑叠加分析：实现空间特征（点、线、面或图像）的相交、相减、合并等，以及特征属性在空间上的连接；空间模型分析：如数字地形高程分析、BUFFER 分析、网络分析、图像分析、三维模型分析、多要素综合分析及面向专业应用的各种特殊模型分析等。

⑤ 可视化表达与输出。

中间处理过程和最终结果的可视化表达是 GIS 的重要功能之一。通常以人机交互方式来选择显示的对象与形式，对于图形数据，根据要素的信息密集程度，可选择放大或缩小显示。GIS 不仅可以输出全要素地图，也可以根据用户需要，分层输出各种专题图、各类统计图、图表及数据等。

除上述五大功能外，还有用户接口模块，用于接收用户的指令、程序或数据，是用户和系统交互的工具，主要包括用户界面、程序接口与数据接口。由于地理信息系统功能复杂，且用户又往往为非计算机专业人员，因而用户界面是地理信息系统应用的重要组成部分，它使地理信息系统成为人机交互的开放式系统。

2. GIS组成

GIS 的应用系统由 5 个主要部分构成，即硬件、软件、数据、人员和方法。

（1）硬件

硬件是指操作 GIS 所需的一切计算机资源，主要包括计算机、数据输入设备、数据输出设备和存储设备。

① 计算机主要是指工作站、微机、便携式计算机等。

② 数据输入设备主要包括数字化仪、扫描仪等。

③ 数据输出设备包括图表终端、绘图仪、打印机、硬拷贝设备等。

④ 存储设备包括磁带机、光盘机等。

（2）软件

软件是指 GIS 运行所必需的各种程序，主要包括操作系统软件、数据输入软件、数据查询和分析软件、图像处理软件、网络管理软件和信息输出软件。

① 数据输入软件包括基于矢量的地图数字化与编辑软件和基于栅格的地图影像扫描软件两种。

② 数据查询和分析软件主要包括图形数据查询软件和非空间数据查询软件两种。

③ 图像处理软件主要包括影像增强、分类、识别和分析软件。

④ 网络管理软件主要用于实现 GIS 网络数据和设备的管理，包括多用户数据库的数据管理、网络活动的监视、网络问题的诊断、打印和绘图管理等功能。

⑤ 信息输出软件主要包括图表显示、表格显示、栅格影像的生成和显示、生成硬拷贝的地图和报表、按照比例尺输出和显示地图、曲线和图表的生成等功能。

（3）数据

GIS 应用系统必须建立在准确合理的地理数据基础上。数据来源包括室内数字化和野外采集以及其他数据的转换。数据包括空间数据和属性数据，空间数据的表达可以采用栅格和矢量两种形式。空间数据表现了地理空间实体的位置、大小、形状、方向以及几何拓扑关系。

（4）人员

人员主要包括从事设计、开发和维护 GIS 系统的技术专家和使用改造系统并解决专业领域任务的领域专家。一个 GIS 系统的运行班子应由项目负责人、信息技术专家、应用专业领域技术专家、若干程序员和操作员组成。

（5）方法

方法主要是指空间信息系统的综合分析方法，即常说的应用模型。它是在对专业领域的具体对象与过程进行大量研究的基础上总结出的规律的表示。

3. GIS应用

（1）测绘与地图绘图

GIS 系统技术源于机助制图，地理信息系统（GIS）技术与遥感（RS）、全球定位系统（GPS）技术在测绘界的广泛应用，为测绘与地图制图带来了一场革命性的变化，集中体现在：地图数据获取与成图的技术流程发生根本的改变，地图的成图周期大大缩短，地图成图精度大幅度提高，地图的品种大大丰富。数字地图、网络地图、电子地图等一批崭新的地图形式为广大用户带来了巨大的应用便利。测绘与地图制图进入了一个崭新的时代。

（2）资源管理

资源管理是 GIS 系统最基本的职能，这时系统的主要任务是将各种来源的数据汇集在一起，并通过系统的统计和覆盖分析职能，按多种边界和属性条件，提供区域多种条件组合形式的资源统计和进行原始数据的快速再现。以土地利用类型为例，可以输出不同土地利用类型的分布和面积，按不同时期的土地利用变化等，为资源的合理利用、开发和科学管理提供依据。再如，美国资源部和威斯康星州合作建立了以治理土壤侵蚀为主要目的的多用途专用的土地 GIS，该系统通过收集耕地面积、湿地分布面积、季节性洪水覆盖面积、土壤类型、专题图件信息、卫星遥感数据等信息，建立了潜在威斯康星地区的土壤侵蚀模型。据此，探讨了土壤恶化的机理，提出了合理的改良土壤方案，达到了保护土壤资源的目的。

（3）城乡规划

城市与区域规划中要处理许多不同性质和不同特点的问题，它涉及资源、环境、人口、交通、经济、教育、文化、金融等多个地理变量和大量数据。GIS 系统的数据库管理有利于将这些数据信息归并到统一系统中，最后进行城市与区域多目标的开发和规划，包括城镇总体规划、城市建设用地适宜性评价、环境质量评价、道路交通规划、公共设施配置，以及城市环境的动态监测等。这些规划功能的实现，是以 GIS 系统的空间搜索方法、多种信息的叠加处理和一系列分析软件（回归分析、投入产出计算、模糊加权评价、0-1 规划模型、系统动力学模型等）加以保证的。我国大城市数据居于世界前列，根据加快中心城市的规划建设、加强城市建设决策科学化的要求，利用 GIS 系统作为城市规划、管理和分析的工具，具有十分重要的建设意义。

例如，北京某测绘部门以北京市大比例尺地形图为基础图形数据，在此基础上综合叠加地下及地面的八大管线（包括上水、污水、电力、通信、燃气、工程管线）以及测量控制网、规划路等基础测绘信息，形成一个测绘数据的城市地下管线信息系统，从而实现了对地下管线信息的全面的现代化管理，为城市规划设计与管理部门、市政工程设计与管理部门、城市交通部门与道路建设部门等提供地下管线及其他测绘部门的查询服务。

（4）灾害监测

利用GIS系统，借助遥感遥测的数据，可以有效地用于森林灾害的预测预报、洪水灾情监测和洪水淹没损失的估算，为救灾抢险和防洪决策提供及时准确的信息。1994年的美国洛杉矶大地震，就是利用ARC/INFO进行灾后应急决策支持，成为大都市利用GIS技术建立防震减灾系统的成功案例。通过对横滨大地震的震后影响做出评估，建立各类数字地图库，如地质、断层、倒塌建筑等图库，把各类图层进行叠加分析得出对应有价值的信息，使有关机构可以对像神户一样的大都市大地震作出快速响应，最大限度地减少伤亡和损失。再如，据我国大兴安岭地区的研究表明，通过普查分析森林火灾实况，统计分析十几万个气象数据，从中筛选出气温、风速、降水、温度等气象要素，春、秋两季植被生长情况和积雪覆盖程度等14个因子，用模糊数学方法建立数学模型，建立微机信息系统的多因素的综合指标森林火灾预报方法，对预报火险等级的准确率可达73%以上。

（5）环境保护

利用GIS技术建立城市环境监测、分析及预报信息系统；为实现环境监测与管理的科学化自动化提供最基本的条件；在区域环境质量现状评价过程中，利用GIS技术的辅助，实现对整个区域的环境质量进行客观、全面的评价，以反映出区域中受污染的程度以及空间分布状态；在野生动植物保护中，世界野生动物基金会采用GIS空间分析功能，帮助世界最大的猫科动物改变它目前濒于灭种的境地。上述各方面都取得了很好的应用效果。

（6）国防

现代战争的一个基本特点就是“3S”技术被广泛地运用到从战略构思到战术安排的各个环节，它往往在一定程度上决定了战争的成败。如海湾战争期间，美国国防制图局为战争的需要在工作站上建立了GIS与遥感的集成系统，它能用自动影像匹配和自动目标识别技术，处理卫星和高空侦察机实时获得的战场数字影像，及时地将反映战场现状的正射影影像叠加到数字地图上，数据直接传送到海湾前线指挥部和五角大楼，为军事决策提供24小时的实时服务。

（7）宏观决策支持

GIS系统利用拥有的数据库，通过一系列决策模型的构建和比较分析，为国家宏观决策提供依据。例如，系统支持下的土地承载力的研究，可以解决土地资源与人口容量的规划；我国在三峡地区研究中，通过利用GIS系统和机助制图的方法，建立环境监测系统，为三峡宏观决策提供了建库前后环境变化的数量、速度和演变趋势等可靠的数据。

总之，GIS系统正越来越成为国民经济各有关领域必不可少的应用工具，相信它的不断成熟与完善将为社会的进步与发展做出更大的贡献。

任务训练

训练背景

北京市目前已成为全国拥有汽车数量最多的城市，汽车成为犯罪分子侵害的重点目标。据调查显示，北京市被盗车辆中装有防盗装置的占 68.8%，但近 10 年来汽车盗窃案却上升了 8 倍，可见当前的汽车防盗窃手段在犯罪分子面前不堪一击，解决汽车反劫防盗问题迫在眉睫。

最新的汽车反劫防盗系统是在汽车上装配一台能发出信号的 GPS 终端设备，一旦汽车被盗或出现异常，指挥中心可立即通过 GPS 全球卫星定位系统，接收终端设备信号，确定汽车实时地理位置和多方面的信息，配合各方面力量及网络优势追回汽车。同时能熄灭发动机，使汽车不能行驶。

训练要求

课堂上对下面问题进行思考或者讨论：

① 分析 GPS 技术在交通管理中所起到的作用。

② GPS 技术如何实现对车辆的定位？

任务四　POS 设备的应用

知识目标：

① 掌握 POS 机的概念。

② 掌握 POS 机的特点。

③ 掌握 POS 机的组成。

④ 掌握 POS 机的类型。

技能目标：

能合理选择 POS 机。

重点、难点：

能合理选择和应用 POS 机。

知识储备

一、认知POS机

1. POS机的概念

POS 是英文 Point of Sale 的缩写，是指销售点终端，它是配有条码（Bar Code）或 OCR 码（光字符码）的终端阅读器，也称为收银机、收款机、电子收款机。POS 机广泛用于零售业和服务业的交易处理和记录，如在银行、百货商店、超市、服装行业、医药行业（医院、药店）、娱乐等产生消费的场所都需要用到 POS 机。

2. POS机的特点

（1）分门别类管理

POS 系统的分门别类管理不仅针对商品，而且还可以针对员工和客户。

① 单品管理。零售业的单品管理是指对店铺陈列展示销售的商品以单个商品为单位进行销售跟踪和管理的方法。由于 POS 信息即时准确地记录单个商品的销售信息，因此 POS 系统的应用使高效率的单品管理成为可能。

② 员工管理。员工管理是指通过 POS 终端机上的计时器的记录，依据每个员工的出勤状况、销售状况（以月、周、日甚至时间段为单位）进行考核管理。

③ 客户管理。客户管理是指在客户购买商品结账时，通过收银机自动读取零售商发行的客户 ID 卡或客户信用卡来把握每个客户的购买品种和购买额，从而对客户进行分类管理。

（2）自动读取销售时点信息

在客户购买商品结账时 POS 系统通过扫描读数仪自动读取商品标签上的信息，在销售商品的同时获得实时的销售信息是 POS 系统的最大特征。

（3）集中管理信息

在各个 POS 终端获得的销售时点信息以在线连接方式汇总到企业总部，与其他部门发送的有关信息一起由总部的信息系统加以集中并进行分析加工，如把握畅销商品和滞销商品以及新商品的销售倾向，对商品销售量和销售价格、销售量和销售时间之间的关系进行相关分析，对商品上架陈列方式、促销方法、促销期间、竞争商品的影响进行相关分析，并集中管理等。

（4）连接供应链的有力工具

供应链的参与各方合作的主要领域之一是信息共享，而销售时点信息是企业经营中最重要的信息之一，通过它能及时把握客户的需要信息，供应链的参与各方可以利用销售时点信息并结合其他信息来制订企业的经营计划和市场营销计划。目前，领先的零售商正在与制造商共同开发一个完全的物流系统——联合预测和库存补充系统 CFAR（Collaboration Forecasting and Replenishment），该系统不仅分享 POS 信息，而且一起联合进行市场预测，分享预测信息。

二、分析POS机的基本组成

POS 机的基本结构包括主机与外部设备，其中主机的结构和普通电子计算机类似，POS 机的外部设备包括条码识别设备、票据打印机、顾客显示屏、显示器、专用机箱、编程键盘、磁卡阅读器以及收银钱箱。下面介绍 POS 机的主要外部设备。

1. 票据打印机

票据打印机是打印收款小票的打印设备，由于小票打印内容简单，打印质量要求不高，且颜色种类唯一，因此只对打印速度有一定的要求。目前使用的主要是针式打印机和热敏式打印机两种，针式打印机与常用的计算机打印机设备原理相同。热敏式打印机小巧轻便，易装纸，结构合理，使用维护简便；打印质量高，低噪声高速打印；内置数据缓冲器（打印时可以接收打印数据）；具有过高温度时自动中断打印的保护功能；同时能够提供串口、并口的选择，功耗小，运行成本低。

2. 顾客显示屏

顾客显示屏是顾客观察相关信息的显示设备。由于 POS 机只要求显示价格、数量等常用信息，因此没有图形显示要求，对显示装置的显示面积也没有特殊要求。常用顾客显示屏一般由 10 位 VFD 真空管显示，并提供“多谢惠顾”、动态线、单价、总计、收款、找零等多种中文彩色字符显示，可接受指令后向钱箱输出驱动指令打开钱箱，并可以上下、前后、左右调节，为顾客提供舒适的视觉角度，适合商场超市、医院、机场、车站、邮电部门、水电部门、银行等收费窗口使用。

3. 识别设备

① 条码识别设备。POS 机常用的条码识别设备有激光或 CCD 型手持条码阅读器和激光卧式条码阅读器两种，对于作业不频繁的场合可以选用成本较低的激光或 CCD 型手持条码阅读器。

② 磁卡阅读器。用于读取磁卡上的信息，可以实现实时查询。磁卡阅读器可读两轨或三轨的数据。

③ IC 卡机或 IC 卡阅读器。IC 卡机可以记录信息，并且可以实时修改信息；IC 卡阅读器可以读入卡上的信息，并将新的信息写到 IC 卡上，或利用 IC 卡存储的运算方式进行运算。

④ 与银行联网的授权机。通过读入由银行发行的各种信用卡的卡号，实时查询银行系统，以得到银行的授权。

4. 通信设备

通信设备是实现 POS 机与外部设备信息通信的设备，目前主要是通过网络实现，常用的通信设备包括通信卡、MODEM、无线网络设备等。

三、认知POS机的配置

POS 机形式多样，要结合具体的使用情况进行选择，应重点考虑以下几个因素。

1. 功能

随着技术的进步，POS 机的功能越来越全面，如验货功能等，但是功能强的 POS 机其价格比较昂贵，因此要根据实际需要选择合理的设备，如小型超市完全可以采用成本比较低的手持式激光条码识别设备，且无需配有磁卡识别设备。

2. 效率

POS 机主要作为使用频率比较高的结算终端使用，只有较高的作业效率才能满足使用要求，如条码识别效率。在大型的超市一般都采用固定式的全方位条码扫描设备，以减轻劳动强度，提高作业的自动化程度，以提高效率。

3. 接口类型

POS 机与普通计算机类似，有多个外设接口，因此在选择时要注意接口类型，特别是键盘、打印设备以及网络通信设备与主机之间的接口。

4. 信息处理能力

信息处理能力除考虑处理速度外，还应重视信息处理的功能类型。为适应现代物流一体化发展趋势，POS 机除具备传统的总额结算外，还应具有简单的统计功能，便于管理者了解整个系统的运作情况，为合理决策提供有力的参考依据。

5. 安全性

POS 机的安全性包括现金的安全以及信息的安全两个方面的内容。POS 机有专用的钱箱，并有钥匙控制，一般分为普通收银员级、收银主管级、经理级、系统操作员级，每个级别都有不同的权限。

四、分析POS终端的类型

POS 终端分为 3 种类型：简易授权型专用终端、转账终端和收银式 POS。

1. 简易授权型专用终端

简易授权型专用终端包括读卡器、键盘、显示器和内置Model（调制解调器），起沟通银行主机和持卡人的作用。这种终端操作简单，能有效防止人工输入，自动查找黑名单；通过自动拨号即可将磁卡上的资料及键盘输入的金额送往银行主机，银行主机处理后授权进行交易，通过联机方式提高系统的可靠性和保密性。实际上用户（持卡人和特约商户）是通过这种类型的终端直接跟银行主机进行交易。POS终端主要起到信息传输的作用，所以这种终端重点在其网络部分。

2. 转账终端

转账终端除用作信用卡授权以外，还具有查询余额、转账、冲正、清算等多种功能。转账终端一般带有密码键盘和收据打印机，比起授权终端，保密性和灵活性提高了许多，目前转账终端正逐渐代替授权终端。

3. 收银式POS

收银式POS系统框架图如图9-11所示。

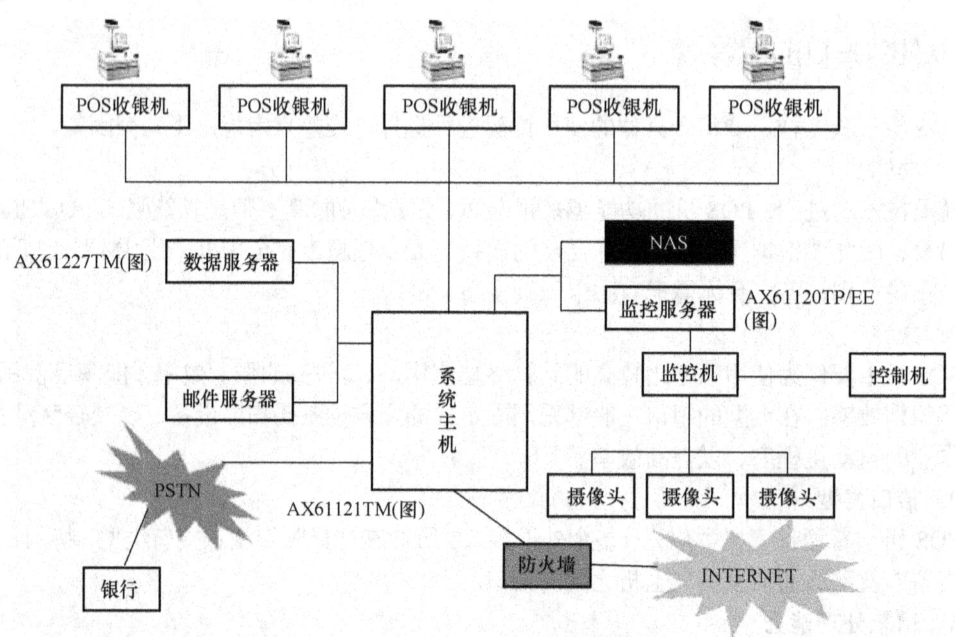

图9-11　收银式POS系统框架图

五、POS系统的构成与应用

POS系统包含前台POS系统和后台MIS系统两大基本部分。

在商场完善前台POS系统的同时，也应建立商场管理信息系统MIS（Management Information System，实际是POS系统网络的后台管理部分）。这样，在商品销售的过程中任一时刻，商品的经营决策者都可以通过MIS了解和掌握POS系统的经营情况，实现商场库存商品的动态管理，使商品的存储量保持在一个合理的水平，减少了不必要的库存。

1. 前台POS系统

前台POS系统是指通过自动读取设备（主要是扫描器），在销售商品时直接读取商品销售信息（如商品名称、单价、销售数量、销售时间、销售店铺、购买客户等），实现前台销售业务的自动化，对商品交易进行实时服务和管理，并通过通信网络和计算机系统传送至后台。通过后台计算机系统的计算、分析与汇总等掌握商品销售的各项信息，为企业管理者分析经营成果、制定经营方针提供依据，以提高经营效率。

2. 后台MIS系统

后台 M1S 系统又称管理信息系统。它负责整个商场进、销、调、存系统的管理以及财务管理、库存管理、考勤管理分析统计各种销售报表，快速准确地计算成本与毛利，也可以对售货员、收款员业绩进行考核，是员工分配工资、奖金的客观依据。因此，商场现代化管理系统中前台 POS 与后台 MIS 是密切相关的，两者缺一不可。

任务训练

训练背景

央行关于逐步关闭金融 IC 卡降级交易的通知：根据央行的安排，截至 2014 年年末，银行系统布放的 POS 及 ATM 机，其中 99%的终端已可受理金融 IC 卡，因此关闭降级交易的时机已经成熟。

所谓的金融 IC 卡降级交易，就是指芯片卡不使用芯片，而使用磁条来完成交易。过去由于 ATM、POS 机等受理终端尚未全部改造，为了方便持卡人，银行所发行的芯片银行卡多为芯片、磁条“二合一”卡——既有芯片，也有磁条，两者都可以用来交易。但这也带来了一个问题：不法分子可以窃取“二合一”卡的密码，制作伪卡用来盗刷，这样芯片加密能力强、难被伪造的优势就无法发挥。

此次关闭降级交易，就是银行将拒绝持卡人使用磁条发起的交易，只认芯片。

训练要求

课堂上对下面问题进行思考或者讨论：

毫无疑问，这个决定势必对遏制银行卡犯罪带来较好的效果，同时也给第三方支付收单机构及未来 POS 市场格局带来了较大的影响，请问：

① 使用 POS 机会带来哪些便利？

② 此次央行的决定会带来哪些影响呢？

任务五　云技术与物联网等在物流领域的应用

学习目标

知识目标：

① 掌握云计算的概念。

② 掌握物联网的概念。

技能目标：

能利用云计算和物联网进行物流设备的管理。

重点、难点：

能利用云计算和物联网进行物流设备的管理。

一、认知云技术及其应用

1. 云技术的概念

云技术（Cloud Technology）就是利用高速互联网的传输能力，将用户所有的数据和服务（各类软件）都放在“网络云”（大型数据处理中心）中，用户只要有一个上网的终端就可以了。云技术将各种各样的终端（如个人电脑、手机、电视等）进行连接，为用户提供广泛、主动、高度个性化的服务。

云技术是基于云计算商业模式应用的网络技术、信息技术、整合技术、管理平台技术、应用技术等的总称，可以组成资源池，按需所用，灵活便利。“云”这个名词可能是借用了量子物理中的“电子云”（Electron Cloud），强调说明计算的弥漫性、无所不在的分布性和社会性特征。

2. 云计算的概念

云计算（Cloud Computing），分布式计算技术的一种，其最基本的概念，是透过网络将庞大的计算处理程序自动分拆成无数个较小的子程序，再交由多部服务器所组成的庞大系统经搜寻、计算分析之后将处理结果回传给用户。

透过这项技术，网络服务提供者可以在数秒之内，达成处理数以千万计甚至亿计的信息，达到和“超级计算机”同样强大效能的网络服务。云计算技术体系结构分为4层：物理资源层、资源池层、管理中间件层和SOA构建层，如图9-12所示。物理资源层包括计算机、存储器、网络设施、数据库和软件等。资源池层是将大量相同类型的资源构成同构或接近同构的资源池，如计算资源池、数据资源池等。构建资源池更多是物理资源的集成和管理工作，

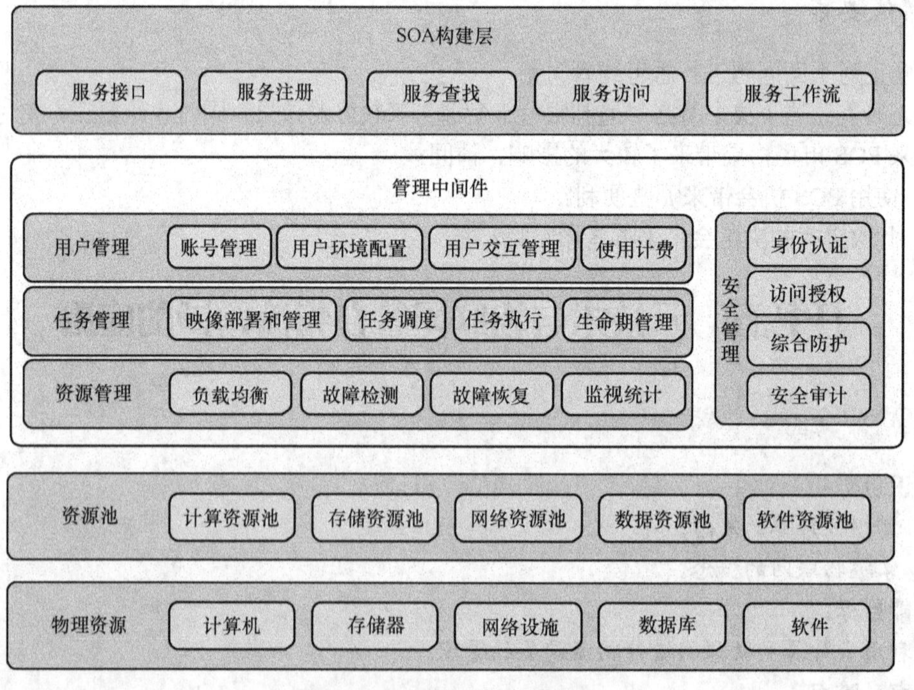

图9-12　云计算技术体系结构

例如，研究在一个标准集装箱的空间如何装下 2000 个服务器，解决散热和故障节点替换的问题并降低能耗；管理中间件负责对云计算的资源进行管理，并对众多应用任务进行调度，使资源能够高效、安全地为应用提供服务。SOA 构建层将云计算能力封装成标准的 Web Services 服务，并纳入到 SOA 体系进行管理和使用，包括服务注册、查找、访问和构建服务工作流等。管理中间件和资源池层是云计算技术的最关键部分，SOA 构建层的功能更多依靠外部设施提供。

3. 云计算的关键技术

（1）虚拟化技术

虚拟化技术是指计算元件在虚拟的基础上而不是真实的基础上运行，它可以扩大硬件的容量，简化软件的重新配置过程，减少软件虚拟机相关开销和支持更广泛的操作系统。通过虚拟化技术可实现软件应用与底层硬件相隔离，它包括将单个资源划分成多个虚拟资源的裂分模式，也包括将多个资源整合成一个虚拟资源的聚合模式。虚拟化技术根据对象可分成存储虚拟化、计算虚拟化、网络虚拟化等。计算虚拟化又分为系统级虚拟化、应用级虚拟化和桌面虚拟化。在云计算实现中，计算系统虚拟化是一切建立在“云”上的服务与应用的基础。虚拟化技术主要应用在 CPU、操作系统、服务器等多个方面，是提高服务效率的最佳解决方案。

（2）分布式海量数据存储

云计算系统由大量服务器组成，同时为大量用户服务，因此云计算系统采用分布式存储的方式存储数据，用冗余存储的方式（集群计算、数据冗余和分布式存储）保证数据的可靠性。冗余的方式通过任务分解和集群，用低配机器替代超级计算机的性能来保证低成本，这种方式保证分布式数据的高可用、高可靠和经济性，即为同一份数据存储多个副本。

（3）海量数据管理技术

云计算需要对分布的、海量的数据进行处理、分析，因此，数据管理技术必需能够高效的管理大量的数据。由于云数据存储管理形式不同于传统的 RDBMS 数据管理方式，如何在规模巨大的分布式数据中找到特定的数据，也是云计算数据管理技术所必须解决的问题。同时，由于管理形式的不同造成传统的 SQL 数据库接口无法直接移植到云管理系统中来。另外，在云数据管理方面，如何保证数据安全性和数据访问高效性也是研究关注的重点问题之一。

（4）编程方式

云计算提供了分布式的计算模式，客观上要求必须有分布式的编程模式。云计算采用了一种思想简洁的分布式并行编程模型 Map-Reduce。Map-Reduce 是一种编程模型和任务调度模型。主要用于数据集的并行运算和并行任务的调度处理。在该模式下，用户只需要自行编写 Map 函数和 Reduce 函数即可进行并行计算。其中，Map 函数中定义各节点上运用分块数据的处理方法，而 Reduce 函数中定义中间结果的保存方法以及最终结果的归纳方法。

（5）云计算平台管理技术

云计算资源规模庞大，服务器数量众多并分布在不同的地点，同时运行着数百种应用，如何有效地管理这些服务器，保证整个系统提供不间断的服务是巨大的挑战。云计算系统的平台管理技术能够使大量的服务器协同工作，方便地进行业务部署和开通，快速发现和恢复系统故障，通过自动化、智能化的手段实现大规模系统的可靠运营。

4. 云计算的应用

云计算在中国主要行业应用还仅仅是“冰山一角”，但随着本土化云计算技术产品、解决方案的不断成熟，云计算理念的迅速推广普及，云计算必将成为未来中国重要行业领域的主流

IT 应用模式，为重点行业用户的信息化建设与 IT 运营维护管理工作奠定核心基础。

（1）医药医疗领域

医药企业与医疗单位一直是国内信息化水平较高的行业用户，在“新医改”政策推动下，医药企业与医疗单位将对自身信息化体系进行优化升级，以适应医改业务调整要求，在此影响下，以“云信息平台”为核心的信息化集中应用模式将孕育而生，逐步取代各系统分散为主体的应用模式，进而提高医药企业的内部信息共享能力与医疗信息公共平台的整体服务能力。

（2）制造领域

随着“后金融危机时代”的到来，制造企业的竞争将日趋激烈，企业在不断进行产品创新、管理改进的同时，也在大力开展内部供应链优化与外部供应链整合工作，进而降低运营成本、缩短产品研发生产周期。未来云计算将在制造企业供应链信息化建设方面得到广泛应用，特别是通过对各类业务系统的有机整合，形成企业云供应链信息平台，加速企业内部“研发—采购—生产—库存—销售”信息一体化进程，进而提升制造企业竞争实力。

（3）金融与能源领域

金融、能源企业一直是国内信息化建设的“领军性”行业用户，在未来 3 年里，中石化、中保、农行等行业内企业信息化建设已经进入“IT 资源整合集成”阶段，在此期间，需要利用“云计算”模式，搭建基于 IAAS 的物理集成平台，对各类服务器基础设施应用进行集成，形成能够高度复用与统一管理的 IT 资源池，对外提供统一硬件资源服务。同时在信息系统整合方面，需要建立基于 PAAS 的系统整合平台，实现各异构系统间的互联互通。因此，云计算模式将成为金融、能源等大型企业信息化整合的“关键武器”。

（4）电子政务领域

未来，云计算将助力中国各级政府机构“公共服务平台”建设，各级政府机构正在积极开展“公共服务平台”的建设，努力打造“公共服务型政府”的形象。在此期间，需要通过云计算技术来构建高效运营的技术平台，其中包括：利用虚拟化技术建立公共平台服务器集群，利用 PAAS 技术构建公共服务系统等方面，进而实现公共服务平台内部可靠、稳定的运行，提高平台不间断服务能力。

（5）教育科研领域

未来，云计算将为高校与科研单位提供实效化的研发平台。云计算应用已经在清华大学、中科院等单位得到了初步应用，并取得了很好的应用效果。在未来，云计算将在我国高校与科研领域得到广泛的应用普及，各大高校将根据自身研究领域与技术需求建立云计算平台，并对原来各下属研究所的服务器与存储资源加以有机整合，提供高效可复用的云计算平台，为科研与教学工作提供强大的计算机资源，进而大大提高研发工作效率。

二、认知物联网及其应用

1. 物联网概念

通过射频识别（RFID）、红外感应器、全球定位系统、激光扫描器、气体感应器等信息传感设备，按约定的协议，把任何物品与互联网连接起来，进行信息交换和通信，以实现智能化识别、定位、跟踪、监控和管理的一种网络。简而言之，物联网就是“物物相连的互联网”。

这有两层意思：其一，物联网的核心和基础仍然是互联网，是在互联网基础上的延伸和扩展的网络；其二，其用户端延伸和扩展到了任何物品与物品之间，进行信息交换和通信，也就是物物相息。物联网通过智能感知、识别技术与普适计算等通信感知技术，广泛应用于网络的融合中，也因此被称为继计算机、互联网之后世界信息产业发展的第三次浪潮。物联网是互联网的应用拓展，与其说物联网是网络，不如说物联网是业务和应用。

2. 关键技术

在物联网应用中有 3 项关键技术。

（1）传感器技术

这也是计算机应用中的关键技术。大家都知道，到目前为止绝大部分计算机处理的都是数字信号。自从有计算机以来就需要传感器把模拟信号转换成数字信号计算机才能处理。

（2）RFID 标签

也是一种传感器技术，RFID 技术是融合了无线射频技术和嵌入式技术为一体的综合技术，RFID 在自动识别、物品物流管理方面有着广阔的应用前景。

（3）嵌入式系统技术

是综合了计算机软硬件、传感器技术、集成电路技术、电子应用技术为一体的复杂技术。经过几十年的演变，以嵌入式系统为特征的智能终端产品随处可见：小到人们身边的 MP3，大到航天航空的卫星系统。嵌入式系统正在改变着人们的生活，推动着工业生产以及国防工业的发展。如果把物联网用人体做一个简单比喻，传感器相当于人的眼睛、鼻子、皮肤等感官，网络就是神经系统用来传递信息，嵌入式系统则是人的大脑，在接收到信息后要进行分类处理。这个例子很形象地描述了传感器、嵌入式系统在物联网中的位置与作用。

3. 应用模式

根据其实质用途，物联网可以归结为两种基本应用模式。

（1）对象的智能标签

通过 NFC、二维码、RFID 等技术标志特定的对象，用于区分对象个体，如在生活中我们使用的各种智能卡，条码标签的基本用途就是用来获得对象的识别信息。此外通过智能标签还可以用于获得对象物品所包含的扩展信息，如智能卡上的金额余额，二维码中所包含的网址、名称等。

（2）对象的智能控制

物联网基于云计算平台和智能网络，可以依据传感器网络用获取的数据进行决策，改变对象的行为进行控制和反馈。例如，根据光线的强弱调整路灯的亮度，根据车辆的流量自动调整红绿灯间隔等。

4. 物联网的用途

物联网用途广泛，遍及智能交通、环境保护、政府工作、公共安全、平安家居、智能消防、工业检测、老人护理、个人健康、花卉栽培、水系监测、食品溯源、敌情侦察和情报收集等多个领域。

（1）与场站系统相结合

物联网传感器产品已率先在上海浦东国际机场防入侵系统中得到应用。系统铺设了 3 万多个传感节点，覆盖了地面、栅栏和低空探测，可以防止人员的翻越、偷渡、恐怖袭击等攻击性入侵。

ZigBee 路灯控制系统点亮济南园博园。ZigBee 无线路灯照明节能环保技术的应用是此次园博园中的一大亮点。园区所有的功能性照明都采用了 ZigBee 无线技术达成的无线路灯控制。

（2）与门禁系统的结合

一个完整的门禁系统由读卡器、控制器、电锁、出门开关、门磁、电源和处理中心这 7 个模块组成，无线物联网门禁将门点的设备简化到了极致：一把电池供电的锁具。除了门上面要开孔装锁外，门的四周不需要设备任何辅佐设备。整个系统简洁明了，大幅缩短施工工期，也能降低后期维护的本钱。无线物联网门禁系统的安全与可靠首要体现在以下两个方面：无线数据通信的安全性包管和传输数据的安稳性。

（3）与云计算的结合

物联网的智能处理依靠先进的信息处理技术，如云计算、模式识别等技术。云计算可以从两个方面促进物联网和智慧地球的实现：首先，云计算是实现物联网的核心；其次，云计算促进物联网和互联网的智能融合。

（4）与移动互联结合

物联网的应用在与移动互联相结合后，发挥了巨大的作用。智能家居使得物联网的应用更加生活化，具有网络远程控制、摇控器控制、触摸开关控制、自动报警、自动定时等功能，普通电工即可安装，变更扩展和维护非常容易，开关面板颜色多样，图案个性，给每一个家庭带来不一样的生活体验。

（5）与指挥中心的结合

物联网在指挥中心已得到很好的应用，物联网智能控制系统可以指挥中心的大屏幕、窗帘、灯光、摄像头、DVD、电视机、电视机顶盒、电视电话会议，也可以调度马路上的摄像头图像到指挥中心，同时也可以控制摄像头的转动。物联网智能控制系统还可以通过 3G 网络进行控制，可以多个指挥中心分级控制，也可以连网控制。还可以显示机房温度湿度，可以远程控制需要控制的各种设备开关电源。

（6）与食品追溯系统相结合

从 2003 年开始，中国已开始将先进的 RFID 射频识别技术运用于现代化的动物养殖加工企业，开发出了 RFID 实时生产监控管理系统。该系统能够实时监控生产的全过程，自动、实时、准确地采集主要生产工序与卫生检验、检疫等关键环节的有关数据，较好地满足质量监管要求，对于过去市场上常出现的肉质问题得到了妥善的解决。此外，政府监管部门可以通过该系统有效地监控产品质量安全，及时追踪、追溯问题产品的源头及流向，规范肉食品企业的生产操作过程，从而有效地提高肉食品的质量安全。

任务训练

训练背景

物联网基于云计算平台和智能网络，可以依据传感器网络用获取的数据进行决策，改变对象的行为进行控制和反馈。例如，根据光线的强弱调整路灯的亮度，根据车辆的流量自动调整红绿灯间隔等。

训练要求

课堂上对下面问题进行思考或者讨论：

① 什么是云计算和物联网？

② 云计算和物联网对物流设备管理会带来哪些深远影响？

项目小结

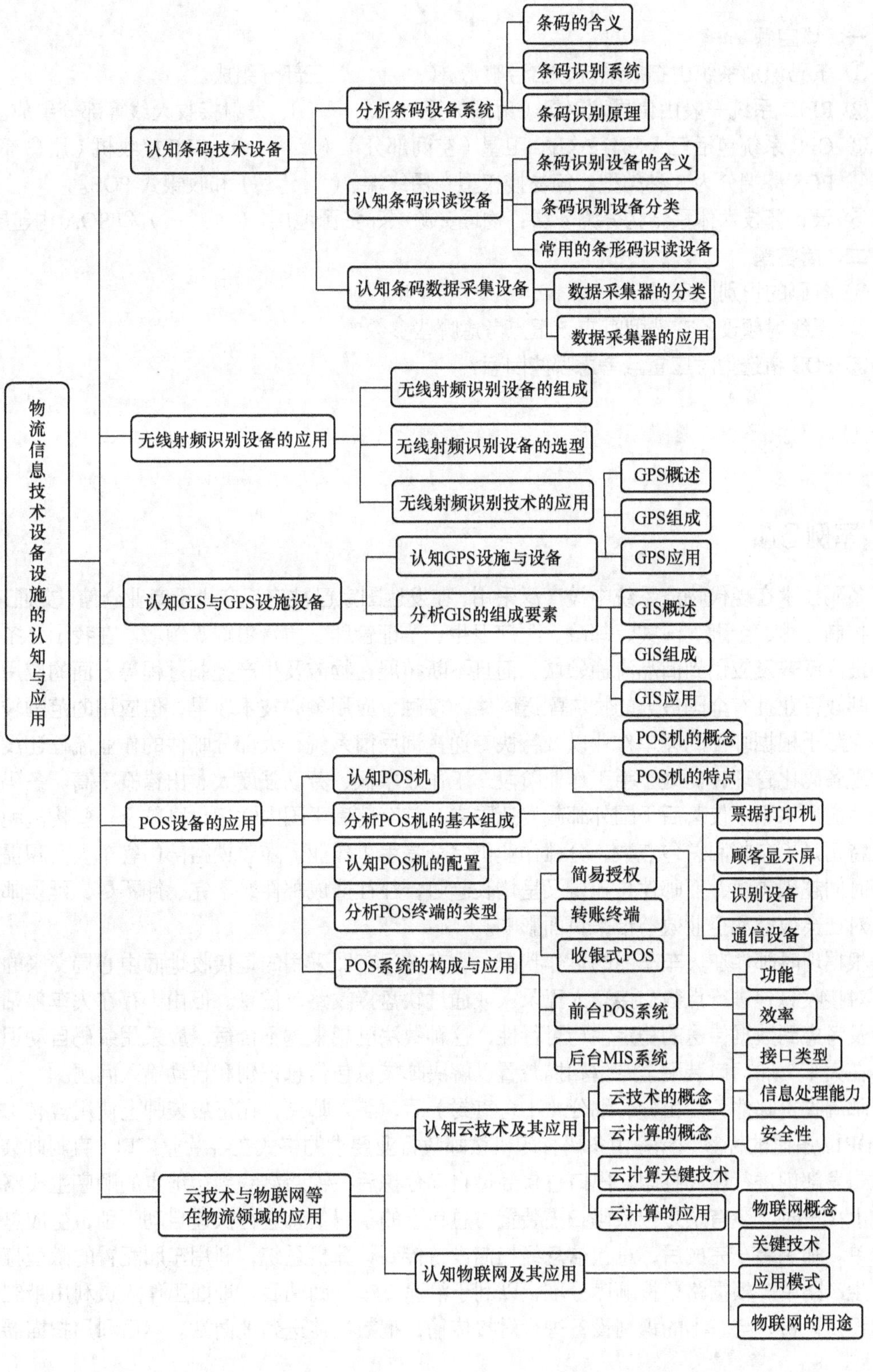

- 物流信息技术设备设施的认知与应用
  - 认知条码技术设备
    - 分析条码设备系统
      - 条码的含义
      - 条码识别系统
      - 条码识别原理
    - 认知条码识读设备
      - 条码识别设备的含义
      - 条码识别设备分类
      - 常用的条形码识读设备
    - 认知条码数据采集设备
      - 数据采集器的分类
      - 数据采集器的应用
  - 无线射频识别设备的应用
    - 无线射频识别设备的组成
    - 无线射频识别设备的选型
    - 无线射频识别技术的应用
  - 认知GIS与GPS设施设备
    - 认知GPS设施与设备
      - GPS概述
      - GPS组成
      - GPS应用
    - 分析GIS的组成要素
      - GIS概述
      - GIS组成
      - GIS应用
  - POS设备的应用
    - 认知POS机
      - POS机的概念
      - POS机的特点
    - 分析POS机的基本组成
      - 票据打印机
      - 顾客显示屏
      - 识别设备
      - 通信设备
    - 认知POS机的配置
      - 功能
      - 效率
      - 接口类型
      - 信息处理能力
      - 安全性
    - 分析POS终端的类型
      - 简易授权
      - 转账终端
      - 收银式POS
    - POS系统的构成与应用
      - 前台POS系统
      - 后台MIS系统
  - 云技术与物联网等在物流领域的应用
    - 认知云技术及其应用
      - 云技术的概念
      - 云计算的概念
      - 云计算关键技术
      - 云计算的应用
    - 认知物联网及其应用
      - 物联网概念
      - 关键技术
      - 应用模式
      - 物联网的用途

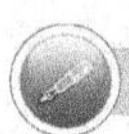

知识练习

一、填空题

① 条码识别系统由扫描系统、信号整形、(　　　　)三部分组成。

② RFID 系统一般由信号发射机(射频标签)、(　　　　)、发射接收天线等部分组成。

③ GPS 系统包括三大部分：GPS 卫星(空间部分)、(　　　　)、GPS 接收机(用户部分)。

④ POS 终端分为 3 种类型：简易授权型专用终端、(　　　　)和收银式 POS。

⑤ 云计算技术体系结构分为 4 层：物理资源层、资源池层、(　　　　)和 SOA 构建层。

二、简答题

① 条码的识别原理。

② 无线射频设备在选型时应该重点考虑哪些参数？

③ POS 机选型时应重点考虑哪些因素？

职业技能训练

一、案例分析

条码技术在现代物流系统中被广泛采用，在发达国家已被广泛应用于商业仓储、交通运输、生产控制过程、金融、海关、邮政、医疗卫生、票证管理、质量跟踪等领域。在我国，条码技术也被广泛普及应用到商品流通领域，而且不断拓展在物流及生产控制过程等方面的应用。

邮政行业拥有全国最大的物流配送网络，接触、应用条码技术较早，但应用的范围较小，目前仅限于根据邮件的登单作业以及特快专递查询反馈系统，大部分邮件的作业流程还没有真正实现条码化管理，仍处于手工作业阶段，工作效率低、劳动强度大、出错概率高。条码技术的总体应用水平不仅落后于国外邮政发达国家，甚至落后于国内铁运、民航及一些物流配送企业。特别是火车邮厢总包点数、分摊作业仍完全是手工作业。随着铁路部门客车大面积提速，站停时间越来越短，而邮件总包量又呈增长趋势，往往造成邮件装不完、卸不尽，延误邮件传递，对社会效益和企业效益带来负面影响。

根据现时邮件在火车车厢的运作状况，火车转运车厢采用的是接收地面中心局交来的总包后，对接收总包进行点数交接，人工录入或通过软盘接收路单信息。但由于存在火车停站时间较短及考虑到数据传送的稳定性与可行性，这种做法已越来越不合适。应采用条码自动识别技术，在火车车厢门口装配全方位扫描装置以解决邮袋总包信息识别和自动输入问题。

邮局收寄邮件，经粗分、细分(不含直封)后，装入邮袋，在每袋袋牌上使用含有 128 码及 PDF17 条码的标签，标签由条码打印机按邮政行业要求的格式在各营业窗口(直封邮袋)或分拣封发部门进行现场打印。出口总包经过自动分拣后按铁路沿线到达地点的顺序生成路单。总包上火车时，装有全方位条码扫描装置对总包上的条码信息进行快速自动识别，生成总包交接清单。邮袋装车完成后，总包信息经扫描设备传到计算机系统，利用车厢配置的微型打印机打印生产路单。根据路单按顺序分堆，以利于沿途下车。到站后，地面工作人员利用带红外传输的识别设备，与车上的识别设备进行对接传输，把数据传送到地面站。然后利用扫描器逐袋扫描，进行自动勾、挑、核、对，实现作业流程的条码管理自动化。

通过利用条码识别技术实现火车邮件处理信息的自动化，可以实现车上与地面站的双向数据自动传递，代替原有的手工操作，不仅可提高生产效率，而且出错率也会大幅下降，将会带来显著的经济效益和社会效益，增强邮政的竞争力。

讨论

① 说说你所了解的条码技术。

② 条码技术在邮政作业中带来了哪些效果?

二、技能训练

【训练目的】

① 了解数据采集器的硬件特点、分类及使用维护的要点，并了解采集器不能识别条形码的原因。

② 练习如何使用条形码数据采集器。

【训练内容】

了解手持终端并掌握条形码数据采集器的方法和要点。

【训练方法】

① 将学生分成若干小组，每小组发放条形码数据采集器、贴有可识别条形码的货物。

② 检查条形码数据采集器是否有电，是否处于待工作的正常可使用状态。

③ 打开条形码数据采集器电源，将其对准货物上的条形码，体会条形码扫描输入过程中的注意事项。

④ 观察条形码数据采集器的液晶显示屏，然后准备下一个条形码的扫描输入。

项目十

物流设施设备的综合管理

职场情境导入

王经理对李明说："小李，一起和我看看老刘去。领导对这次老刘的腿骨折事件很重视，要我们多安抚一下，别造成不好的影响。"李明说："经理，老刘这次事故，原因还在于我们管理的疏忽。我对事故进行了调查，老刘曾多次向上级反映仓库的 AR1 排的货架有问题，但一直没有人修理。结果这次由于货架不稳，导致货物掉下来把他的腿砸伤了。要是上级重视，及时把货架修好，老刘的腿也不至于骨折。"经理说："是啊，我也知道了。确实是我们工作的疏忽啊，要加强对物流设施设备的安全管理，才会避免类似事故发生。"李明说："对，经理。我们平常应该加强对物流设施设备的保养与维护、检查和维修，并应制定相应写规章制度，才能避免类似的事故发生。"经理说："行，马上安排下去。我俩赶紧去看老刘吧，先把这次事故解决了。"

任务一　了解物流设施设备的管理

学习目标

知识目标：

① 掌握物流设施设备管理的概念和任务。

② 掌握物流设施设备管理的内容和要求。

技能目标：

能够对物流设施设备进行有效管理。

重点、难点：

① 掌握物流设施设备管理的内容和要求。

② 能对物流设施设备进行管理。

知识储备

对物流设施设备的管理主要包括实物形态管理和价值形态管理两种方式。设备管理的内容主要有技术、经济和组织管理，设备管理任务主要有合理选用设备、保持设备完好、改善技术设备、发挥设备效能和取得良好的投资效益等五个方面。设备可根据五大原则进行合理选择和配备。

一、认知物流设施设备管理的概念和任务

1. 现代物流设施设备管理的概念

现代物流设施设备管理是以企业生产经营目标为依据，运用各种技术、经济和组织措施，对物流机械设备从规划、设计、制造、购置、安装、使用、维修、改造、更新，直到报废的整个生命周期进行全过程的管理。其目的是充分发挥设备效能，寻求寿命周期费用最为经济，从而获得最佳技资效果。

物流设施设备有两种形态：实物形态和价值形态。实物形态是价值形态的物质载体，价值形态是实物形态的货币表现。在整个设施设备寿命周期内，设施设备处于这两种形态的运动之中。对应于设施设备的两种形态，设施设备管理也有两种方式，即设施设备的实物形态管理和价值形态管理。

（1）实物形态管理

设施设备从规划设置至报废的全过程即为设施设备实物形态运动过程。设施设备的实物形态管理就是从设施设备实物形态运动过程出发，研究如何管理设施设备实物的可靠性、维修性、工艺性、安全性、环保性以及在使用中发生的磨损、性能劣化、检查、修复、改造等技术业务。其目的是使设施设备的性能和精度处于良好的技术状态，确保设施设备的输出效能最佳。

（2）价值形态管理

在整个设施设备寿命周期内包含的最初投资、使用费用、维修费用的支出、折旧、改造、更新资金的筹措与支出等，构成了设施设备价值形态运动过程。设施设备的价值形态管理就是从经济效益角度研究设施设备价值的运动，即新设施设备的研制、投资及设施设备运行中的投资回收、运行中的损耗补偿、维修、技术改造的经济性评价等经济业务，其目的就是使设施设备的寿命周期费用最经济。

现代物流设施设备强调综合管理，其实质就是设施设备实物形态管理和价值形态管理相结合，追求在输出效能最佳的条件下使设备的综合效率最高。只有把两种形态管理统一起来，并注意不同的侧重点，才可实现这个目标。

为了正确理解上述内容，必须把握以下概念。

① 设施设备的寿命周期。设施设备的寿命周期是指设备从规划、设计、制造、购置、安装、调试、使用、维护，直到更新报废所经历的整个过程。其中调研、设计、制造等环节称为设施设备寿命的前半生；选型、购置、安装、调试、运转、维修、更新报废等环节称为设施设备寿命的后半生。传统的设施设备管理只局限于设备寿命周期中后半生的管理，即设施设备制造部门只管产品的研制，设施设备使用部门只管选用、维修，结果常常出现制造厂生产的新设施设备不能完全符合或者不符合使用单位的要求，因此造成了不少企业设施设备积压、闲置，

造成巨大的经济损失。另外，传统的设施设备管理中，企业在设施设备更新改造中的成功经验不能为设施设备制造单位吸取，不利于新设施设备技术水平的提高。

② 寿命周期费用。寿命周期费用是指设施设备一生的总费用。它由原始费用和维持费用两大部分组成，包括设施设备从规划、设计、制造、选型、购置、安装、调试、运转、维修、改造，直到报废所产生的费用总和。对于外购设备，原始费用包括购置费、运费，安装、调试等费用。对于自行研制的设备，原始费用则包括调研、设计、制造、安装、调试等费用。维持费包括运行费和维修费两部分。此外，在设施设备寿命终结时，拆除设施设备也需要一些费用，报废的设施设备还有一些残值，因此：

设施设备寿命周期费用=原始费用+维持费用+拆除费-残值

设施设备的寿命周期费用涉及设施设备的一生，因此要分析设备的整个寿命周期内不同阶段费用支出的关系、变化规律以及其对总费用的影响，采取行之有效的措施使寿命周期费用最为经济。

③ 设施设备的综合效益。设施设备的综合效益是设备寿命周期的输出与设备寿命周期费用的比值，即：设施设备的综合效益=设施设备寿命周期的输出/设施设备寿命周期费用

设施设备的周期输出是指设施设备一生在满足安全、卫生、环保、货物安全、交货期等条件下的作业量，用价值表示。

评价设施设备经济性，不仅要考查寿命周期费用，还要看设施设备的综合效益如何，同样的费用，要选择综合效益高的设施设备。

2. 现代物流设施设备管理的特点

设施设备管理除了具有一般管理的共同特征外，与企业的其他专业管理比较有以下特点。

（1）技术性

作为企业的主要生产手段，设施设备是物化了的科学技术，是现代科技的物质载体，因此，现代物流设施设备管理必然具有很强的技术性。首先，现代物流设施设备管理包含了机械、电子、液压、光学、计算机等许多方面的科学技术知识，缺乏这些知识就无法合理地设计制造或选购设施设备；其次，正确地使用、维修这些设施设备，还需掌握状态监测和诊断技术、可靠性工程、摩擦磨损理论、表面工程、修复技术等专业知识。可见，现代物流设施设备管理需要物流技术与物流设备工程技术作为基础，不懂技术就无法搞好设施设备管理工作。

（2）综合性

设施设备管理的综合性表现如下。

① 现代物流设施设备包含了多种专门技术知识，是多门科学技术的综合应用。

② 设施设备管理的内容是工程技术、经济财务、组织管理三者的综合。

③ 为了获得设施设备的最佳经济效益，必须实行全过程管理，它是对设施设备一生各阶段的综合。

④ 设施设备管理涉及物资准备、设计制造、计划调度、劳动组织、质量控制、经济核算等多方面的业务，汇集了企业多项专业管理的内容。

（3）随机性

许多设施设备故障具有随机性，使得设施设备维修及其管理也带有随机性。为了减少突发故障给企业带来的损失和干扰，设施设备管理必须具备应付突发故障、承担意外突击任务的应变能力。这就要求设施设备管理部门信息渠道畅通、器材准备充分、组织严密、指挥灵活；人员作风过硬，业务技术精通；能够随时为现场提供服务，为生产排忧解难。

（4）全员性

现代企业管理强调应用行为科学调动广大职工参加的积极性，实行以人为本的管理。物流设施设备的综合性更加迫切需要全员参加，只有建立从经理或厂长到第一线员工都参加的企业全员设施设备管理体系，实行专业管理与群众管理相结合，才能真正搞好设施设备管理工作。

3. 现代物流设施设备管理的任务

物流设备管理的任务是由设备管理的目的确定的。总体来说，物流设施设备管理的任务是保证为企业的物流活动提供最优的技术设备，使企业物流系统或物流作业建立在最佳的物质技术基础之上，以获得设施设备最佳的经济效益。这个任务包括以下几个方面。

（1）合理选用设施设备

要根据技术上先进、经济上合理的原则，通过全面规划、合理配置，对设施设备进行全面的技术经济评价，合理选用设施设备。相关人员应密切配合，掌握国内外技术发展动向，收集技术和经济两个方面的资料。技术方面资料，包括设施设备规格、性能、用途、效率、动力、材料对环境的污染、可靠性、维修性、运输安全条件、备品配件的供应等；经济方面的资料，包括该设施设备市场状况、设备的价格、运费、相应的配套工程投资、安装费用、维修人员和操作人员的培训费、购买该设施设备的资金来源、估计设施设备技资效果等。

（2）保持设施设备完好

要通过精确安装、正确使用、精心维修、适时检修、安全作业等环节，使设施设备始终处于完好的技术状态，使其工作性能能够满足生产工艺或物流作业的要求，随时可以根据企业生产经营的需要投入正常运行。物流设施设备完好一般包括：设备零部件、附件齐全，运转正常；设备性能良好，动力输出符合标准；燃料、能源和润滑油消耗正常三个方面的内容。行业、企业应当制定关于完好设备的具体标准，使操作人员与维修人员有章可循。

（3）改善和提高技术设施设备素质

技术设施设备素质是指在技术进步的条件下，技术设施设备适合企业生产和技术发展的内在品质。通常可以用以下几项标准来衡量：①工艺适用性；②质量稳定性；③运行可靠性；④技术先进性（包括生产效率、物料与能源消耗、环境保护等）；⑤机械化、自动化程度要通过实时改造与更新，改善和提高企业的技术设备素质，使物流现代化水平不断提高。

改善和提高技术设施设备素质的主要途径：一是采用技术先进的新设施设备替换技术陈旧的设施设备；二是应用新技术改造现有设施设备。后者通常具有投资少、时间短、见效快的优点，应该成为企业优先考虑的方式。

（4）充分发挥设施设备效能

设施设备效能是指设备的生产效率和功能。设施设备效能的含义不仅包括单位时间内生产能力的大小，也包含适应多品种生产的能力。充分发挥设施设备效能的主要途径有。

① 合理选用技术设备和工艺规范，在保证产品质量的前提下，缩短生产时间，提高生产效率。

② 通过技术改造，提高设备的可靠性与维修性，减少故障停机和修理停歇时间，提高设备的可利用率。

③ 加强生产计划、维修计划的综合平衡，合理组织生产与维修，提高设备利用率。

（5）取得良好的投资效益

设施设备投资效益是指设施设备一生的产出与其投入之比。取得良好的设施设备投资效益，是提高经济效益为中心的方针在设施设备管理工作上的体现，也是设施设备管理的出发点和落脚点。因此，应追求设施设备寿命周期费用最经济和设备的综合效益，而不是只考虑购买或使用某一阶段的经济性。在寿命周期的各个阶段，一方面加强技术管理，保证设施设备在使用阶段充分发挥效能，创造最佳的产出；另一方面加强经济管理，实现最经济的寿命周期费用。在设施设备规划阶段，要谋求设备的经济性；在设备维修阶段，要谋求停机损失和维修费用之间的最佳平衡，求得设施设备维修的最佳经济效果。

二、认知物流设施设备管理的内容和要求

1. 现代物流设施设备管理的内容

设备管理以追求设施设备综合效率和寿命周期费用的经济性为目的，从技术、经济和组织管理三个侧面对设施设备实行一生管理。因此，物流设施设备管理应包括以下三方面的内容。

（1）设施设备的技术管理

设施设备的技术管理主要包括：设备的规划、选购、自制与安装调试；设备的合理使用和维护保养管理；设备的计划检修；设备的状态监测与技术诊断；设备的安全技术管理和事故处理；设备的备件管理；设备的技术资料管理；设备的技术改造；设备的技术档案管理等。

（2）设施设备的经济管理

设施设备的经济管理主要包括：设备投资效益分析；资金筹措和使用；设备移交验收、分类编号、登记卡片和台账管理、库存保管、调拨调动、年终清查等资产管理；折旧的提取与管理；费用的收支核算；设备更新等。

物流设备的经济管理必须遵循价值规律和寿命周期费用变化规律，对物流设备管理的各项内容进行经济论证、经济核算、经济分析和成本控制等活动，开展多种形式的增收节支和经营，使企业取得最佳经济效益投资。

（3）设施设备的组织管理

设施设备的组织管理主要包括：员工的教育和培训，设备管理制度和规范的制定，设备管理、使用的监督检查和评比等。物流设备的组织必须遵循机械使用与磨损的客观规律，运用行政手段，科学地把物流设备技术管理和经济管理结合起来，全面完成物流设备管理任务。

设备管理三个方面的内容是相互联系的一个整体。其中，技术管理是基础，经济管理是目的，组织管理是手段。只有三者结合，才能实现综合管理的目标。

2. 现代物流设施设备管理的要求

（1）讲究科学性

设施设备管理规律的科学性，要求做到：第一，明了物流设备的性能、用途和使用管理注意事项，尤其对于达到的反映设备质量状况的参数要了如指掌；第二，对拟定的设备配备方案要进行可行性分析论证，要分析其使用价值，使用的内外允许条件和约束条件；第三，采取与设备自身运转规律相适应的技术措施和管理方法，不能搞超负荷运转，超范围使用；第四，在实践中注意发现设备管理的新规律性的东西，丰富设备管理理论。

（2）实行系统管理

设施设备管理既然是一个系统工程，就必须用系统的观点、系统的办法来实行管理，达到管好设备、提高设备利用率这个总目标。为此，应当努力推行设备全面质量管理的理论，并且在设施设备管理中将理论与实际紧密地结合在一起，扎扎实实打好基础，系统做好设施设备管理工作。

（3）追求效益

即追求设施设备使用效果与设备投入成本的最大比值。要充分利用设施设备，使得物流活动省人高效、省时高速，按时完成任务。

（4）吸收先进技术

现代社会技术发展日新月异，设施设备管理是一个技术含量很高的科学管理，所以在设备管理中要不断地吸收先进技术，与时俱进。

任务训练

训练背景

物流公司的吊车司机驾车去货场卸货，在吊装货箱时，缆绳突然断裂，致使货箱坠地受损，所幸没有造成人员的伤亡。事故发生后，公司事故调查小组现场取证分析事故原因：缆绳按规定应及时更换，司机也没有检查。

训练要求

课堂上对下面问题进行思考或者讨论：

该物流公司对设备管理的疏忽导致了事故的发生，谈谈你对物流设备管理的看法。

任务二　使用与维护物流设施设备

学习目标

知识目标：

① 掌握物流设施设备使用、保养与维护的内容。

② 掌握物流设施设备检查和维修的内容。

技能目标：

能够对物流设施设备的保养与维护、检查和维修有一定的认知。

重点、难点：

① 能掌握物流设施设备使用、保养与维护的内容。

② 能掌握物流设施设备检查和维修的内容。

知识储备

物流设备只有正确使用，并定期维护与保养、检查和维修才能保证设备操作的安全。

一、物流设施设备的使用、保养与维护

物流设施设备的正确使用与精心维护是设备后期管理的重要环节。物流设备使用期限的长短、生产效率的高低，固然取决于设备本身的结构性能，但在很大程度上也取决于它的使用和维护情况。正确使用设备可以保持良好的技术状态，防止发生非正常磨损和避免突发性故障，延长其使用寿命，提高使用效率；而精心维护设备则起着对设备的“保健”作用，可改善其技术状态，延缓劣化进程。因此，必须明确生产部门与使用人员对设备使用维护的责任与工作内

容，建立必要的规章制度，以确保设备使用维护各项措施的贯彻执行。

1. 设施设备的正确使用

设施设备的正确使用包括技术合理和经济合理两方面内容。技术合理就是按有关技术文件上规定的物流设备性能、使用说明书、操作规程、安全规则、维护和保养规程，以及不同的工作状况、工作环境、自然条件下使用要求，正确操作物流设备。经济合理就是在物流设备性能允许范围内，能充分发挥物流设备的效能，以高效、低耗获得较高的经济效益。

（1）保证物流设施设备正确使用的措施

① 严格按规程操作设施设备。设备操作规程规定了设备的正确使用方法和注意事项，对异常情况应采取行动和报告制度。

② 实行使用设施设备的各级技术经济责任制。操作者按规程操作，按规定交接班，按规定进行维护保养。班组、车间、生产调度部门和企业领导都应对设备正确使用承担责任，不允许安排不符合设备规范和操作规程的工作。

③ 严格使用程序管理。对重要设施设备采取定人定机、教育培训、操作考试和持证上岗、交接班制度以及严肃处理设备事故等措施。

④ 奖励措施。实行设施设备维护的奖励办法，把提高使用者的积极性同物质奖励结合起来。

（2）物流设施设备正确使用的注意事项

正确、合理地使用物流设施设备能减轻设备的自然损耗，使其保持良好的工作性能，充分发挥设备效能并延长设备使用寿命。全体人员都应树立关心设备、爱护设备的观念。物流设备的使用应做好以下工作。

① 健全组织保障体系，做好设施设备安装工作。在使用前要严格按质量标准安装设备，安装后要经试运转验收合格才能投入使用。

② 合理安排设施设备的工作量负荷。在安排设备工作量时，要根据设备本身的性能参数和物流作业任务量，经科学的计算，合理确定设备工时定额。不同设备，其性能、结构、效率、使用范围、工作条件和能力都不相同，所以在安排工作量时既要充分发挥设备的效能，提高设备利用率，又要防止设备的过度疲劳和磨损，更不能超负荷使用。

③ 加强对操作人员的规范管理，做到正确使用设备。设备操作人员、使用人员必须熟知设备性能、操作和使用程序。这要求对操作使用人员进行技术培训并严格考核。合格的操作人员必须做到“四会四懂”，即会使用、会维护保养、会检查、会排除故障；懂性能、懂结构、懂原理、懂用途。

④ 完善设备使用的技术保障工作。要及时提供规格、质量符合要求的燃油、润滑油、液压油、各种配件等日常消耗品和替换品，保证物流设备正常运行。

2. 设施设备的维护保养

要使物流设施设备经常处于完好的状态，除了正确使用设备之外，还要做好设备的维护保养工作。维护保养工作做得好，可以减少停机损失，降低维修费用，提高生产效率，延长设备的使用寿命，从而给企业带来良好的经济效益。维护保养是指通过擦拭、清扫、润滑、紧固、调整、防腐、检查等一系列方法对设备进行护理，以维持和保护设备的性能和技术状况。

（1）设备维护保养的基本内容

虽然不同的物流设备结构、性能和使用方法不同，设备维护保养工作的具体内容也不完全一致，但设备维护保养的基本内容是一致的。

① 清洁。各种物流设备要清洁，做到无灰、无尘、整齐，保持良好的工作环境。

② 安全。设备的保护装置要齐全，各种装置不漏水、不漏油、不漏气、不漏电，保证安全，不出事故。

③ 润滑。设备要定时、定点、定量加油，保证润滑面正常润滑，保证运转畅通。

④ 防腐。防止设备腐蚀，提高设备运行的可靠性和安全性。

⑤ 检查。物流设施设备的维护保养内容一般包括日常维护、定期维护、定期检查，定期检查又称为定期点检。

（2）物流设施设备的三级保养制度

物流设施设备的三级保养制度包括：设备的日常维护、一级保养和二级保养。三级保养制度以操作者为主，对设备进行以保为主、保修并重的强制性维修制度。

① 设施设备的日常维护保养。物流设施设备的日常维护是全部维护工作的基础。它的特点是经常化、制度化。一般日常维护保养包括班前、班后和运行中的保养。

日常维护保养一般由操作工人负责进行，要严格按操作规程操作，集中精力工作，注意观察设备运转情况和仪器、仪表，通过声音、气味发觉异常情况。如有故障应停机检查及时排除，并做好故障排除记录。日常维护保养的内容大部分在设备的外部，其具体内容有：搞好清洁卫生；检查设备的润滑情况，定时、定点加油；紧固易松动的螺钉和零部件；检查设备是否有漏油、漏气、漏电情况；检查各防护、保险装置及操纵机构，变速机构是否灵敏可靠，零部件是否完整。

② 设施设备的一级保养。一级保养是为了减少设备磨损、消除隐患、延长设备使用寿命，使设备处于正常技术状态而进行的定期维护。一级保养一般以操作工人为主，维修工人协助来完成。保养一般在每月或设备运行 500～700 小时后进行。每次保养之后，要填写保养记录卡，谁保养谁记录，并将其装入设备档案。

一级保养的具体内容有：对部分零部件进行拆卸清洗；部分配合间隙进行调整；除去设备表面斑迹和油污；检查调整润滑油路，保持通畅不漏；清洗附件和冷却装置等。

③ 设施设备的二级保养。二级保养是为了使设备达到完好标准，提高和巩固设备完好率，延长大修期而进行的定期保养。二级保养一般以维修工人为主，操作工人参加来完成。保养时间一般是按一班制考虑，一年进行一次或设备累计运转 2500 小时后进行。保养后，要填写保养记录卡，由操作者验收，验收后交设备科存档。

二级保养的具体内容有：对设备进行部分解体检查和修理；更换或修复磨损件，清洗、换油、检查修理电气部分，使设备的技术状况全面达到设备完好标准的要求。

（3）设施设备维护保养应达到的要求

① 齐备：工具、工件、附件要齐备，放置整齐，安全防护装置齐全，线路管道完整、畅通。

② 清洁：工作地设备内外清洁，各滑动面、齿轮、齿条丝扣等处无尘土、油垢，无戳伤，无划痕，各部分无漏油、漏水、漏气现象。

③ 润滑：按照规定加油、换油，润滑剂性能应符合要求。

④ 安全：按操作规程合理使用设备，不超载，各种测量仪器、保护装置和机电设备、动力设备应定期进行鉴定。

在编制设备的维护保养计划时，应针对不同设备的特点，采用合适的方法。（见表 10-1，可在空白行继续填写）

表 10-1　　物流设备维护保养计划表

名称	编号	规格	准确	适用检验项目	使用方法	维护保养方法	校正方法	备注
清洁	QJ-001	WQ120.12.24-1	二级	外部	物理清除尘土和杂物	擦拭、清洗	按标准 BZ-02 执行	

二、物流设施设备的检查和修理

1. 设施设备的检查

设施设备的检查是对机器的运行情况、工作精度、磨损程度进行检查和效验，通过检查，可以全面地掌握设备的技术状况和磨损情况，及时查明和消除设备的隐患，同时可针对检查发现的问题，提出改变设备维护的措施。

设备的检查主要包括包装、外观的损伤检查，设备运行故障检查，工作精度检查，运转部件磨损程度的检测等。设备检查的结果是设备质量变化分析的依据，是制定和执行设备维护、保养、修理计划的基础。

设备检查要注意的 5 个问题：合理地确定检查频率，即检查期限；准确细致地确定检查部位和项目；采取有效的检查方法；随时反映检查结果；及时分析设备质量变化的原因。

（1）设施设备检查的时机

检查的时机有 3 种：日常、定期和跟踪。

① 日常检查。是指每日班前、班后交接时和设备工作时的检查，由设备操作人员对设备进行日常观察检查，由检修人员进行巡回检查，以便及时发现和报告设备运行不正常情况。

② 定期检查。是指按照一定时间（年、月、周等），由专职检修人员、设备使用人员、管理人员组成的专门检查组对设备运行、储存、技术状况进行的检查。

③ 跟踪检查。即从设备安装、使用到寿命期终止，进行的不间断检查或连续检查。

（2）设施设备检查项目

设施设备检查时分 3 类进行。第一类为设备对作业对象的工作效率、精度的检查；第二类为设备本身性能的检测；第三类为设备重点部位检查。要细致、准确地确定检查部位和项目，把设备的运转、暴露、注油（液）、零部件结合、软质物件（木制、布制、皮制等制件）、电器等部位作为重点检查部位。同时，要把设备管理制度的落实情况和操作规程的执行情况列为重点检查项目。

（3）设施设备检查方法

设施设备检查要采取多种方法配合进行，力求检查全面深入，发现问题及时准确。目前设备检查的方法有如下几种。

① 直观感觉检查。即通过检查人员对设备观、摸、闻、听、击所感觉到的情况，凭经验判断设备的技术状况和存在的问题。

② 仪器检查。即通过查看设备上安装的（有的是原有的，有的是后装的）检查仪器仪表显示窗口的读数，与正常标准值对比分析，发现问题，从而尽可能地实施与设备运转同步的跟

踪检测。例如，对设备运转部位的温度、磨损程度、能源消耗量等情况的随机检测。

③ 取样化验试验。对有的设备及部件的检查，所需的仪器比较庞大复杂，检测步骤程序较多，而仓库检查环境欠佳，需要将设备送到专门的检查场所化验、分解、试验。仓库按检查人员指定，选送样品到试验地点进行检测，根据样品检测结果来分析同种类设备的技术状况。

检查过程中要从始至终做好原始记录，设备存在的问题要特别细致、清楚地记载，要及时地把设备质量变化信息反映到有关仓库管理人员那里去。要从设备检查结果中及时分析出质量变化原因，果断采取处理措施，防止重大设备质量事故发生。分析时，要运用设备故障理论进行分析，掌握设备故障产生的规律，这样就能主动地对设备进行针对性的有效管理。

对设备的检查和校正可采用以下样式进行记录和统计，如表 10-2 所示。

表 10-2　　物流设备检查校正卡

使用单位：　　　　　　　　　　　　　　　　保管者：

设备名称				**进厂日期**		
厂牌				编号		
型号				校正周期		
管理范围				校正公差		
日期	校正项目	标准值	实际值	误差	校正者	主管

2. 物流设施设备的修理

物流设施设备的修理是针对那些由于技术状态劣化而发生故障的设备，通过更换或修复磨损失效零件，对整机或局部进行拆装、调整的技术活动。其目的是恢复设备的功能，保持设备的完好。

（1）物流设施设备维修的方式

物流设施设备的修理方式主要有事后修理和预防维修两种。

① 事后修理。物流设备发生故障甚至不能使用后，再对其进行修理的方法，称为事后修理，也称为故障修理。事后修理一般适用于利用率较低、能及时提供备件的中小型物流设备，如中小型起重机等。

② 预防维修。根据物流设备的工作环境、零部件及控制系统的工作状况，利用监测信息，事先编制修理计划和修理项目相应的工艺方案及程序，开展对物流设备的修理作业，称为物流设备的预防修理。

预防修理主要有以下维修方式。一是定期修理。它是在规定时间的基础上执行的预防维修活动，具有周期性特点。这种维修方式适用于连续或多班作业场合、使用频繁、平时难以停机修理的物流设备。二是状态监测修理。这是一种以设备技术状态为基础，按实际需要进行修理预防维修方式。它是在状态监测和技术诊断基础上，掌握设备劣化发展情况，在高度预知的情况下，适时安排预防性修理。这种修理方式常适用于大中型物流设备中，如门座起重机、岸边集装箱装卸桥等。三是改善修理。根据故障记录和状态监测的结果，在修复故障部位的同时对设备性能或局部结构加以改进，根除故障根源的措施，称作改善修理。改善修理的范围适宜某些物流设备结构的原设计制造不合理的情况，目的在于提高和改善局部结构或系统的可靠性和维修性。

以上修理方式各有其优缺点，企业可根据自己的物流作业特点、各类物流设备的特点、故障大小、修理费用、停机损失、资金、修理效果等情况择优选用。

（2）物流设施设备的修理类别

物流设施设备的预防维修的修理类别有大修、中修、小修等。

① 大修。是工作量较大的全面修理。大修时，要将设备全部拆解，修复基准件和不合格零件，更换部分磨损零部件，修理电气系统及整修外形等，以恢复设备原有性能，延长设备寿命。

② 中修。是指对物流设备中性能已经劣化的结构进行针对性的局部修理。一般只需对局部进行拆卸、检查、更换或修复失效的零件，通过局部性调整恢复设备的技术性能。

③ 小修。是指工作量最小的一种计划修理。小修是维持性修理，不对设备进行较全面的检查、清洗和调整，只结合掌握的技术状态的信息进行局部拆卸、更换和修复部分失效零件，以保证设备正常的工作能力。

每次修理都应做好记录，并存入该设备的技术档案。

由于大、中、小修的工作量、修理程度都不一样，所以在制订修理计划时，应根据设备的具体情况，合理确定修理间隔期和修理周期结构（在一个修理周期内，大、中、小修和检查的次数及排列次序），并填写或登记相应的设备备案卡，如表 10-3 所示。

表 10-3　　设备备案卡（正面）

折旧方法：预计折旧：计量单位

<table>
<tr><td>中文名称</td><td></td><td colspan="2" rowspan="3">重要附件</td><td colspan="4" rowspan="3"></td></tr>
<tr><td>原文名称</td><td></td></tr>
<tr><td>规格型号</td><td></td></tr>
<tr><td>制造厂商</td><td></td><td colspan="2">保修年限</td><td>（1）</td><td>（2）</td><td>（3）</td><td>（4）</td></tr>
<tr><td>厂牌</td><td>年 月 日</td><td colspan="2">行库名称</td><td>（1）</td><td>（2）</td><td>（3）</td><td>（4）</td></tr>
<tr><td rowspan="5">取得日期</td><td>（1）年 月 日</td><td rowspan="3">投保</td><td>设定日期</td><td></td><td></td><td></td><td></td></tr>
<tr><td>（2）年 月 日</td><td>解除日期</td><td></td><td></td><td></td><td></td></tr>
<tr><td>（3）年 月 日</td><td>投保公司</td><td>（1）</td><td>（2）</td><td>（3）</td><td>（4）</td></tr>
<tr><td rowspan="2">（4）年 月 日</td><td rowspan="2">抵押</td><td>投保金额</td><td></td><td></td><td></td><td></td></tr>
<tr><td>起讫日期</td><td></td><td></td><td></td><td></td></tr>
</table>

（背面）

<table>
<tr><td colspan="4">折旧记录</td><td colspan="6">维护整修记录</td></tr>
<tr><td>月/年</td><td></td><td></td><td></td><td>日期</td><td>金额</td><td>备注</td><td>日期</td><td>金额</td><td>备注</td></tr>
<tr><td>1</td><td></td><td></td><td></td><td></td><td></td><td></td><td></td><td></td><td></td></tr>
<tr><td>2</td><td></td><td></td><td></td><td></td><td></td><td></td><td></td><td></td><td></td></tr>
<tr><td>3</td><td></td><td></td><td></td><td></td><td></td><td></td><td></td><td></td><td></td></tr>
<tr><td>4</td><td></td><td></td><td></td><td></td><td></td><td></td><td></td><td></td><td></td></tr>
<tr><td>5</td><td></td><td></td><td></td><td></td><td></td><td></td><td></td><td></td><td></td></tr>
</table>

续表

折旧记录				维护整修记录					
月/年				日期	金额	备注	日期	金额	备注
6									
7									
8									
9									
10									
11									
12									
总计									

任务训练

训练背景

某物流公司的叉车司机细心尽责，工作积极上进，平时把叉车保养得很好。一次，在作业中，他发现液压油缸漏油，于是请示班长停车修理。由于当时任务时限短，又没有备用车辆，所以班长让他继续作业。可是一小时后，事故发生了，叉车在卸笨重货箱时，因液压系统漏油而导致货箱坠地，并砸伤一名工人。

训练要求

课堂上对下面问题进行思考或者讨论：

该事故的造成给了你什么启示？你对物流设备的检查和维修有什么看法？

任务三　物流设施设备的安全管理

学习目标

知识目标：

① 掌握物流设施设备安全管理的内容。

② 了解物流设施设备使用中的危险。

③ 掌握物流设施设备安全管理的主要措施。

技能目标：

对物流设施设备的安全管理有一定的认知。

重点、难点：

① 掌握物流设施设备安全管理的内容。

② 掌握物流设施设备安全管理的主要措施。

知识储备

对物流设备的安全管理主要包括安全作业责任制、安全作业技术措施、安全技术规程、安全教育和安全检查活动五个方面。物流设备事故的发生主要有物流设备的不安全状态、人的不安全行为和安全管理缺陷等方面，针对物流设备的安全管理需采取一定的措施来降低事故的发生。

一、认知物流设施设备安全管理的主要内容

1. 物流设施设备的安全指标

（1）可靠性

可靠性是指物流设备在规定的使用时间和条件下，完成规定功能的能力。它是物流设备的一项基本性能指标，表明物流设备功能在时间上的稳定性和保持性。

如果物流设备可靠性不高，就无法保持稳定的作业能力，也就失去了物流设备的基本功能。物流设备的可靠性与物流设备的经济性是密切相关的。从经济上看，物流设备的可靠性高就可以减少或避免因发生故障而造成的停机损失与维修费用支出。但是可靠性并非越高越好，因为提高物流设备的可靠性需要在物流设备开发制造中投入更多的资金，受到其制约，故价格较贵。因此，不能片面追求可靠性，而应全面权衡提高可靠性所需的费用开支与物流设备不可靠造成的费用损失，从而确定最佳的可靠度。

（2）安全性

安全性是指物流设备在使用过程中保证人身和物品安全以及环境免遭受危害的能力。它主要包括设备的自动控制性能、自动保护性能，以及对错误操作的防护和警示装置等。

随着物流作业现代化水平的提高，可靠性和安全性日益成为衡量设备好坏的重要因素。在配置与选择物流设备时，应充分考虑物流设备的可靠性和安全性，以提高物流设备利用率，防止人身事故，保证装卸作业顺利进行。

2. 物流设施设备安全管理的主要内容

（1）建立健全安全作业责任制

由于物流设施设备的安全使用直接影响物流作业的安全，所以企业各级领导、各职能部门以及每条物流线上的职工，都要根据其工作性质和要求，明确物流设备安全的责任。

落实物流设施设备安全责任制，首先要组织落实，形成物流设备安全管理网，其次是内容落实，各项安全要求和责任要落实到各项制度规定中，落实到每个人身上，以保证安全责任制的贯彻执行。

（2）编制安全作业技术措施

编制安全作业技术措施对于重大货物的吊装，超重、超宽、超高货物的作业，要编制安全作业技术方案，以确保物流设备的安全。在物流设备维护保养、修理中，也要制定安全作业技术措施，以保障人身和设备安全。

（3）贯彻执行物流设备使用安全技术规程

贯彻执行物流装卸设备使用安全技术规程是根据物流设备的结构和运转特点以及安全运行的要求，规定物流设备使用和操作过程中必须遵守的事项、程序及动作等基本规则。它是物流设备安全运行、安全作业的重要保证。物流设备操作人员必须认真执行本规程，以保证物流

设备的安全运行，防止事故的发生。

（4）开展物流设备的安全教育

物流设备安全教育是企业安全作业教育的重要内容，主要是针对专业人员进行具有专业特点的安全教育工作，所以也叫专业安全教育。对各种物流设备的操作人员，必须组织他们进行专业技术培训和物流设备使用安全技术规程的学习，并以此作为取得操作证的主要考核条件。

（5）认真开展物流设备安全检查活动

物流设备的安全检查的内容，一是物流设备本身的故障和安全装置的检查，主要是消除物流设备的故障和隐患、确保安全装置灵敏可靠；二是物流设备各安全作业的检查，主要是检查作业条件、作业方案、措施等。

此外，还应包括物流设备安全监督检查制度的贯彻执行。

二、物流设施设备使用中的危险

1. 物流作业中的危险种类

物流设施设备产生的危险主要有：由于本身的机械能作用，可能产生伤害的各种物理因素以及与物流设备有关的滑绊、倾倒、跌落危险，以及电气、温度、噪声、振动、辐射危险等。物流设备的主要伤害有砸伤、夹挤、剪切、缠绕、跌倒、坠落、触电等。

如物流设施设备中的起重机械，它是隐藏危险因素较多、发生事故概率较大的典型危险物流装卸设备之一。起重机械设备常见的事故有：由于脱绳、脱钩、断绳、吊钩破断使重物从空中坠落所造成的人身伤亡和设备毁坏的重物失落事故；由于缺少安全监督指挥管理人员、缺乏安全意识或从事野蛮操作造成的挤伤事故；由于从机体上滑落、机体撞击、工具滑落、振动等造成的坠落事故；由于电气系统及周围相应环境缺乏必要的触电防护措施而造成的触电事故；由于超载失稳等产生机体断裂、倾翻造成机体严重损坏及人身伤亡的机体毁坏事故。

2. 造成物流设施设备使用危险的原因

物流设施设备的安全隐患存在于整个使用过程中。物流设施设备事故的发生是多种因素综合作用的结果，一般来说有以下 3 个方面的原因。

（1）物流设施设备的不安全状态

物流设施设备的安全状态是保证其安全运行的重要前提和物质基础。不安全状态构成物流作业中的客观安全隐患，如物流设施设备设计不合理；安装和操作中的野蛮作业使物流设备及其零部件受到损伤而埋下安全隐患；缺少安全装置的不合格设备流入市场；报废零件未及时更换，缺少必要的安全防护，润滑保养不良；超过安全极限的作业条件等。不安全状态是引发事故的直接原因。

（2）人的不安全行为

人的行为受到生理、心理等各种因素的影响，表现形式是多种多样的。缺乏安全意识，缺乏自我保护和处理意外情况的能力，指挥失误、操作失误、监护失误等是人的不安全行为常见的表现，在物流设备使用过程中人的不安全行为是引发事故的另一个直接原因。

（3）安全管理缺陷

安全管理水平包括领导的安全意识水平，对设备的监管力度，对管理人员和操作人员安全教育和培训的重视程度，安全规章制度的建立和执行程度等。安全管理缺陷是事故发生的间接原因。

三、制定安全管理的主要措施

物流设施设备的安全应考虑设备寿命的各个阶段，并采用有效的安全措施来最大限度地减小风险。安全措施是安全管理的必要手段，是防范事故发生的有效途径。安全管理的主要措施有。

1. 设置安全防护装置

安全防护装置在人与危险之间构成安全保护屏障，有利于减少安全隐患。但安全防护装置必须满足与其保护功能相适应的安全技术要求。购置合格的物流设施设备一般都带有安全防护装置，但为了更有效地保证安全，可根据需要增加一些防护装置。

2. 配备防护用品

为了保证操作人员在使用物流设施设备时免受伤害，可配备适当的劳动防护用品，如安全帽、听力护具、防坠落护具等。

3. 保证作业场地和工作环境的安全性

安全要求主要有：物流设施设备之间、物流设施设备与固定建筑物之间应保持安全距离；通道宽敞无阻，充分考虑货物的合理流向，满足货物的需要并保证安全；作业地面平整，无障碍物，以及物流设施设备可移动范围内应设防护或加醒目标志；保证足够的照明等。

4. 正确使用设施设备安全信息

设施设备安全信息由文字、标记、信号或图表组成，以单独或联合使用的形式向使用者传递信息，用以指导使用者安全、合理、正确地使用信息。设备安全信息主要有信号和警告装置，标志、符号、安全色和文字警告，随机文件等。

5. 加强培训和教育，健全安全规章制度

安全规章制度包括对人员的安全教育和培训、建立安全规章制度和对设备的安全监察等。安全教育的最终目的是使企业每个职工都能自觉主动地遵守各种安全规章制度，并能够根据作业条件的变化，正确处理潜在的事故因素，进行安全生产。安全教育的基本内容有：思想政治教育、劳动保护方针政策教育、安全技术知识教育、典型经验和事故教训教育等。

四、安全检查

1. 安全检查的形式

安全检查一般可分为定期检查、普遍检查（经常性检查）、专业检查、季节性检查等。在实际工作中，这些检查的形式往往是结合进行的。检查可采取自查和互查的方式，自查是指在单位内部采取的自我检查，互查是指上一级领导机关组织在单位之间开展的互相检查。

2. 实施安全检查

检查人员对安全工作若没有相当丰富的知识和经验，负责安全检查便会流于形式，检查结果便会失去可信度。检查时，应注意检查那些少有人去和容易被忽视的地方和角落。要重点检查曾经发生过事故，特别是发生过事故但没有造成伤害的地方和单位。检查工作要系统和彻底，绝对不能遗漏。

对安全生产工作进行全面检查，最好的办法就是预先制定安全检查表，然后按照表格规定的内容逐项进行检查，并做好登记。

安全检查结束之后，必须进行总结，撰写安全检查报告，推广安全生产的先进经验，查找发生事故的教训，以便采取措施，防止事故的重复发生。安全检查报告包括检查的部门和企业名称、检查的日期和时间、检查人员的姓名和职别、报告日期、报告人等。报告中有名称和数字的地方应特别注意其准确性，对于机器设备和操作上需要改进的名称一定要填写清楚，不安全、不卫生的因素和不安全的行为也必须详细叙述。此外，对报告中检查出来的问题应提出解决的建议，每项建议应有限期，并根据问题的严重程度分别标明“紧急”、“重要”、“希望”等。

对于安全检查中发现的问题，应尽量设法解决，有些限于技术条件和物质条件暂时不能解决的问题，也要指定专人，定出计划，按期解决。检查出来的问题最好绘制一份整改进度表，直至全部完成，这样可十分清楚地掌握整改措施的落实情况。安全卫生检查表如表 10-4 所示。

另外，涉及设施、设备等安全问题，应根据具体情况制定出安全技术措施，防止意外和工伤事故发生。

表 10-4　　安全卫生检查表

序号	检验项目	待改善事项	说明	备注	复检
1	消防	无法使用			
		道路阻塞			
2	灭火器	失效			
		通道阻塞			
		缺少			
3	走道	阻塞			
		脏乱			
4	门	阻塞			
		损坏			
5	窗	损坏			
		不清洁			
6	地板	不洁			
		损坏			
7	厂房	破损			
		漏水			
8	楼梯	损坏			
		阻塞			
		脏乱			
9	厕所	脏臭			
		漏水			
		损坏			
10	办公桌椅	损坏			
11	餐厅	损坏			
		污损			

续表

序号	检验项目	待改善事项	说明	备注	复检
12	工作桌椅	损坏			
13	厂房四周	脏乱			
		废弃使用			
14	一般机器	保养不良			
		基础松动			
15	空压线	基础不稳			
		保养不良			
16	插座、开关	损坏			
		不安全			
17	电线	损坏			
18	给水	漏水			
		排水不良			
19	仓库	零乱			
		防火防盗不良			
20	废料	未处理			
		放置零乱			
21	其他				

任务训练

训练背景

张某是某物流公司经验丰富的运输车司机，某日和吊车司机一起去仓库装货，干了一会儿后，吊车司机因身体突然不适被送往医院。由于工期太紧，公司又没有富余的吊车司机，物流员小孙十分着急。张某见状，自以为能胜任，提出由自己来开吊车。然而，张某毕竟没有经过吊车专业训练，操作过程中不小心碰到了货架和其他贵重货物，导致了重大货物和机械损坏。

训练要求

课堂上对下面问题进行思考或者讨论：

谈谈你对该事故发生有什么看法？对物流安全管理有什么建议？

项目小结

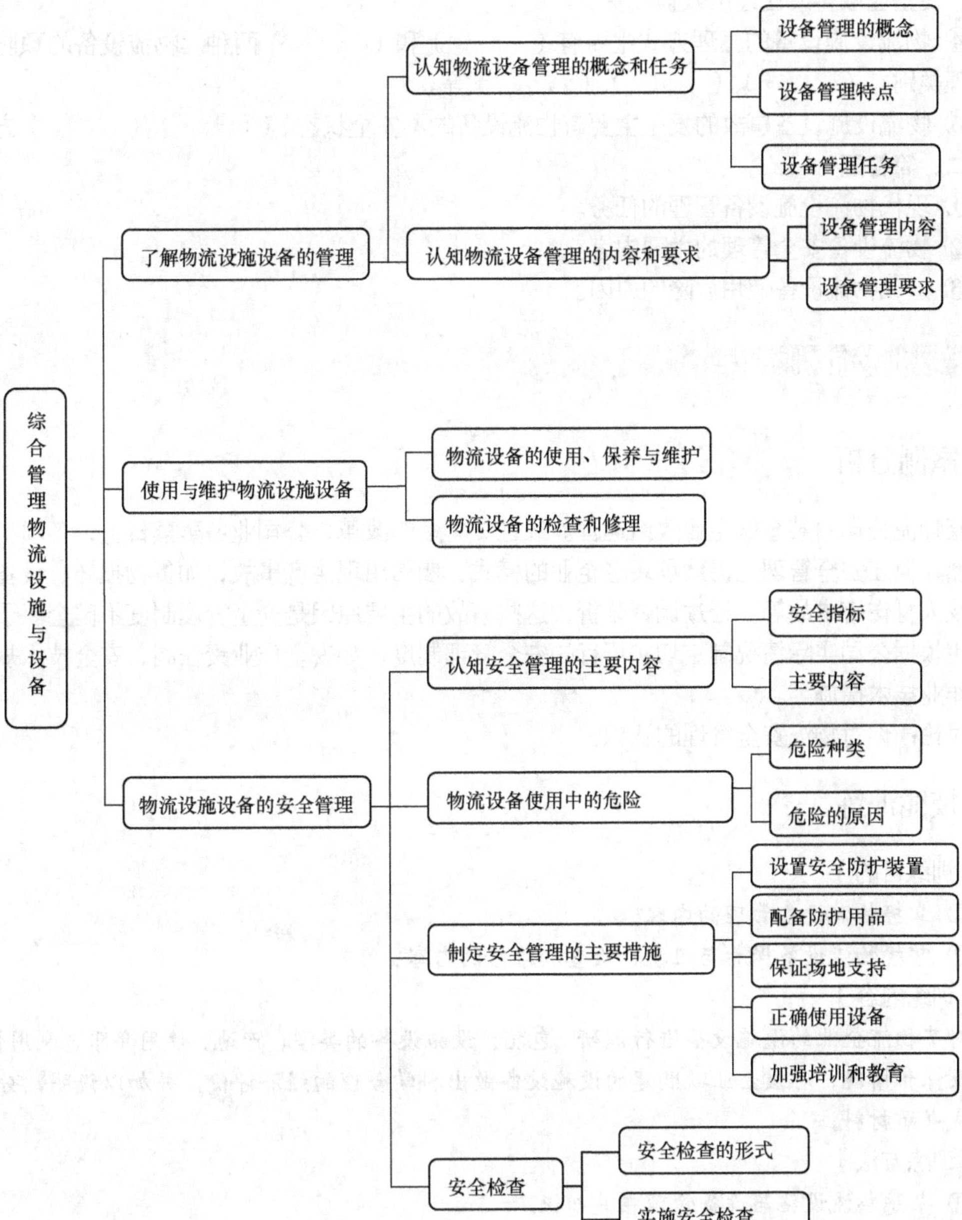

- 综合管理物流设施与设备
  - 了解物流设施设备的管理
    - 认知物流设备管理的概念和任务
      - 设备管理的概念
      - 设备管理特点
      - 设备管理任务
    - 认知物流设备管理的内容和要求
      - 设备管理内容
      - 设备管理要求
  - 使用与维护物流设施设备
    - 物流设备的使用、保养与维护
    - 物流设备的检查和修理
  - 物流设施设备的安全管理
    - 认知安全管理的主要内容
      - 安全指标
      - 主要内容
    - 物流设备使用中的危险
      - 危险种类
      - 危险的原因
    - 制定安全管理的主要措施
      - 设置安全防护装置
      - 配备防护用品
      - 保证场地支持
      - 正确使用设备
      - 加强培训和教育
    - 安全检查
      - 安全检查的形式
      - 实施安全检查

知识练习

一、填空题

① 物流设施设备管理任务主要有合理选用设备、（　　　）、（　　　）、（　　　）和取得良好的投资效益五个方面。

② 物流设施设备的三级保养制度包括：设备的（　　　）、（　　　）和（　　　）。三级保养制度以操作者为主对设备进行以保为主、保修并重的强制性维修制度。

③ 物流设施设备的经济管理必须遵循（　　　）和（　　　）规律，对物流设备管理的

各项内容进行经济论证、经济核算、经济分析和成本控制等活动，开展多种形式的增收节支和经营，使企业取得最佳经济效益投资。

④ 物流设施设备的修理方式主要有（　　　）和（　　　）两种。物流设备的预防维修的修理类别有（　　　）、（　　　）、（　　　）等。

⑤ 物流设施设备事故的发生主要有物流设备的不安全状态、（　　　）、（　　　）方面。

二、简答题

① 现代物流设施设备管理的任务。

② 物流设备安全管理的主要内容。

③ 造成物流设备使用危险的原因。

职业技能训练

一、案例分析

某物流公司由某仓储企业改组运营。经过 2 年多的改革，公司业务蒸蒸日上，各项机制日趋成熟，但在安全管理上仍然承袭老企业的模式，屡屡出现生产事故，如货物损坏、设备人为故障及人身伤害事故等。经过调查分析，这些事故的主要原因是安全管理制度不健全。于是公司决定根据公司实际情况制定切实可行的安全管理制度，如安全作业责任制、安全技术规程、安全作业技术措施等。

讨论：你对物流安全管理的认识？

二、技能训练

【训练目的】

① 掌握物流设备管理的内容。

② 掌握物流设备保养与维护、检查和维修的内容。

【训练内容】

对某物流企业的设施设备进行调研，包括：设施设备的类型、产地、使用年限、利用情况、维修及保养情况。对该企业欲购建的设施设备做出科学合理的经济评价，并加以说明，分组汇报形成书面材料。

【训练方法】

① 熟悉物流设施与设备管理相关知识。

② 将学生分为若干小组，首先每个小组内部学习讨论本次任务所涉及的专业理论知识，然后每组由小组负责人具体分工按照实训任务要求进行操作。

③ 教师进行点评总结。

④ 时间：20 分钟。

参考文献

[1] 杨明，曲建科. 物流管理理论与实务［M］. 北京：中国人民大学出版社，2009.

[2] 宋文官. 物流基础（第3版）［M］. 北京：高等教育出版社，2012.

[3] 齐伟，刘宗明. 物流设施与设备［M］. 南京：南京大学出版社，2011.

[4] 黎红，陈御钗. 物流设施设备基础与实训［M］. 北京：机械工业出版社，2013.

[5] 冯国苓. 物流设施与设备［M］. 大连：大连理工大学出版社，2009.

[6] 蒋亮. 物流设施与设备［M］. 北京：清华大学出版社，2012.

[7] 劳动和社会保障部教材办公室. 装卸物流员［M］. 北京：中国劳动社会保障出版社，2006.

[8] 黄静. 仓储管理实务（第2版）［M］. 大连：大连理工大学出版社，2009.

[9] 缪兴锋，李超峰. 现代物流装备与技术［M］. 北京：中国人民大学出版社，2010.

[10] 米志强，邓子云. 物流信息技术与应用［M］. 北京：电子工业出版社，2010.

[11] 王进. 运输管理实务（第2版）［M］. 北京：电子工业出版社，2009.

[12] 李宇箭. 物流管理概论［M］. 北京：清华大学出版社，2012.

[13] 刘敏. 现代物流管理基础［M］. 北京：电子工业出版社，2010.

[14] 薛威. 仓储作业管理（第2版）［M］. 北京：高等教育出版社，2014.

[15] 柳健. 现代物流基础［M］. 北京：电子工业出版社，2012.

[16] 张晓青. 现代物流概论（第2版）［M］. 武汉：武汉理工大学出版社，2010.

[17] 罗毅，王清娟. 物流装卸搬运设备与技术［M］. 北京：机械工业出版社，2008.

[18] 真虹，朱云仙. 物流装卸与搬运［M］. 北京：中国物资出版社，2010.

[19] 范珍. 物流管理案例与实训［M］. 武汉：武汉理工大学出版社，2008.

[20] 杨明，曲建科. 物流管理理论与实务［M］. 北京：中国人民大学出版社，2009.

[21] RFID中国网. http://www.rfidchina.org/solution/index.php

[22] 百度百科. http://baike.baidu.com

[23] 中国物流设备网. http://www.56EN.com

[24] 中国包装机械网. http://www.bzjx.org

[25] 交通运输部政府网站. http://www.moc.gov.cn

参考文献